歴史学の作法

池上俊一 著

東京大学出版会

Doing Historical Science
Shunichi IKEGAMI
University of Tokyo Press, 2022
ISBN 978-4-13-023080-3

目次

はじめに　すべてを歴史の相の下に

これから歴史学を本格的に学ぼうと志す人たちに、どんなことに気をつけ何を目指して研究を進めればよいのかを、私なりに説いていきたい。「史学概論」とか「歴史学入門」と銘打った本はけっして少なくないし、たいていの大学では、歴史学への手引きとなる講義が準備されている。またE・H・カー（一八九二―一九八二年）の『歴史とは何か』やM・ブロック（一八八六―一九四四年）の『歴史のための弁明』は、今なおきわめて有用で、教えられるところが多い〔カー 1962, 2022; ブロック 2004〕。グローバル・ヒストリーはじめ二十世紀後半以降の歴史学の新たな潮流、近年の歴史学の危機（言語論的転回）の紹介、あるいは中学や高校での歴史教育のあり方についての提言の含まれた論考・書物も、すでに沢山ある。

だから歴史学の方法に関しては、もうほとんどのことは言い尽くされているし、後は誰が何を書いてもあまり代わり映えしない――実際おなじような内容の書物が多いのもたしかである――ようにも思えるが、昔ながらの史学概論や、さまざまな新潮流のたんなる紹介にとどまらない、もう一歩踏み込んだ主張をする余地は、まだ残っているのではなかろうか。

つまり、グローバル化する世界の混沌とした情況が、日本をはじめとする先進諸国の文化や学問のあり方にも跳ね返り、かつては疑いもされなかった歴史の見方に懐疑の目が注がれている現在、どのように歴史を考え、研究を進めるべきか、学界の状況をも踏まえて深く、そして広く考え、明確なメッセージとして読者に届けてみたいのである。

歴史学の長期的変容

歴史学にも歴史があり、それぞれの時代に遵守すべきとされてきた歴史研究の形がある。まず最初に時代を大きく遡って、「歴史学の歴史」の要点を簡単に振り返ってみよう。

古代からこの方、歴史を描いてきた者（歴史家）というのは、それが「歴史」「年代記」「編年史」その他、いずれの名を付けられた作品であろうと、自分の書いたものが「作り話」や「虚構」fabulaとけっして混同されることのないよう、細心の注意を払ってきた。というのも、もしもそのようなレッテルを貼られてしまうと、そこに描き出された対象は、たちまち現実性を失ってしまうからである。

ところがまた他方で、中世以前の西洋においては、「歴史」は「記憶」から明確に区別されていなかった。それどころか正しい記憶者／記録者こそが、優れた歴史家なのであった。たとえば、ギリシャのヘロドトスやツキジデスにせよ、または中世ヨーロッパの世界年代記や都市年代記の作者にせよ、歴史家というのは、自分自身がある出来事・事件の目撃証人であるか、さもなくば少なくとも信頼のおける証人から直接聞いた出来事のみを記すべきであった。

もちろん同時代の出来事ばかりでなく、自分の生まれるはるか前、ときには何百年何千年も昔のことを歴史として記述するケースは非常に多い。天地創造から説き起こす中世の「世界年代記」はその代表である。そのときにその遠い昔の出来事を「歴史」として保証するのは、聖なる権威（聖書）であり、あるいは古代の権威（哲学者・教父）であった。そうした権威の言葉は検証に付されることなく、崇め信じられるものであったのである。

かくして古代から中世末まで、歴史家とは一貫して記憶者／記録者、あるいは権威の盲信者であったのだ。だから、近代歴史学と不可分の「史料批判」というような厳密な手続きは存在しなかった。ただし中世人が何の検証もなしに歴史叙述をしていたわけではなく、修道院に豊富に収蔵された史料を、それなりの考証学的な構えで扱っていたことは、近年の専門研究によって確認されている〔Guenée 1980〕。

ところが歴史と記憶との関係は、十五世紀から十八世紀にかけて徐々に、しかし最終的には一八〇度転換していった。すなわちこの時期に、人間の記憶はいくら生々しく直接的でその正確さを多くの人々が保証しようと、そのままでは歴史だと主張できなくなったのである。言い換えれば、歴史家とは出来事を自ら目撃したり、信頼のおける証人から聴取したりする記憶者／記録者ではなくなった、ということでもある。というのも「史料」（主に文書）という、現実の出来事の痕跡＝媒体の存在が、歴史（学／叙述）の不可欠の構成要素として登場し、さらに「解釈」という営為こそが歴史家にとってのもっとも大切な仕事で、その良し悪しが書かれた歴史の正しさを占う鍵になったからだ。

歴史の構成要素としての「史料」の登場で、歴史は一回性の語りではなく、おなじ史料を別様に検討して何度でも語り直し書き改めることができるようになった。歴史の反復・再生産が可能になったのである。その反面で、「私が実際にこの目で見た」という、生身の人間の直接の証言や記憶は、同時代史においてさえ、それ自体としては歴史の素材ではなくなってしまった。むしろその証言や記憶を記した調書とか、日記・手紙とか、あるいは絵や写真とかといった「史料」をもとにしてこそ、歴史が描けると考えられるようになったのだ。

このようにして近代初頭に歴史学の表舞台に躍り出た史料は、残されたその大半が、国家をはじめとする諸権力によって産出されたものであった。それゆえ、十八世紀後半から十九世紀後半においては、国制、外交、戦争、条約、革命、権力闘争など、政治的出来事や制度の記述が歴史家の目標となり、それを国家当局も後押しした。そして十九世紀には、アンシャン・レジーム期の貴族に代わってブルジョワが政治・社会のエリート層を構成するようになるが、彼らを代弁する歴史家たちは、歴史の新しい解釈の上に政治的権威を据えることで、ブルジョワが主導する国民国家を正当化しようとした。国民国家こそブルジョワの第一の帰属の場所、アイデンティティの拠り所だとされたからである。

この十九世紀には、ヨーロッパ各国で科学的歴史学への志向が強まり、いわゆる実証主義的な歴史学の手法とそれに伴う歴史学の機能の変化が起きた。たしかに近代歴史学は、国民国家の実質的な建設、ナショナリズム高揚の機運と歩みをともにし、国家の後ろ盾があって成長していったので、国家の利益に叶い、その権威発揚に役立つものだったともいえるが、歴史家たちの意識としてはそのために科学としての歴史学を歪めようという考えはまったくなかった。むしろ歴史は何かの役に立つことを直接目的とせず、しかも広い国民との間のパイプを塞いで、大半、大学に属する狭い学者サークル内で研究が行われて相互に批判し合う専門ジャンルへと変貌したのである。

それ以前には、古代から一貫して「実用的な過去」（この「はじめに」の最後に詳述）と重なり合うようにして考究され、個々の市民が人生を生き抜くため役に立つものであった役割が一変して、唯一、目標は真実探求に向けられるようになったのである。大学などでは、国家を支えるエリート養成に益するプログラムが組まれ、当局もそれに肩入れしたが、専門の歴史研究者の方は、専門性を守りアマチュアへの優位を確立するための規則と慣習を練り上げていった。その結果歴史家になるには、素人芸ではたどり着けないような長期にわたる専門教育が必要になったのである。またこの頃より、歴史学は他分野の学問のうち摂取できるものは何でも取り入れようと念じた。たとえばドイツの古代史家B・G・ニーブール（一七七六―一八三一年）が大筋を示した歴史学の方法は、解釈学、比較文法学、言語学などの成果を結びつけたものであり、さらにその後は、より広い（隣接）諸科学からの成果を援用しようとする態度が目立ってきた。

そしてまた、十九世紀後半になると新しい歴史分野が台頭してきた。つまりその頃から一九七〇年代まで、国制史・政治史の傍らに、社会経済史が歴史学のもう一つの主流としてのし上がってきたのである。十八世紀後半以降十九世紀にかけて、イギリスを先頭に、フランスやドイツでも産業が発展し、農村社会から資本主義的工業社会へと大きく転換するとともに、労働問題が深刻になり、社会的矛盾も先鋭化した。するとその原因を過去に遡って探り、現状への処方箋を提示できる経済史ないし社会経済史が、歴史のもっとも主要な分野と考えられるようになった。そして相対立する社会階級こそが歴史を動かす中心的なファクターとして、注目を集めたのである。

また高度資本主義時代を迎えた一九七〇年代からは、人類学的な社会史・文化史が大きな飛躍を遂げる。その社会史は、エリート中心ではなく、庶民の日常生活と社会関係に注視し、また文化史はかつてのような一握りの思想家・芸術家・作家の作品研究とは違って、裾野を一気に拡大し、民衆文化論とか心性史とかいう形で、権力を持たない者たち、自分の言葉を持たない者たちをも対象とするようになってきた。

さらにこの二〇―三〇年には、「オーラル・ヒストリー」という歴史ジャンルが脚光を浴び始めた。歴史的な出来事に際会した人物の肉声あるいはそれをマイクで拾った「声」が、歴史学の「資料」として脚光を浴びるようになったのである。それは録音器機の発達という技術的側面と、資料（史料）の多様化傾向、および現代史／現在史に重きをおく趨勢と絡んでいよう。歴史と記憶との関係が、再び不明確になり、再考が必要になっているようだ。これについては第三章で詳しく述べるつもりである。

加えて近年では、歴史学がいくつもの危機に見舞われている。それは、一つには、以下でも問題にする「言語論的転回」により、歴史とフィクションの境界が融解させられたとの思い込みが広まるとともに、歴史家を自称する小説家やジャーナリスト、あるいは他分野の学者らが歴史の作り手集団の中に侵入しつつあること、二つ目は、社会諸科学の対象の広がりの中で歴史学独自の対象が見失われ、その副産物として歴史学がますます細分化しつつあるというディシプリン自体の問題である。三つ目には、グローバル化の展開とともにいわゆるグローバル・ヒストリーが大盛況を迎えているが、これは西洋中心主義を脱した歴史像の提示やこれまで見落とされていた地球規模の接続や交流、そして新たな原因の剔抉をもたらす意義がある反面、史料批判など伝統的な実証主義の歴史学の作法を蔑ろにさせる怖れがある。そして四つ目は、国家間の懸案の「歴史問題」化やマスコミやテレビゲームの影響による歴史像の歪曲とその反復・固定化である。これは、歴史の民主化、歴史教育問題にも関わる。

社会史と心性史をもっと先に進めよう

このようにきわめて長期にわたって、歴史（学）の要件と主たる対象の変容があり、その挙げ句、多くの問題が沸き起こってきたのであるが、変容といっても、それは一つの手法や観点に他のものが完全に取って代わる、というように推移したのではなく、新しい手法や観点が、過去の伝統に積み重なるようにして、累積的に進展してきたものだと考えてよい。二十一世紀の歴史学は、こうした歴史学の長期的変容と積み重ねの上に構想されるべきであろう。

ところで一九六〇年代から八〇年代にかけて、きわめて肥沃な実りをもたらし、欧米を中心に日本でもブームを巻き起こしたフランスのアナール派は、最近では、その影響力は急速に衰えてきている。

近年の政治の世界的な保守化傾向と、偏狭なナショナリズムの高揚に呼応するかのように、歴史学者たちの間にも、歴史学の進展の方向を逆転させようとするかのような、先祖返りの発言がしばしば聞かれる。「社会史とか、マンタリテ（心性）とかいう、曖昧すぎて訳のわからないものはやめて、国制や統治機構、社会制度などの研究に、皆で帰ろうよ」などと言う人が、私の周りの歴史研究者にもときどきいる。こうした発言の裏には、政治・国制こそが歴史の「背骨」であって、それらが他の文化事象や社会関係を大きく規定している、との錯視があるのではないだろうか。古文書館に大量に残されてきた史料を作った諸制度や社会カテゴリーをそのまま無邪気に研究する、素朴実証主義史学の陥穽、懐かしいナショナリズムのイデオロギーの罠に再び嵌まろうというのだろうか。もちろん政治史にせよ法制史にせよ、大切な分野ではあるが、それは時代にふさわしい新しい視野と方法に拠るべきなのである。

グローバル化の中で国家が相対化されて、また資本主義も行き詰まりを迎えている現状からすれば、そしてこれまでの歴史学の遺産を正しく汲み、その上に立つ歴史学を目指すなら、（広い意味での）社会史および心性史が、その可能性を一層追求すべき分野だと私には思われる。ソフトで輪郭も曖昧なので、一見そう見えないかもしれないが、社会的結合関係や心性こそが歴史の母胎にして骨組みなのである。だから

「社会史と心性史をもっと先に進めよう」、これが本書での私の大きな主張である。なお、グローバル化の時代ゆえに今後は何よりグローバル・ヒストリーが主流になるべきだ、との言明には一定の理解を示したいと思うが、これは「社会史と心性史をもっと先に進める」ことと矛盾するものではない。

あらゆる出来事には多面性が無数に備わり、政治的な局面は多くの場合、生活の外にある外面的な偶然事で、真の歴史を構成している要素の微々たる部分にすぎない。それにもかかわらずそれが最重要とされ、もっとも現実的で直接的な人間の経験であるはずの内的・精神的な要素が忘れられている……、とかつて異を唱えたトルストイとおなじような不満を、私も近頃抱いている〔バーリン 1973: 23-77〕。

社会史というのは時代・地域の全体を見ることを求めてやまないし、あらゆる人間集団、とりわけ歴史を大きく底から動かしていった人たちのことを知りたいと望む。そこに女性、子供、老人、民衆、貧者、マルジノー（周縁人）らを主役にした歴史学が登場してきたのであり、こうした歴史の主役たちを真正面から見据え、その生き様を甦らせることを目指す社会史は、いってみれば歴史学の代名詞なのである。

また「心性史」という捉え方に着目すれば、歴史は集団やその繋がりの生成であるとともに、精神世界、心的世界の生成でもある。その点に重点をおく立場は、「社会史」を「心性史」として捉え返す。J・ルゴフとP・ノラが編んだ『歴史の作法』（一九七四年）第三巻で「心性史」が一章をあてて論じられ、そしてルゴフに加えR・シャルティエ、J・ルヴェルが編者となった『新しい歴史学』（一九七八年）（一〇年後にルゴフによって主要部分が再編集され再版された）においても、それは歴史学革新の鍵と位置づけられて、「心性史」は市民権を得るようになった〔Le Goff & Nora (eds.) 1974, III: 106-129; Le Goff (ed.) 1988: 58, 167-190〕。また時代の共通の心性だけでなく、それからズレる、あるいは矛盾する振る舞いをもたらす集団ごとの心性にも注視する立場が現れて、心性史の守備範囲が飛躍的に拡大するとともに、「イマジネール」や「表象」概念の導入による方法論的刷新も行われた。だから心性史は、歴史学のもう一つの代名詞だろう。

最後に、今一度、なぜ社会史および心性史はたえず刷新されねばならないのかを考えてみよう。

社会史というのは、扱うテーマにおうじて他の分野（制度史、経済史、人口史、自然史、技術史……）にも同時に属するが、いずれの場合もそうした他の分野に属する局面が、社会とそれを構成する集団といかに関係するか、つねに念頭におき、そのことで歴史分野の諸面を関連づけようとする手続きが含まれている。

また社会史家は、他分野の歴史家同様、学者集団の中で切磋琢磨しながら必要な技術を習得し、互いに成果を問い合うが、そこに閉じ籠もったままではいない。社会史の課題はたいてい現在の懸案と結びついているゆえに、社会史家は同時代の人々の声に耳を傾けつつ、それを学問的な問いに変容させようとし、そしてその答えを小さな学者サークル以外の広範囲の人たちにも伝えようと願う。しかし彼らは、特定の団体の政治的な主義主張の代弁者ではけっしてない。否、ステレオタイプ化した政治的言語で歴史を切り取り語ることを拒否する彼らは、むしろ代弁者を持たない社会的苦悩の諸形態、大半が目に見えないそうした苦悩を、白日の下に晒すことのできる歴史家としてのスタンスを取ろうとする。天下国家を論ずるにしても、上からではなく下から、生身の民衆がささやかな幸せのための労苦に満ちた生活をしている視点から、論じていこうとするのである。

そしてもう一つ、歴史はたしかにいつでも、現実的に知覚できる形のある構成要素に関係するが、しかしそれが歴史の要素として参入するのは、あくまでもそれらに精神的要素、つまり了解可能な意味形象が付着しているかぎりである。時代・地域におけるそれらの意味を了解するのが歴史家の仕事になるのであるならば、何を扱おうと――小麦であろうと羊であろうと、あるいは戦争や革命であろうと――それは心性史であり、また広い意味での文化史になろう。

要するに、変転極まりない現在の懸案と結びつき、さらにそれぞれ別様に進化していく他の歴史諸分野を包摂する総合的分野として「社会史」と「心性史」はたえず刷新されねばならないのである。それらはまた、前節で概観した学問としての歴史学の長期的変容の最終的な姿であり、少数の学者、エリートではなく、まさに民衆のための学問形態であるゆえに、これからの歴史学の中核に据えるべきだと私は考える。

全体史を念頭に

こうした基本的な考え方から、本書では一〇章に分けて、一つずつ大きなテーマを決めて現在そして未来のあるべき「歴史学の作法」を説いていきたい。便宜上、歴史をその諸分野（心性史、社会史、政治史、身体史、自然史、文化史、宗教史など）に分けて、それぞれの分野の成果や課題・問題点などを洗い出すとともに、史料の扱いや歴史叙述の方法論といった、歴史家にとって必要な技法についても考えてみるつもりである。というのも、実際上、歴史学は、多くの下位分野に細分化しながら、史料を扱う高度な技術や説明概念などをそれぞれ別々に編み出して発展してきたからである。

しかしそうした分野の区分けは、残された史料の性格の差とともに、歴史学を側面から支えてきた隣接諸科学の違いによるところが大きく、歴史の諸分野は、実際はすべて重なり合い、あるいは繋がっている。

だからほんとうは、歴史学はすべからく「全体史」であるべきであり（それに一番近いのが「社会史」と「心性史」という分野）、どんな分野のいかなる個別テーマを対象とするにせよ、全体との関連をどこかで意識しながら研究・叙述しなくてはならないのである。

十九世紀フランスの偉大な歴史家J・ミシュレ（一七九八―一八七四年）は、若き日、彼が教員をしていたコレージュ・サント＝バルブ校でのスピーチで、生徒らに向けて次のように語っている――皆さん、学問はたしかに一なるものです。言語学、文学、歴史学、物理学、数学、哲学、すべてが、です。一見もっとも離れていると見える知識も、ほんとうは互いに相通じ合っています。というよりむしろ、それらは全体で一つの体系を形成しています。私たちの能力のなさゆえにその体系のさまざまな部分を順に考慮しているのです――と〔Michelet 1959: 292-293〕。

これは学問諸分野の一体性を主張したものではあるが、ミシュレは諸学問とおなじように、歴史の諸分野もじつは一つの全体の諸局面にすぎないと考えていたので、この発言は、全体史の最初の宣揚、アナール派の全体史の遠い祖先とみなして良いだろう。実際彼は、一八二五年の『思索日誌』*Journal des idées* で、十六世紀の歴史の中のごく短い期間を取り上げて政治、文学、科学、芸術、宗教、その他を総合した「真の普遍史」la véritable histoire universelle を行う計画について記している〔Michelet 1959: 236; De Michelis 1980〕。また後年、大歴史家となったミシュレは、歴史が生命であるためには、メスで切り分けて各部分を別々に追跡しては駄目で、深奥の有機的組織の中で全面的に作り直さねばならない、と述べているからだ〔Cf. Hartog 2005: 153-161〕。

アナール派の祖の一人M・ブロックも同様に、すでに最初期の著作『国王と農奴』（一九二〇年）において、真実に迫った過去についての意見を述べるために、歴史の諸要因すなわち、法的・政治的・社会的、経済的・心理的な諸因子を組み合わせる手法を示唆している〔フィンク 1994: 112–113〕。主著『封建社会』（一九三九―四〇年）の中では、「血肉の人間存在から「経済的人間」（homo oeconomicus）とか、「哲学的人間」homo philosophicus、「法的人間」（homo juridicus）とかのまぼろしを切りぬくよう強いる作業仮説、これはたしかに必要であろう。だが、敢えてこれを採用するにあたっては、その虚構性にだまされぬ断固たる決意が必要である」と説いている〔ブロック 1995: 79〕。

君は経済、彼は政治、僕は科学……のように区切って、「僕のやってることが一番意義深いんだ」と自足して、他の分野に目を瞑るほど、歴史学にとって不毛なことはない。歴史を深く考察するためには、それを一旦いくつかの糸にほどかねばならない。ところが、実際には歴史は、多くの糸によって糾われた太い縄の「全体」なのであるから、こうした「全体を見る眼」を、どんな分野の、いかに細かな専門研究をする際にも、どこかに保持している必要がある。ある場所・時点における個人の言動を扱い意味づけるときでさえ、彼の属する集団（民族、階級……）の文化と社会の長期にわたる全体的発展の中で考えるべきだし、一つの事件ならそれが反響するさまざまな場の長期にわたる全体的発展を想定するべきなのである。

こうして、どんな手法・分野の歴史学を専門とし、いかに細かなテーマを主題とするときでも、いつでも時代・地域の「全体」をどこかに構想し想定しながら研究を進めること、これが必要であろう。そのとき「社会史」と「心性史」は全体を眺める格好の窓になろう。

何のための歴史学か

先に、十九世紀を境に「役に立つ」歴史学が、それを目的にしない科学＝真実探求へと変化した旨述べた。では今日では、歴史学は何のためにあるのだろうか。

社会にも学界にも行き詰まり感が漂う昨今、歴史は期待と注視を浴びながら、たしかに存在意義を問われる危機にある。早くも一九六〇年代から七〇年代初頭に、ヨーロッパでは歴史の喪失が嘆かれ、今では日本もまったく同様な事態に陥っている。世界の先進諸国においてはどこでも、経済成長優先の政府と官僚の姿勢が教育行政を変化させ、中等教育では、社会科学関係の科目が増える代わりに、歴史科目が急激に減らされ、おなじ歴史でも、現代史のみが優先されている。

大学においても、すぐに目に見える利益を生まず、政治や経済に実践的提案をすることもない歴史学は、人文諸科学と運命をともにしている。すなわち、大学が公費ばかりか企業や私設財団の寄付に頼るようになればなるほど、教員たちには短期的な有用性の明示が要求されるようになり、それに応えられない歴史学（人文諸科学）の予算は厳しくなる。こうして、予算削減はもとより、歴史学のポストが着実に減らされていくか、もしくは近現代中心の「地域文化」とか「国際関係」とかいう、まさに高校教育の変貌と符節を合わせた枠組みに統合されていく傾向にある。

こうした中で、歴史や歴史学が「役に立つ」と主張するのは困難であろう。時代の変化が加速しているので、過去の時代の問題解決がそのまま現代に役立つモデルや教訓となることはなく、歴史を現在のために利用するのはほとんど無理である。むしろ社会科学（経済学、政治学、国際関係論）などに期待が集まるのは必然の動向だろう。

だが、このような歴史学の沈滞傾向を打開するための提言が、盛んに行われ始めているというのも、また事実である。たとえば、H・ホワイトは、専門家同士に向けて書かれた書物ないし論文の中にある「歴史的な過去」と、一般の市民が、記憶・想像や断片的情報、態度や慣習など、漠然とした形で備えていて日常的に参照する「実用的な過去」とを区別し、十九世紀に成立した前者が学問・科学としての側面を極めれば極めるほど、政治や人生の指針として伝統的に果たされてきた役割からは遠ざかるとする。だからホワイトは、かつてギリシャ以来の歴史が持っていた、公共領域における生活への心構えを整えさせる教育として、なすべきことを発見・考案させてくれる、あるいはしている活動の弁護・正当化の源として、政治家・官僚はじめ個人・集団に用立てられてきた歴史学を――はっきりとは言わないが――取り戻すべきことを示唆している〔ホワイト 2017b; cf. ハント 2019: 58-61; グルディ／アーミテイジ 2017〕。

しかしどうだろう。「役に立つ」歴史学への思いは理解できる。しかしそれと同時に、私には、どうしてもそこに胡散臭さを感じてしまうのだ。どちらを向いても、歴史が争点化している当今、歴史家とその歴史学が、直接、政治や社会に「役に立つ」「影響をおよぼす」ということを願う途端、それはその魂である真実への不断の接近姿勢を歪められてしまうに違いないから〔Cf. ハント 2019: 1〕。

今注目したいのは、L・フェーヴル（一八七八―一九五六年）が一九一九年、ストラスブール大学での開講講演で述べた「役に立つ歴史は隷属する歴史だ」une histoire qui sert est une histoire serve という言葉だ。これは「手を引くこと」の職業倫理を説いたもので、歴史家は政治から自由で、学問外からの圧力をかわし、政治の道具とされることを厳に慎まなくてはならない。政府の政策決定を変えさせようとか、集団を直接に導くために行う歴史研究は、理論と実践を短絡的に結びつける行為にほかならず、却って現実への批判や啓蒙の役割を放棄してしまう……、ということだろう。
最近では多くの人々が「現在主義」に囚われていて、誰も歴史を大切に、広く深く学ぼうとせず、不正確な記憶をもとに感情的に発言し合っている。そして現在を覆う記憶が過去をも未来をも浸潤して、未来を理路に則って考える私たちの能力は減退した〔Hartog 2013: 28-31; アルトーグ 2008: 173-248〕。

こうした現状で、歴史（学）の大切さを説いても馬耳東風と聞き流されてしまうかもしれない。それでも、現在の社会は、そのあらゆる面において歴史的に形成されたものであり、過去の遺産が社会生活のすべての面に生きている。だから歴史を知ることは、現在の理解と未来に向かってのより良い生き方へと繋がろう。歴史家はそれぞれの分野において、専門家だけでなく、より広い読者大衆に向けてその成果を問うていく努力を、可能ならどんどんすべきだろう。そして魅力的な歴史叙述、ワクワクするような議論展開で多くの読者を引きつけられれば、歴史的思考の重要性が徐々に人々に伝わっていくのではないだろうか。おそらくそれができれば十分なのである。それが何の役に立つのか、どんな影響をおよぼすかは、読者が決めることである。

しかも歴史を学ぶことはとても楽しい。この楽しさを広く伝えていくことも、歴史家の使命になるかもしれない。それは良い面、悪い面も含めて、人間存在の可能性のパノラマを提供し、驚きと勇気を与えてくれる。歴史を学べば、それが他国の歴史であるときはもちろん、自国の歴史であっても、過去の先人たち＝「他者」の成り立ちの理解に繋がり、それに照らして「自己」がどんな存在であるか、私たちがどこから来てどこに行くのか、生成のプロセスにおけるいわば社会的な自己認識を深化させることができる。しかもグローバル化した地球上では、その「他者」との距離がいくら遠くても、自分と無関係の間柄ではない。民族共同体ではないにしても、広い文明共同体の一員としての共通性もあるがゆえに、ますます学ぶことは多いのである。

「歴史の相の下に！ もしこうした造語が許されるならば、私はすべてを歴史の相の下に理解してみたいと思う。私はすべてを歴史の相に於いて眺めることが、一番素直なものの見方であり、また一番人間らしいものの見方であると考えるのである」〔高坂 2002a: 264〕。もうずいぶん前に書かれた言葉だが、しかし私は、全幅の賛意をこの言葉に捧げたいと思う。

それでは、歴史をどう理解したらよいのか、そして学問としての歴史学をいかに実践したらよいのか、以下で考察していこう。

第一章　歴史の道筋

歴史家の任務というのは、まず何より埋もれていた歴史的事実の究明にあろう〔Salmon, P. 1976: 46-48〕。歴史的事実というのは、実際に起きた過去の無数の出来事のすべてではなく、そのうち歴史家が意味があると考えるもののみである。それらには、瞬間的に生起するもの（ある殺人事件）、より長期に継続し複雑な展開を見せるもの（戦争や革命）、さらには信仰、観念、統計的事実などがある。いずれも単独で絶対的に評価するのではなく、関連するコンテクストに据え直し、多数の因果の鎖が一つの歴史的事実の背後に浮き上がる様を見届けなければならない。

それでは、今日の歴史家はそれぞれが研究対象とする問題を定位し、そこに意味と価値を認めるために、どんな歴史的ビジョンを持っていなくてはならないのだろうか。全体のシステムや歴史の進路についてのビジョンが何もないままでは、過去の出来事の意味づけはできないし、評価もできないだろう。まず最初にそうした問題を考えていこう。

私の歴史から皆の歴史へ

批評家の小林秀雄は、『ドストエフスキイの生活』（一九三九年）の序文に付された「歴史について」において、次のように述べる。すなわち彼は、史料というのは自然を人間化するわれわれの能力が自ら感ずる自然の抵抗であり、また生きていた人物の蛻《もぬけ》の殻のすぎない。そうした蛻の殻をきっかけとして歴史的事実を創る際には、愛児を失った母親がそのささやかな遺品を前に感ずる深い悲しみが、死児の顔を蘇らせまざまざと描かせるのだということを忘れてはならない。彼女が使用しているのが、最小限度必要な根本の技術だ……と〔小林 1964: 7–22〕。

そして哲学者田中美知太郎との対談「現代に生きる歴史」では、客観的事実自体には歴史的意味はない。その事実が、どういうふうに感じられ、どういうふうに考えられていたかということが、歴史的事実であり、それが歌や物語になっている。しかし歴史学者はそれを無視し、科学的なることを御旗に「貝殻も万葉も同じこと」としている、と痛烈に批判している〔小林 1972: 92–93〕。

史料を虚心坦懐に読むだけで歴史的事実が客観的に捉えうるとか、因果関係を解明するのが主眼だ、といった科学的な歴史の理論を信じない小林は、むしろ歴史家の主観、およびそれが対話すべき過去の人々の思考や感性こそが生きた歴史を甦らせるというのである。「昭和史論争」において、史上の人物の迷える気持ちへの追体験のない、概念の一統計的人物しか出てこない歴史を人間性喪失の歴史と非難する亀井勝一郎も、同様な立場だろう〔堀米 1965: 8–87〕。

ところが、歴史研究者は一般に、こうした主観性に彩られた歴史をあるべき客観的な歴史から区別して、前者を避け後者を実現しようとしてきた。近年におけるそうした言明の代表は、たとえば遅塚忠躬のものである。遅塚が『史学概論』を書かねばならぬと決意したのは、「そういう歴史学の主観性をつきつめて行けば、歴史学の営みは、文学作品の制作や物語り行為と同一視されることになろう。私は、言語論的転回以後の現代歴史学がそういう方向にとめどなく流れている状況に対して、どこかで歯止めをかけることが必要だと考えている。歯止めはどこにあるのか。その一つは、主観的解釈から独立した客観的事実の実在を認めることであり、もう一つは、事実によって裏付けられない事象を、経験科学のあずかり知らない真実の世界に属するものとして、歴史学の対象から外すことである」〔遅塚 2010: 119〕。

しかし、ちょっと考えればわかることだが、そして遅塚もべつに否定しているわけではないにせよ、歴史は、いくら科学的な手続きを厳密に踏み史料を批判的に解読し、適切な問題設定をして分析・総合するのだとしても、やる人によって結果は変わってくる。愛児を亡くした母親が、情愛を込めて掛け替えのない子供との時間を歴史として描く、といったケースではないにせよ――小林も当事者でないと歴史は描けないとするのではない――、他人がその任を引き受けるにしても、科学実験のように誰がやっても機械的におなじ結果が出る、ということはありえない。そんなことなら歴史家は不要だろう。

史料批判の方法が同一で、結果取り出された「事実」がおなじでも、それらをいかに組み合わせるか、また何が原因で何が結果かを判断するのも、人によって変わってこよう。事実の組み合わせや因果関係の確定の前に、そもそも事実そのものの定式化――わかりやすい例は、「迫害」とか「凶行」とのレッテル貼り――にも価値判断が関わっている〔シャフ 1973: 295-332〕。史料を通しておのずと「事実」が確定できるというわけではないのである。

言い換えれば、歴史とはまずはじめに、私の目から見た、私の心情が捉えた歴史になる、という面が避けられないのである。歴史的存在である人間の主観性を通してしか、客観性も存立しえない、というのが歴史（学）の他の学問にはない特徴なのではあるまいか。それは不完全さの要因でなく、むしろ理解の前提条件、歴史的出来事の了解の枠組みと解するべきであろう。その了解の枠組みの中にいる歴史家は、そこを離れることなく、しかし研究対象の、その時代・地域の価値体系や意味構造を十分把握した上で、その中の人々の思いを追体験し、あるいは感情移入してその当時の人たちの出来事に向かっていかねばなるまい。その追体験の基盤、言い換えればある出来事が重要かどうか価値判断し、その意味形象を叙述に取り入れるべきか否かを決めるのは、心的存在としての歴史家自身がそれまでの人生における生活体験を通じて手に入れた問題意識あるいは生活意識である、というところが、学問としての歴史学の特異性であろう〔Cf. リッカート 1976: 109–111〕。

ところで、先に述べたところからも推定できるように、「歴史」というのは、個々人の思い出、記憶と違って、公的な出来事である。おなじ出来事でも公的な意味を帯びたものである。共同的・社会的関心に照らして意義のあるもの、その意味形象だけが歴史学の対象としてふさわしい。そこには、私的領域を越えたインパーソナルな次元がいつも包み込まれている。そうした次元・領域とは、たとえばもろもろの社会集団であり、村や都市であり、地域であり、国家であり、ヨーロッパのような文化圏であり、最終的には、世界の人類、ということになろう。

こうして空間的にも時間的にも、物語の構成は、一人の歴史家が行うにしても、実際は間主観的行為なのである。野家啓一によると、この「想起の共同体」に支えられて個人的記憶の欠落や記憶違いは補塡・修正され、またこうした共同作業を通じて構成された歴史的事実は、個人的思い出のレベルを超えて「間主観的妥当性」を獲得する。つまり過去というのは、複数の人間の多様な想起的射映の「志向的統一」だ、ということになる〔野家 1996: 147–154, 2007: 149–159〕。それぞれの人間が想い起こすのは過去の一面的な相にとどまるが、同一過去には多様な相・現れがあると皆が意識してそれらが調和的に統一されるとき、歴史的事実が確定するのだろう。おなじく野家によると、小林秀雄の「思い出」論は、そのままでは「歴史」に転成せず、甘美な個人的感懐であっても間主観的な歴史ではない。歴史に転成するためには何より「物語り行為」による媒介が不可欠であり、それによってはじめて断片的思い出は構造化され、また共同化される。その過程で母親の感懐の微妙な私秘的彩りは言葉の砥石でそぎ落とされるが、逆に普遍性と抽象性を獲得し、独立した作品となって「記憶の共同体」へと登録される。それが歴史的事実の成立条件だというのである〔野家 1996: 159–161〕。

歴史の道筋

では歴史家は、どんなふうに公的な歴史を描けばよいのだろうか。そのときに問題になるのが、いわゆる「歴史観」である。「歴史観」とは、歴史の変化ないし展開は何のために、何に向かって、いかなる軌道を描いて進行していくのか、そしてまた、その変化ないし展開は、どんな要因によってもたらされるのか、という点をめぐる基本的考え方・解釈原理である。この歴史観にもとづいて、歴史家は無数の事実を取捨選択することになる。史料に相対するその当初の姿勢もこの歴史観が決めていこう。

しかし、歴史の見方を歴史観と呼びうるのは、ある一人の歴史家のあまりに独創的で奇矯な歴史の見方ではなく、それがそのテーマに関連する領域についての、多くの歴史家、そして教養人に共通する見方になっている場合のみである。すなわち、私の歴史が皆の歴史になるため、多くの同時代人に共有されうる装置が「歴史観」にほかならない。それは必ずしも固定したものではなく、時間の経過とともに過去との個人的・集団的対話を介して変容していくだろう。

歴史観は、しばしば歴史的事象の個々を分別し意味づける規則として凝固・定式化されて「歴史法則」となるが、あらかじめ決まっている法則など、それこそ非歴史的だし、実際の歴史にあるわけがないと、そのイデオロギー性を批判するのが現在の大方の歴史学者の態度である。今や、マルクス主義の唯物史観など教条的な歴史法則はもとより、経済状態や交換形式、生産者と消費者の距離などに着目したドイツ歴史学派の発展段階説も信用を失っている。

また、近年まで世界の歴史学を率いてきたアナール派では、発展段階説や進歩史観に則った法則はまったく容認されない。それどころか、歴史人類学や系（セリー）の歴史学は、それぞれ違った方向からそれを断ち切っている。前者は、社会人類学や象徴人類学の手法を歴史社会に適用して時間の直線的流れを否定するところから出発しており、後者は、そもそも限定された範囲での数量の増減を跡づけるのみで、全体の方向については何も語らないからである。また女性史や民衆史もそうである。というのも、国民国家や資本主義への発展を担いそれに貢献した指導的政治家や思想家やエリート層、そしてその発展の段階を画する政治的事件や制度をテーマとする発展史において、無視されたり阻害要因と位置づけられたりした人々、彼ら／彼女らの文化や日常の生活・習慣、それらを主題にするのが、そもそも女性史や民衆史の目標だったからだ。進歩史観やそれにもとづく「歴史法則」「発展段階説」などは、女性史とも民衆史とも、まったく相容れないのである。

しかしながら、社会史といえども、その研究対象が前代から何を受け継ぎ、あるいは改変し、後代へと伝えたのか、その結びつきの関係を確定し引き出さなければ、歴史として理解可能にならない。民衆の生活や文化が、不変の静態的な基層として実体化されてはならない。歴史は予見できる未来や目標に向かっているとはもはやいえなくなったとしても、それでもその変化の仕組みや方向性や意味を見つけるのが歴史家の仕事なのであれば、歴史の変化・発展についての視野を持ち、その上で出来事を読み解き評価していくしかない。

客観性、公平性が重んじられますます精緻な実証的専門研究が主流となっている現代歴史学において、歴史法則はもとより歴史観という言葉にも、歴史の対象に向き合うのに予断を持たせるような語弊があるのなら、歴史の「道筋」と言い換えてもよいだろう。

そもそも方向性の感覚を持たない歴史（家）は歴史（家）ともいえないのであろう。どこから来てどこに向かっていくのか、そうした「パースペクティブ」がなければ、どんな歴史も意味がない。前工業化から工業化へ、農村主体の世界から都市化された世界へ、絶対王政から民主政へ、口頭伝承から書記伝達へ、これらをかならずしも「進歩」と見る必要はないかもしれないが、各地域・時代におけるそうした「道筋」の様態および意味するところを、共通性と差異を勘案しながら解明する必要があるからである。

こうした歴史の「パースペクティブ的特質」を深く哲学的に考察してきたのが、現代ドイツの哲学者J・リューゼンである〔Rüsen 2013〕。彼は次のように述べる。すなわち、歴史はいつの時点を取っても偶然性に満ちていて、もしかしてまったく別様にも展開しえたのに、偶然のいたずらで、ある一つの方向に進む、ということを繰り返してきただけなのかもしれない。しかしそうしたものを、歴史家は固有の歴史叙述によって、時間的パースペクティブの中で方向性と関連性を認識できるように、また特定の出来事や要素を互いに結びつけられるよう叙述し、過去が現在と未来へと意味深く結ばれるよう、その叙述によって組織化しなければならない。そうすれば、その時々の出来事の発展の様が、さまざまな——失われた可能性・実現しなかった可能性も考慮に入れた——可能性の背景の前で歴史的に明瞭に洞察されるものになる、と。

「進歩」というのも一種のパースペクティブだとすれば、それを採用しても悪いことはない。これを時間の経過とともに価値が向上するとの見方と解すれば、これはある意味、日常的に根づいている感覚で、たとえば学校教育の基本的考え方でもある。さらに、進歩史観を全体としては否認する人でも、技術や自然科学のもたらす恩恵については、進歩を承認せざるをえないだろう。むろんそれは歴史全体の進歩ではなく、部分的なものではあるが。

むしろ歴史家の「道筋」を見通す能力、「パースペクティブ」の考え方によりふさわしいのは、「進歩」ではなく「発展」という概念・カテゴリーだろう。それは一筋の糸ではなく、もろもろの糸が諸段階を経て進むときの相互関係、その繫がりを見失わずにパースペクティブの中で出来事の意味と価値を吟味する、ということである。一見同様な現象や事態、たとえば中国で発明された印刷術とドイツで発明された印刷術、別々の民族における狩猟採集から農耕経済への移行、これらはそれだけを取り上げるのではなく、それらと関連するもろもろの事象とともにパースペクティブの中で勘案せねば正しい歴史的な位置づけ・意味づけはできない。歴史の道筋についてのしっかりした見通しによってのみ、それがいかなる「発展」なのか、その意味・価値が明らかにされるのだから。

こうした道筋、パースペクティブは、時間が経ち、時代を経るとともに、たえず手直しされ、ときにまったく別の線を描くことにもなる。たとえば、「宗教改革」が重要なテーマなのは、その後近代から現代にかけての歴史においてカトリックとプロテスタントの長い対峙があり、またプロテスタントの思想が、政治・社会・経済・文化万端に大きな影響をおよぼしたから、それを後世の人々が知っているからであろう。十一・十二世紀の開墾運動は、ヨーロッパ世界の大発展の基礎となったが、エコロジーに敏感な今日の人たちから見れば自然破壊の原点ということにもなるし、ヨーロッパ人による新大陸の「発見」や植民地主義は、しばらくは迷妄に浸った者の啓蒙、文明の伝播として称賛されても、その後そのヨーロッパ中心主義が非難され、ヨーロッパの汚点にもなった。電球やフォークやネジなどは、当初ごくささやかな発明品だったとしても、やがて生活や社会、技術を一変させて、評価が一気に上がった。逆にその当時耳目をそばだてた大事件でも、すぐに歴史家の注意を惹かなくなってしまうものもきわめて多い。

つねに現在から振り返っての評価であり、いやむしろ過去から現在、現在から過去の二方向の行き来によって、道筋が重ね書きされていくのである。事実をいくら沢山集めても、それだけでは歴史の意味は浮かばず、経験を積んだ歴史家自身の心の中で正しい道筋として統合されなくてはならないのである。

さらにもう一つ、いかなる道筋を想定するにせよ、(良い意味での)歴史主義的態度を持すことが大切である。十八世紀のJ・G・ヘルダー(一七四四—一八〇三年)から十九世紀前半のドイツ歴史学派(F・シュライアマハー(一七六八—一八三四年)、F・C・フォン・サヴィニー(一七七九—一八六一年)など)まで、歴史主義は、ある時代の精神世界に属するあらゆる現象(法や制度、言語や風習、文学や美術)はことごとく有機的・連続的な歴史的発展の産物であり、ダイナミックに生成した——もしくはしつつある——ものであり、またそれらは個々別々に存在せずに、創造的な共同精神がいずれにも関わることで本性上互いに結びついている活動・力なのだとした〔マンハイム 1969: 1-71; アントーニ 1973; 関 1983〕。

そして十九世紀末、主観の役割を強調したW・ディルタイ（一八三三―一九一一年）が――歴史主義との用語を使わなかったとしても――歴史主義の発展にも大きく寄与した〔ディルタイ 2010; Bulhof 1980〕。ディルタイによれば、歴史的世界はあまねく意味に浸っている。意味とは精神の表現、生の外的顕現であるが、それらの意味は理解があってこそ存在する。歴史的経過において、ある部分の完璧な理解は全体と関連づけられてはじめてでき、反対に、全体に関する普遍的＝歴史的な展望は全体の中で結合される個々の部分の理解が前提となるという、全体と部分の相互依存関係がある。

個人や共同体、文化組織といった歴史的世界における価値創造者は、国民、時代、時期といった、より広い社会的・歴史的連関の中に織り込まれている。歴史家はそうした諸連関の中に見出される価値や目的を取り出し、共通性を見出し、総合すべきだが、その際、おなじ時期に活動する人間はその活動の基準をある（心的）共通性の中に有していることを見逃すべきではない。だから意志と具体的目的、ものの感じ方、感情生活・衝動なども互いに似たものになる。そうした一致を見出すことが歴史的分析の課題だとディルタイは言う。

歴史主義批判をかわし、悪しき意味（相対主義、虚無主義）をそこから拭い去ろうとしたのがE・トレルチ（一八六五―一九二三年）で、「現在的文化綜合」という考え方を取った〔トレルチ 1980-88; cf. Cantillo 1979〕。トレルチによると、歴史は「諸形態」Gestalten から成っている。つまり時代、時期、複合的文化パターン、象徴体系、社会学的形成物である。こうした形態（ゲシュタルト）はそれぞれが全体性で、それぞれが極度に複雑な諸力の相互作用の塊である。別言すれば、それらは閉ざされておらず、時間的前後へ、そして同時的には四方に開かれ、無数の発展ないし因果の線の通過点・切断点と捉えられるが、いくつかのドミナントな推進力（衝動）により統制・統合されているという。

さらに歴史主義と親和性のある「理解」の学として歴史学を定義したドイツの歴史家にJ・G・ドロイゼン（一八〇八―一八八四年）がいる〔Droysen 1977: 22–28, 60–63, 105–110, 159–216; Oexle 2001: 34–38; Maclean 1982〕。彼によると、客観主義・素朴実証主義での定義とは異なり、歴史知識とは、過去の歴史、出来事の総体をそのまま再現するものではなく、知的構築物である。もちろん史料という物質・素材に依存し、それをもとに仮説と構築を経験的に行う学問の結果なのではあるが、問題になっているのは、つねに人間の手に成る産物と表明・文化活動である。その人間は、生まれ落ちたときから両親を中心とする家族・家庭の物理的・心的傾向・状態、言語、民族、国家、法、社会、労働、文化、宗教など、彼を取り囲む歴史的要因（＝人倫的世界ないし共同体）に規定されている。彼の生が人間的なのは徹頭徹尾それが歴史的な生だからであり、彼は生まれ落ちたときから何重にも過去から伝えられ受け継いだ生を生きている。

逆から見れば、歴史は何をおいても人間的世界、その意識の展開であり、だから歴史を研究する人間は、自分自身に関わることになる。歴史家は研究対象に外から向き合うのではなく、その対象の中に含まれ巻き添えにされている。だからこそ彼は、歴史を「理解」することができるのである。彼の歴史知識も歴史的に媒介されているから、その研究は、パースペクティブ的に構築された性格を持つ。

こうしたドイツの生の哲学と歴史主義の立場に私は共感するし、アナール派の心性史や表象史を構造化する場合や意味深い時代区分の構成にも裨益すると思っている。また何より全体史を目標にするときに役立つのではないだろうか。古臭い思潮だとして一蹴してしまうには惜しいし、これをベースにさらに展開させていくべきだと思う。

歴史の中の概念

歴史研究は、個別具体的な出来事の分析を史料の解釈を通じて行うが、物事をそのまま生の形で把握するのではなく、何らかの普遍化つまり概念や類型化によって分類したり、一般化したり、ほかの事象と関連づけしたりしながら、同時代の読者に理解してもらえるように叙述をする。

だから歴史家は、自分の対象とする時代、地域、テーマに必要な「概念」を探り出し、考案し、その意味合いを検分するところからその仕事を始めねばならない。これは、歴史叙述以前、テーマ決定や史料探索の段階からの課題である。

では、どのようにして歴史的な「概念」を作れば、あるいは使えばよいのだろうか。多くの歴史的経験の多様性が包摂される一般的な概念は便利だが、規則性を際立てるために過度に類型化してしまうと、非歴史的な分析概念になってしまう。また現代の状況に照らして、そこで使われている用語とその意味合いをそのまま持ってくるのも、時代錯誤の議論に陥ってしまうことだろう。

逆に歴史過程に巻き込まれた実体を、それに客観的に付属する特徴からのみ概念規定すると、過去の状況に経験的に合致しこそすれ、細かな概念のオンパレードになるし、ほかの時代・地域との比較可能性を奪って、かえってその意義をはっきり伝える論述ができなくなってしまう。加えて公的史料に登場するままの用語を採用する場合は、当時の支配者のイデオロギー的立場に知らぬ間に荷担して、実態を見る目を自ら閉ざしてしまうこともある。

というわけで、なかなか按配は難しい。たとえば「ヒエラルキー」とか「移動」とかいう抽象概念は、時代・地域を問わず共通理解可能だから無条件で認めてもよいだろう。しかし一見普遍的な「子供」「家族」「パトロン」「貴族」といった人間集団を指す概念、さらに「労働」「遊び」や「自由」「責任」などの概念も、時代・地域で内実は異なり、だから現在とは意味内容がズレていよう。異なってはいても、ほかに表現するのが難しいという場合はそれらを使わざるをえず、それについては、叙述の途次において「定義」することもときに必要になるし、またその内実が何かを問うことが歴史研究の課題になって、結論でその定義を示すことになる（たとえば中世の「子供」とは何だったか、「自由」とは何だったか……）場合もある。

さらに歴史家は、史料中には存在しない概念を創出することも多い。それは、そうした操作概念を用いることが、歴史的な出来事、関係、制度などを新たに意味づけ定義して議論を進め、読者にわかりやすく伝えるのに好都合だからである。たとえば「資本主義」「貨幣経済」「荘園制」「封建制度」「ルネサンス」「フランス革命」「百年戦争」「三十年戦争」などで、これらの概念の出来不出来が歴史像の成否を左右する。

いずれにせよ、研究対象とする時代・地域の文化的・社会的コンテクストの中で、その輪郭と内実が露わになるような概念にすべきで、それは史料中に登場する用語やその訳語という場合、あるいは異なる用語で称されるものをまとめる場合、さらに創出された操作概念の場合などさまざまだが、いずれも歴史概念として、歴史的現象の固有の豊かさを含ませた定義になるよう工夫していくことが求められよう。別言すれば、それらは一種の「理念型」であり、すべての事例に共通とか、平均類型・最大公約数とかではなく、ある観点からして重視され、種々さまざまな地域・時代において分散的に見出される諸要素を結合して矛盾のない一つの理念像としたものであり、そのおかげで意味や特徴の発見概念ともなるのである〔ヴエーバー 1994: 95–110; 堀米 1964: 149–164〕。

しかもそうした概念に望まれるのは、過去の現象を表す個性的なものでありつつ、現代の状況にもその意味を内的に関連づけられ、つまり歴史の持続に耐えうる一般性のある概念だということである。その両面性を持たせることが、なかなか困難なのである。そしてこの両面が一緒になってはじめて、歴史を発展として語ることができる。

また実体概念（としての歴史概念）ではなく、歴史的変化を説明するための「説明概念」も重要だ。歴史学の基本を因果関係の闡明にあるとする場合はもちろん、構造の中での意味づけや理解を重視する場合でも、さまざまな出来事の連続性や関係性を説明するために、伝統、影響、発達、発展、進化、成長、衰退、原因、結果、伝播、慣習、先駆、残留、典型……などの言葉・言い回しを歴史家は頻繁に使うし、使わざるをえない。だがM・フーコーに言わせれば、これらの概念は類似や反復、並列にすぎないもの、もしくは分散した出来事を、因果関係や一つの組織化原理の下にまとめることを可能にするが、こうした、検討以前に有効性が認められている出来合いの総合は、問い直さねばならない〔フーコー 2012: 43–46〕。とはいえこれらの概念を使わないでは、歴史叙述は不可能、ないしまったく様相の異なったものになろう。

概念を主題にした「概念史」Begriffsgeschichte という研究分野がドイツで開発されたのも、概念が歴史学の要諦の一つとの認識からだろう。結婚、ブルジョワ、身分、国家、階級、人種、民族などの概念は、辞書的な意味は同一でも、その歴史的な意味は、間主観的な関連の中、時代ごとの社会的・政治的・経済的な変化を反映して、いわば定数と変数が入れ替わり、移り変わっていく。概念史研究の代表者の一人R・コゼレックにとっては、概念史とは、社会史の不可欠の補完物なのである。彼は、O・ブルンナー、

W・コンツェとともに巨大な「概念史」辞典の企画を実行し、二〇年かけて全八巻七〇〇〇ページに上る金字塔を打ち立てた〔Brunner, Conze & Koselleck (eds.) 1972-1997〕。

因果関係と比較史

しばしば因果関係を見出すことが歴史学のもっとも肝となる説明方法だとされてきた。ヨーロッパにおいて因果関係による説明が本格的に登場するのは、十七世紀末である。そして十八世紀前半、フランスのモンテスキュー（一六八九―一七五五年）が、当事者の意思や願望などの心理的・道徳的・形而上的理由よりも、物理的・客観的な原因（気候風土や民族の気質）に着目し、それを法則化に近づけたことが注目される〔モンテスキュー 1989, 中：27-197; Domingues 2000: 195-223〕。

因果関係による説明は、それがうまい説明であるならば、読者の納得感も大きい。十分条件である原因と必要条件である原因がありうるが、前者の因果関係は、おなじ関係が反復して現れるのでないかぎり、絶対にそうだという断言はできず、あくまで蓋然性を推察するにとどまる。物理学や化学のような実験ができず、それによる証明もできないからである。またそうした十分条件としての原因を突き止めたところで、あまり興味深い叙述には繋がらないだろう。むしろいくつもの必要条件の重要度を査定しつつ相互に関係させて結果へと叙していくところに、歴史叙述の妙味があろう。

「革命」にせよ「飢饉」にせよ、原因は複雑で諸領域のさまざまな要因に絡まっている。たとえば、飢饉をもたらした凶作があっても、それはさらに気候不順あるいは病害虫の発生という先立つ出来事に遡る。殺虫剤の欠如、はたまた共助精神の衰退、他地域からの食糧輸送の妨害という社会的・政治的な事象にも関係するかもしれない。どこまで遡って因果の連鎖を繋げればよいのか、あるいはどこまで広げればよいのか、とめどなく遡り際限なく拡張しなくてはならなくなる。また原因は、さまざまなレベルで探索することができて、そのレベルや基準におうじて答えは変わってくるし、レベルの混同やコンテクストの見誤りもよくあることだ。

むしろある出来事の発生と展開プロセスを関連するコンテクストの中で巧みに叙述したものが、説得的な因果関係の説明ともみなせる。そしてさまざまな原因を序列化し組み合わせる、レース編みのような叙述が求められることになろう。

因果の捉え方については多くの論者が議論している。たとえばM・ウェーバー（一八六四―一九二〇年）は、因果関係の探求とは法則を見つけることではなく、個々別々に、ある出来事の本質的構成部分が帰属する原因を取り出すことだといい、それは多くの人々がよく知っている一般的経験諸規則から判断してそうした結果をもたらす、あるいは人間がおかれた状況でどう反応するかの一般的知識からして、出来事を引き起こした可能性が十分あると判断されれば、その両者は「適合的」因果関係にある、とする〔マイヤー／ウェーバー 1965: 177–212〕。

もう一つ、E・デュルケム（一八五八―一九一七年）の『社会学的方法の基準』（一八九五年）でいう「共変法」は、因果関係を外側からでなく内部において把握できるとされ、歴史学でも応用が利きそうだ〔デュルケム 1978: 239–260〕。それによると、歩調を揃えて変化を示しながら並存する現象があった場合、一方が他方の原因によるとはかぎらず、両現象がともに同一原因の結果であったり、さらにはその二つの現象の間に一方の結果であるとともに他方の原因である第三の現象がひそかに挿入されていることもあり、さらなる解釈が必要となる。まず演繹によって二つの項の一方がいかにして他方の項を生じさせることができたかを追求する。その演繹結果を経験の助けを借りて、すなわち新たな比較によって検証せねばならない。それらがうまくいけば証明できたことになる。だがそれらの事実の間にいかなる直接的関係も認められなければ、あるいはそうした関係についての仮説がすでに証明済みの諸法則に抵触する場合は、第三の現象を追求せねばならない、ということだ。

ところで、決定的な原因とは措定できない場合でも、この要因が先立たなければけっしてある現象・行為は起きなかった、別の現象・行為になった（つまり必要条件）、というようなときには、それは「原因」の一つといってもよいが、「条件」という方がふさわしい。すべての事実は諸条件の全体によって決定され、必然的に結果するが、とくに歴史家の関心を惹くある重要条件を、「原因」という名で呼んでいるだけであろう。だから、歴史学の使命は、因果関係の解明というより、条件の探求と関連づけでよいと私は思っている。そもそも歴史は原因と結果が直線上に並んで進行していくのではなく、複数の要因の線の収斂がそれぞれ絡み合いつつ起因となって、長短・強弱不同の効果をもたらし、出来事が起きる。そのときには、偶然もその役割を担うだろう。出来事の帰趨をすでに知っている歴史家は、偶然を軽視して了解しやすい物語を創りがちだが、別様の結果の可能性の背景の上に複線的な叙述をすれば、一直線の決定論的叙述よりも豊かな叙述になるに違いない〔Rothermund 1994: 44–51; cf. Munz 1977: 204–245〕。否、おそらく複数の因果系列のぶつかり合いが、偶然と呼ばれているだけなのだ。

因果関係的な思考法は、歴史学と切っても切り離せないし、各所に因果関係を見つけ出し、影響源や諸条件を確定するのも有益であろう。しかしそうした原因確定だけが歴史学の務めではない。先に述べた道筋＝パースペクティブの下で全体としての歴史的世界の構造とその変容を見透し、出来事・行為などの意味と価値を明らかにし、理解していくことが肝要で、因果関係（あるいは出来事の条件）の解明はその手段の一つにすぎないと私は思う。

＊

因果関係の連鎖を考察するときに、助けになる方法が「比較史」である〔バーク 2009: 29-37〕。これは、比較と類推によって既知のものから未知のものを推定する手法である。

ウェーバーは、ある時代・地域の事象（たとえば都市）に特殊なものは何かを確定するのは、他の時代・地域においては何が欠けているかを見つけることによってのみ可能だとして、比較が歴史学に必須と説いていたが、O・ヒンツェ（一八六一―一九四〇年）は、そのウェーバーの範に従って、ヨーロッパ諸国家の政府の「類型」の比較研究つまり比較国制史を実践した〔Cf. 牧野 2008〕。

またM・ブロックは一九二八年、ノルウェーのオスロで開催された第六回国際歴史学会で「ヨーロッパ諸社会の比較史のために」という報告を行い、同年末、論文としてまとめた〔ブロック 2017〕。先行者と異なり、比較史の方法を具体的に詳述した点がブロックの功績である。

ブロックが述べるには、比較史には因果を明らかにする、という効用があるという。というのもある現象とその結果があって、一つの社会では史料から十分その間の広がりや影響力を考量できるが、もう一つの社会では史料状況やあるいは政治・社会構造が別であるために認識できない場合にも、類推により、（しばしば深層で）作用していたことが推定できる。そしてその結果、一つの社会によるもう一つの社会からの借用の存在がわかる可能性がある。たとえばフランスの三部会、ドイツ諸領邦の身分制議会、スペインのコルテス、イタリアのパルラメンティ、イギリスのパーラメントなど、時期的に相前後してヨーロッパ各国で成立したもろもろの議会を、全体的に比較をすることではじめて、多数の煩瑣な地方的事実の迷路に入り込まずに、可能性のある諸原因の密林の中から一般的な影響力を持つ真の原因のみを抽出できる、という。

またブロックによると、比較史には共通性を突き止めるだけでなく、綿密な比較により諸社会の明確な独自性をも明らかにできるし、しなくてはならない任務もある、という。たとえば十四世紀フランスの農奴（serf）と同時期のイギリスの隷農（vilain）との相違を明確にすれば、十二世紀以降の両国・国民の発展の間の対照的な道筋が見えてくる。さらに、一方では存続するのに他方では消滅してしまった制度や単位があったときに、それは自然にそうなったのではなく、何かそこに問題があることが比較史ではじめて発見できるという効用もあるそうだ。

いずれにせよ、こうした「発見」が有意義であるためには、それはたまたま似ているだけ、というのではなく、おなじ発展段階、おなじ時間的・空間的スケールのものであることが望ましい。そのときにのみ、普遍的な原因・過程と個別的なそれらを弁別できるからである。

時代区分論

歴史はクロノロジーに従って進展していく、と一般に捉えられている。そして先後関係がつねに明確になるように歴史を語るには、年代を明記しなくてはならない。だから、歴史学の基礎は昔も今も年代決定なのである。そして年代計算の出発点は、あくまで「今」からであり、「数」によって「今」と結びつかなくては、歴史は夢か幻のようにとりとめのないものになってしまう。

「今」は、歴史的時間が計られる座標であり、その時間は「今」を出発点として目盛りづけした物差しのように過去に伸びている。しかも「今」は、たえず切り替えられて前に動き、新たにされていく。明治維新は、ついこの間まで一〇〇年前の出来事だと思っていたら、もう一五〇年以上昔の出来事になってしまった。

こうした機械的・数学的な歴史の目盛りを、より内実のあるものにするのが「時代区分」である〔*Périodes* 1991; Le Bihan & Mazel 2016; cf. 岸本 2002〕。これも「今」を基点にして回顧的に決められるであろうし、長い目で見れば、組み換え、作り直しを余儀なくされよう。しかしさしあたり現在においては、どのような時代区分がふさわしいのだろうか。

歴史家が時代区分を用いるのは、歴史的事実を考えられるようにするためにほかならない。これは、先に述べた、ディルタイやトレルチの歴史主義的な歴史の把握から強く要請されるところであるし、マルクス史学はじめ、歴史に法則を認めたり、進歩史観が採用されるときもそうであった。さまざまな由来の現象・傾向が同時代に併存するのは普通だが、それらにまとまり・統一性をもたらす主導理念、社会関係の特徴ないし心性の構造があるとの考えが、時代区分への要請を支えている。

時代 époque や時期 période の内には、多くの「世代」génération の人間がいる。世代交代は、たんに生物学的な生命の交代による連続ではない。伝統・慣習・制度などを受け継ぎながら、しかし同時に、新世代はその内なるエネルギー、新感覚で受け取ったものを革新していき、そこに世代間闘争も起ころう。

時代が移り変わるとは、伝統・慣習・制度がある閾値を超えて刷新され、全般的な価値体系と意味構造が替わり、新たな歴史的地平が開かれるということである（部分的な刷新・変更が「時期」の交代）。そのときには、古い世代も新しい世代と同時に、対応に苦しみつつも、新時代の車両へと皆で乗り換えるのであろう。そこで世代の混在は超克され、新「時代」の統合へと止揚される〔高坂 2002b: 265–274〕。

かように時代区分は、歴史を考えられるようにするために不可欠だと思うのだが、フランスでもドイツでも、社会学（と経済史）の台頭で、その堅塁は崩されていった。たとえばフランスでは、F・シミアン、E・ラブルース、M・ブロック、F・ブローデルらにより時代区分の概念化の仕方が大きく変わっていった。彼らによると、政治とか経済とか文化とかいった事実の各分野に、それぞれ固有のリズム、呼吸、つまりは「時間」があるのであり、だから中世とか近世とか近代といった時代区分ではなくて、同質で測定可能な現象の系列を確定して均質・均等に分割し並べることがむしろ大切になる。そうすればグラフを作って明示的に整理することもでき、数量史とも親和的である。そもそも錯綜した諸時間をまとめる同質のトーンの「時代」など考えられない。むしろ歴史を動かしていくのは、こうした諸領域における展開の形態とリズムのズレなのであり、それが新規なものの登場のメカニズムになる。社会史はグランドセオリーと時代区分を退ける……とされたのである。

こうした「反時代区分論」が強まったのは、一九七〇年代からであった。その頃より、時代区分が科学としての歴史学の障害になる、と唱えられ始めたのである。たとえばP・ヴェーヌは、時代という区分は神話にすぎないのに、教育上の配慮にもとづく枠組みとして使われ、また歴史家は無力さゆえにそれにしがみつき時代の「専門家」を作り上げている。ほんとうは、歴史事象は時代と民族ごとに組織されているのではなく、概念ごとに組織されているのだから、時代などという区分は有害無益なのだと難ずる〔ヴェーヌ 1983: 46–49〕。

F・フュレも、従来の「物語の娘」であった歴史における時代区分は——キリスト教の終末論から生まれた——目的論的な穢れを帯びており、とくに十九世紀のイデオロギー的遺産たる包括的時代区分は修正されねばならないと主張する。今日の歴史研究の主流を成す「問題史」では、時代・時期よりも、おなじ性質・性格の事実を、異質だとされる諸時代に割り当てていき、あるいは現象のレベル・種類ごとにその分析と記述に適切な長さの時間的広がりを設けて研究していくべきだ、とするのである〔フュレ 2015: 20–21, 104, 106–117〕。

驚くべきことに、時代区分はなくてもよい、普遍的に通用するような時代区分は虚妄だ、との考えはかなり広まっているようなのだ。時代区分をなしですませ、西暦（年月日）と世紀のみで表示すれば、世界史に共通の尺度が与えられ、かえって便利だ、とでも思われているのだろうか。だがどうだろう。社会史といえど、古代・中世・近代・現代といった大きな時代区分については一般の歴史の見方として定着してきたはずだし、学問的にも存在理由は十分ある。たとえばJ・ルゴフは次のように主張している——歴史はその素材である時間とともに、まず連続として現れるが、同時に変化から成っている。歴史家たちはその連続を区切ること、歴史を時代とか時期とかに区切ることを自らの仕事の前提としている。一つの時代から次の時代への移行は、歴史的な時代の個性・特徴のまとまり（社会の仕組みや価値体系）が、経済領域、知的領域そして社会的・政治的領域の三者において深く根本的な変化を遂げたときにはじめて認められる。もし歴史を「世紀」に分けるやり方がうまく機能するようになったとしても、それは「中世」のような時代による区分に取って代わるもう一つ別の時代区分法なのではなく、それに付け加わって、歴史の統御に補助的な道具を提供してくれるものにすぎない、と〔ル＝ゴフ 2016; cf. 江川 2020〕。

私も、ルゴフとおなじように、時代区分（と時期区分）は必要で、それは便宜的とか、便利だからというだけでなく、「道筋」「パースペクティブ」としての歴史の捉え方、また歴史主義的な思考法を生かしたいからでもある。こうした時代区分・時期区分が不可欠なのは、出来事はそれが発生したらすぐに歴史的なものになるのではなく、分節化した時間の連関の中に位置づけられ、それ以前ともそれ以後とも区別され、かつその相違性において両者を媒介する時代区分によって、はじめて歴史家は事実の意味と価値を考えられるからである。

どんな時代区分をするかは、歴史家ごとの歴史観を反映するが、自分だけの勝手な時代区分というのは意味をなさないので、まずは学界で、次により広い人々の間で共有・理解されるものにしていかねばならない。これは先に歴史観について述べたことと同様である。

時代区分に懐疑的な見解がある一方で、ここ二〇—三〇年間くらいで新たな意味を担ってきた時代概念もある。「近世」と「古代末期」である〔近藤 1999, 2018; 朝尾編 1991; 清水編 2015; Marrou 1977; ブラウン 2006〕。こうした新しい時代概念の登場は、特定時代の新たな意味づけの必要、また離れた地域の歴史をおなじ土俵で論じたい、という共通志向と連関しており、やはり歴史学には本来的に時代区分が不可欠なことを証示していよう。「時代」「時期」を、「世紀」「西暦」と併用するのが望ましいと思う。

国民史、地域史、グローバル・ヒストリー

十九世紀の近代歴史学誕生は、国力の強化とナショナリズム昂揚と関わっている。ヨーロッパ諸国がそうだったし、また日本でも事情は変わらない。

たとえばドイツでは、最終的な国家統一は一八七一年であったが、その少し前からそれを準備するかのように雑誌創刊、史料収集・校訂の試みがあった。すなわち一八五九年にH・フォン・ジーベル（一八一七—一八九五年）によって『史学雑誌』*Historische Zeitschrift* がミュンヘンで創刊され、また十九世紀末葉以後、Th・フォン・ジッケル（一八二六—一九〇八年）を中心に、厳密な史料批判にもとづく国家的事業としての『モヌメンタ・ゲルマニアエ・ヒストリカ』編集・刊行事業——K・フォム・シュタイン（一七五七—一八三一年）による一八一九年設立の「ドイツ歴史学協会」に起源を有する——が精力的に進められていったのである。

フランスでも十九世紀には「国民国家」が王政・王国に替わる厳然たる事実として受け入れられると、一八二〇年代の自由主義時代に、F・ギゾー（一七八七—一八七四年）やA・ティエリ（一七九五—一八五六年）、M・ド・バラント（一七八二—一八六六年）など一群の歴史家たちが、この大変化の由縁を長大なフランス史の流れに位置づけようと、科学的にしてリベラルな新たな政治史を目指した。一八二一年には「古文書学校」École des chartes、一八三四年には「歴史研究委員会」Comité des travaux historiques、一八三五年には「フランス史協会」Société de l'Histoire de France が出来た。

それとともに、フランスでも国家史・国民史のための史料集成が国家事業として次々と行われ、さらに一八七〇年の普仏戦争敗北の失意から国民を立ち直らせるべく、ナショナリズム高揚と和解のための手探りがなされ、歴史学への期待と教育改革の機運を高めた。ドイツを範とした歴史家は同国に留学して、史料批判などの実証手続き・方法論を学んだ。その一人、G・モノー（一八四四―一九一二年）によって『史学雑誌』*Revue historique* がドイツの『史学雑誌』に倣って一八七六年に創刊され、この国の実証主義史学の牙城となる〔渡辺 2009: 76–129〕。

ドイツやフランスだけではなく、十九世紀にはヨーロッパ各国で、歴史の「国民／国家化」がナショナリズムの高まりとともに起こり、歴史家はそれぞれのネーションの文化・言語・宗教・民族のルーツを強調する。十九世紀にヨーロッパの歴史家たちが書いたのは、ほとんどが国民国家を枠組みとした歴史であり、それは当然、ナショナリズム発揚、ナショナル・アイデンティティ創出にも資することになった。これに則った歴史叙述は、国造りを担っていくエリートたち、政治家、官僚などの訓練にも使われた。

日本でも、明治国家の方針で政治史中心の国史編纂のため、一八七五年に修史局（一八七七年に修史館となる）が創られて編纂事業が本格化した〔佐藤大悟 2019〕。一八八八年に（東京）帝国大学にその事業が移管され、史料編纂掛（後の史料編纂所）で『大日本史料』の編纂が始まった。一八八九年「史学会」創立、その機関紙『史学会雑誌』（後の『史学雑誌』）は今も実証主義史学の元締めである。

こうした国単位の枠組みは二十世紀、いや二十一世紀の現在でも、自国史という形ではいたるところに残っており、教育現場にもずっと君臨している。もちろん、ナショナリズムと結びついた国家を枠組みとする歴史は批判に晒されてきたし、それを超えようとする動きもでているのだが。

これを相対化する「スケール」の見方から生まれたのが、「地域史」であろう。国家を枠組みとするナショナル・ヒストリー全盛の時代から近年まで、地域史がなかったわけではない。それどころか、たとえばフランスの博士論文などは大半が地域史だった。しかしそれは、あくまでも国民国家内部の地域であり、しかもしばしば制度的な行政単位、州とか、都市とか、旧地方とかのまとまり、また革命後人工的・規則的に細分して出来た県が枠組みであった〔Febvre 1962: 31-32〕。つまりこうした行政単位別の地域史は、「国民国家」あってこその地域／地方が対象であり、その内部の単位の歴史だったのだ。

だが、社会的事実を、国家の枠組み、さらにはその中での地域単位である都市や県・州などの「行政単位」に閉じ込めねばならない謂れはない。国民国家などなかった中世についてはもちろんだし、近代以降でも、社会的諸現象が国境や州・県境で踏みとどまることはない。文化史的な現象ならなおさらだ。地域は国を超えるにせよその内部にあるにせよ、国などよりはるかに長い歴史の産物であり、国の従属者ではなく、独自の特性があることを思い出さねばならない。特定の構造を有し、位置や広がりを持ち、共通の自然と生態学的な諸条件を備え、その空間構成が住民の精神に影響を与えるような、そうした地域である。地域には政治的単位としても重層性があり、どのレベルを論じる際にも、より広い地域的文脈に位置づけるとき、その叙述は説得力を増すだろう〔Cf. 樺山 1979〕。

そうした大小さまざまで、生業、信仰、習俗などもろもろのメルクマールで区別される重層的な歴史的地域は、「地域」であるかぎりは、内部は文化的・社会的・経済的特徴を共通に有する有機的に完結した単位のコミュニティーでもあろう。そして現代に求められている地域史というのは、近視眼的で視野狭窄の細部にこだわった地方史でも、風俗・習慣への愛着を隠せない内向きの郷土史でもなく、それぞれの地域が、いかなる社会集団を主要なアクターとして展開し、外の世界に対していかに主体的に行動し、その過程で構造が変容していったのかを明らかにしようとするものである。そうした地域史研究の蓄積により、国民国家の諸面の歴史的形成のあり方がより具体的に理解できるとともに、他方では、それを通して近代国家や市民社会の秩序を崩すような側面や、新たな秩序への芽が見えてくるのである。

地域史は非常に有望な領域であり、国民国家自体を一つの地域として扱いうる。ブローデルの『フランスのアイデンティティ』はその成果の一つで、現在、統一的な外観を呈するフランスという空間単位は、もともと自立的な地方と地域圏、村・町・都市、州など、多様でさまざまに異なる要素を抱えていたが、それが商取引や道路網、また歴史上の出来事、政治的・経済的・社会的なネットワークで繋がれる経験を重ねて、共通の規範を生んでいったのだとする〔ブローデル 2015〕。

この「地域史」の対極にあるのが、今流行りの「グローバル・ヒストリー」だろうか〔クロスリー 2012; コンラート 2021; ベイリ 2018〕。グローバル・ヒストリーはブローデルの遺産を汲んで一九七〇年代に生まれ、そして一九八〇年代初めに制度化して、その後英米を中心に、学会創設、雑誌発刊が相次いでなされ、大陸ヨーロッパにも普及している。

初期には、とくにヨーロッパ中心主義批判というのではなく、むしろヨーロッパが世界を征服した近世・近代の歴史について、たとえばヨーロッパ人とアフリカ人、アメリカ人らとの身体的接触と病気の伝染に注目し、これまでにない広範囲な影響を考慮して説明した。一九七〇―八〇年代になると、I・ウォーラーステインらを代表とする「世界システム論」が隆盛し、国家ではなく広域地域ブロックおよびさまざまなシステムを分析単位として近代化を考えていった〔ウォーラーステイン 2013〕。

また冷戦終結後、国民国家単位では十分に論じられない世界を説明しようと、ロシア帝国、イギリス帝国、ハプスブルク帝国、オスマン帝国さらにはアメリカ帝国などの「帝国史」が、注目を新たに浴び共同作業や比較の試みもなされ始めている〔山本有造編 2003〕。

最近ではウォーラーステイン流の「世界システム論」を批判して、十八世紀以前にはヨーロッパ（とくにイングランド）が先に正常な発展過程を進んでいたというような考え方が否定され、その時代の中国（揚子江デルタ）などの物質的繁栄や合理的経営原理を実証するようなグローバル・ヒストリーも盛んである〔ポメランツ 2015〕。

こうした動向は、ヨーロッパ中心主義を脱する意義があり、中心を移し、あるいはなくして脱中心化・多極化し、地球のあちこちに上陸して視野を一変させようと努めており、グローバル・ヒストリーにして新たな「地域史」の試みともみなせよう。それは、国家や帝国など固定的に枠組みを定めることなく、固定枠に囚われては見えなかった問題・テーマごとに伸縮自在の範囲を設定している。つまり民族の交流や衝突の場としての地域、特定の産物の生産・流通・消費圏としての地域、共通の制度や慣習の範囲としての地域など、何でもありうるし、研究対象に単一のコンテクストではなく複数のコンテクストを充てがっており、実際面白い研究成果が続々と出されている。

大西洋、インド洋や東南アジア、東・南シナ海、太平洋といった「海」を中心として繋がった海洋空間・海域世界を対象とする研究が多いことも特色で、こうした大空間における、交流、接続、ネットワーク、コミュニケーション、繋がった諸社会それぞれへの影響……が注目されている〔Cf. 岸本 2018〕。

グローバル・ヒストリーの中の部門というか、研究実践方法として、「接続史」histoire connectée と「交差史」histoire croisée にも言及しておこう〔Bertrand 2007: 小田中編訳 2017: 155–212: Minard 2013〕。

「接続史」は、一九九〇年前後に世界史のヨーロッパ中心主義に反対して現れた観点・方法で、キーワードは循環・相互性・雑種形成である。それは商品・モノ・資源の移動、人間・理念の循環・往来、制度・技術の移転といったプロセス、出会いと局面状況を重視し、その結果、海を挟んだ大陸間で、グローバルな規模で「接続」が行われ各地に変容をもたらす点に注目している。それゆえ十六―十八世紀の間太平洋・間大西洋の帝国的ネットワークの形成など、独自のフィールドを掲げる。

これまでは「新大陸発見」「新航路発見」などと称して、ヨーロッパの拡大に影響されたかぎりで、中南米や中国、南アジア、東南アジアの農業や国家体制に関心が集まっていた。だが、接続史はそうしたヨーロッパ中心主義を排して、ヨーロッパ人が組み込まれた諸世界の複雑な政治文法と接触場面を注視し、ヨーロッパ側史料と在地の史料双方を対等に使って、いかに植民帝国がローカルな社会出身の情報提供者やパートナーに支えられており、ヘゲモニーといっても最初は在地社会との政治的・イデオロギー的妥協の産物で、ヨーロッパの存在がどれほど寄生的で間隙的だったかを示した。そして近代世界の誕生とともに政治、経済、宗教などにおけるグローバルな統一性が増大するのは、欧米のみの功績ではなく、非ヨーロッパ人の活力やイニシャティブそして相互依存関係が無視できないことが明らかにされている。

一方「交差（交雑／交錯）史」もまた、領域やほかのあらかじめ決定された単位に中心をおいた歴史ではなく、国境を越えたパースペクティブを取る。さまざまな環境・背景における、実際的な面および知的な面での交差するプロセス、個別の存在（ヒト、モノ、慣行、文物）の他の存在との関係をスタティックな枠で議論せず、ネットワークの中での相互関係・作用・循環の点においても考察し、ダイナミックな「交差」の影響と双方の変容を見届けることで、「比較」や「移転」の弱点であった「変化」をより良く理解しようとする。スケールをはじめとする分析単位やカテゴリー、個人・実践・モノなど、研究対象と研究手続き双方の領域に属する多様な形態の「交差」に着目し、通時態と共時態の関係、実践のあり方を研究する一種の関係論的な論の進め方である。

グローバル・ヒストリーはアメリカからヨーロッパおよび東アジアの一部に広がり、若い研究者たちの中に熱烈な支持者を見出している。私はその有用性を否定しないまでも、これが本来の「歴史学」と呼べるのかどうかには疑問がある。P・K・クロスリーによると、それは「いかに中心をもたずに歴史を語るかということ」で、「グローバル・ヒストリーを書こうとする者は、歴史家の調査技術をもつ必要がほとんどない」らしい。そして「グローバル・ヒストリーには、それを使えば研究できるというような書かれた記録も、物的な資料も人間の証言もない。事実を発見し、そこから第一次的な歴史を組み立てるという不可欠な作業は、グローバル・ヒストリーに取り組む歴史家の仕事ではない。彼らはむしろ他の歴史家たちが行った研究を使って、比較を行い、大きなパターンをつかみだし、人類史の本質と意味を解き明かすような変化について、その理解のしかたを提起するのである」〔クロスリー 2012: 5–7, 154〕。

グローバル・ヒストリーは、ビッグ・ヒストリーやディープ・ヒストリーなど「スケール」（時間的、空間的、主題的、データ量的）を極大化するほかの手法と同様、私たちがこれまで述べてきた「歴史の道筋」の捉え方と相容れないし、生きた人間の姿がそこからはあまり見えてこない。場を持つ主体としての人間、個人であれ集団であれアクター、エージェントとしての人間を消去するとともに「権力」の問題もヒト・モノ・観念の大規模な移動の裏に埋没してしまっている。接続・交差と統合に目を奪われて歴史的現実が平板化・標準化され、抽象的人間と空間のゲームのような歴史にも見える。

政治的な課題の一端を引き受ける、というのもちょっと筋が違うだろう。世界中の人々が手に手を取り合って地球が直面する難問を解決するため、人々に「地球市民（住民）」としての意識を強く持たせる世界史の新たな解釈・理解を生み出す手法（グローバル・ヒストリー）が必要だという心意気は良いが〔羽田 2011: 羽田編 2016: 19–33〕、地球社会への帰属意識を与えるのは――国家や民族への帰属意識同様――現代歴史学の使命ではないだろう。

第二章　いかに歴史を叙述するべきか

歴史学の成果は、どんなジャンルであろうと「書かれたもの」となってはじめて「歴史」として自立することができる。これは、後述のオーラル・ヒストリーの場合でも例外ではない。では、歴史の書法（エクリチュール）とはどんなものなのか、ほかのエクリチュールとは異なるのだろうか。

史料の「読み」が、歴史家の主体＝主観の深いコミットなしにありえないのとおなじように、「書き」の過程も歴史家の主観＝主体を総動員し、多かれ少なかれ何らかのレトリックを用いた詩的過程であろう。この「書き」がなくては歴史は存在しない。出来事は物語り行為の中で物語られることによって、はじめて歴史となるからである。

それでは、いかに叙述するべきか、歴史叙述の固有の要件・特色は何か、考えていこう。

史料から叙述へ

歴史の対象は過去に置き去りにされ、今は目の前にない。それは不在だが、かつて実在したという痛切な心情に支えられて、現在、人々の記憶の中に生きている。しかしながら歴史家にとっては、それは「史料」があってこそ信憑性を獲得するのであり、だから「史料」がないと「歴史」もない（歴史学の対象にはならない）。史料の決定的重要性、それこそが、歴史学が文学や民俗学などと異なる所以である。

次章で詳しく述べるように、史料には文書史料のほかに図像や考古学的遺物もある。しかし図像や考古学的遺物は「言葉」によって同定され、意味づけられ、コンテクスト化されなくては、本来の史料としての役目を果たせない。出来事は、その進行中にはとくに言語に従属しているわけではないにせよ、一旦過去の出来事になると、言語による証言・記録によってしか伝えられず、モノやイメージでさえ言語化――しかも声や口頭伝承ではなく文字で固定化――されてはじめて、そのメッセージが科学の対象としての言明、つまり歴史学の史料として置き換えられるようになるのである。文字化されない言葉＝声は、その場その場の意識の現在において、発言者が所有し、その場にいる人に共有されるだろうが、検証可能な形で公的に保存されはしない。一旦当事者や証人から離れて文字に定着されたもの（史料）から、歴史家がしかるべき手続きによって再構成しなくてはならない。その上で歴史家によってなされた叙述は、当事者・証人の記憶を修正して「歴史的事実」をもたらす。これが近代以降の歴史学の立場である。

また、初めから書き言葉で構成されている文書史料の場合であっても、その史料を写して時間順に並べただけでは「歴史」にはならない。とくに法令や証書、遺言書などの古文書は、それらがいくら多くの情報を含んでいるように見えても、歴史家が問いを発して、語らせなければ何も語らない。歴史家は、それらの文書を作った権力機構や個人の意図、その文書の機能をなぞるような問いを発する必要はかならずしもない。というより、むしろ当事者に思いもつかないような問いを発するべきなのである。

さらに、もっとも歴史叙述に近い、年代記や日記のような史料であっても、それはそのまま写し並べるだけでは歴史ではない。それを歴史にするためには、史料批判に加えて歴史家による歴史叙述があらためて必要なのである。

物語を統合し、個性化し、読者の期待の地平と物語の筋・展開を架橋して読者を歴史的シーンに引き込み、体験できるようにするには、潜在的にせよ歴史家の主観の媒介が必要である。これは、歴史家個人の主観を媒介にしての客観的事実の確定、という前章最初に述べたことと別のことではない。要するに、歴史家自身の体験や関心によって発せられる問いなしに、史料は何も語らず、現代の読者にとって意味のある首尾一貫した歴史像は描けないのである。

これは常識から見てもおかしいと思えることもあろう。すなわちもっとも「生の事実」に近いのは何といっても本人でありその記憶ではないか、直接目撃者の記憶ではないか、彼らの証言ではないか。そこに筆記者や歴史家という複数の他人の介在があれば、真実の記憶が人為的に操作されて、「生の事実」からどんどん遠ざかるのではないか、と思うのは普通だろう。

歴史家も時代の子であるから、文書史料から真実を探究しようとするとき、何らかの政治的・イデオロギー的・社会的な偏向を被るのではないか、という懸念にはある程度の正しさはあるが、それでも歴史が記憶より信頼できるのには、訳がある。すなわち、J・ルゴフが言うとおり、「記憶のはたらきは、多くの場合、無意識的なものであるから、実際、歴史学それ自身よりもいっそう時代や社会の操作に規制される危険が大きい。これに対して歴史学の方は、記憶をより豊かなものにし、個人や社会が生きている記憶と忘却の大いなる弁証法的なプロセスの中に戻っていく。こうした記憶や忘却を理解し、それらを思考可能な素材に作り変え、それを知の対象にすること、そこに歴史家の役割がある。記憶を特権視することは、時間の荒波の中に呑み込まれることとなのだ」〔ル・ゴフ 1999: 2〕。

ルゴフの言葉に従うように、近代の歴史学の史料崇拝は健在だが、近年の記憶への再評価や扱いの精妙化とオーラル・ヒストリーの盛り上がりの帰するところ、両者の関係・軽重は、今後修正されることもありえよう。

さて、歴史家が史料に向き合うとき、何の装備もなしに向き合っているのではない。次章で説明する「歴史補助学」という武器もあるが、それ以前に、あらかじめ仮のものとして、自分の心中に形成した出来事のビジョン（仮説）、ないしは物語の筋立て（前章で説明した歴史の「道筋」に沿うもの）を一種の解読格子として、それと照合しながら史料を解釈し、自らの語りの積石としているのである。というのも、史料はけっしてお誂え向きには出来ておらず、初めから歴史家が対象とする時間・空間の出来事について、首尾一貫した報告書になっているわけではないからである。この、仮のビジョンは、歴史家の経験や資質、対象とするテーマとその周辺に関する知識などによりさまざまである。もちろん最初の仮のビジョンは、史料の検討の過程で修正されていくのが通常である。

さらにいえば、歴史家による歴史叙述以前の史料探索・検討段階で、すでに出来事の「物語化」が始まっているのである。なぜなら古文書館で、あるいはすでに校訂されている史料でもよいが、必要なデータを探して史料を繰っているとき、まさに自らの物語のどこかに引っかかってくるもののみを掬い上げるアンテナを歴史家は張っているものだからである。

先に、歴史家個人の主観の介入なしに歴史叙述は首尾良くいかない、と述べた。だが「学界」や「研究史」という歴史家集団とその業績の堆積が、この点、つまり出来事の物語化に、じつは大きく関わってくる。歴史家が新たに提出する「物語」は、斬新で独創的なものであるほどよいが、それは同分野の専門家たちを納得させるものでないとならない。研究の進んでいる分野なら研究史の延長上・修正上にあるか、大きく変わる場合は、より念入りに証明できないとならない。いくら大胆で魅力的でも、学者たちが皆そっぽを向くような突拍子もない物語は、素人芸で信用がおけないということになるのである。もちろんその突拍子もない物語が、実際はより真実に近くて、長い年月を経た後に、あらためてその正しさが証明される可能性は否定できないが……。

もちろん、現在ではそうした歴史家特有の権威を帯びた言語、という存在に異議を申し立てることは可能だし、そうした権威が実際に危機に晒されることもあるだろう（素人歴史家の増加、政治的な圧力、ネット空間でのフェイクニュースの広がり……）。

ここまで、いかに歴史を叙述するべきか考えてきたのだが、そもそも「何」を叙述するべきなのだろう。そこで重要になってくるのが「問題設定」である〔Thuillier 1998: 700-712〕。これはフランスのアナール派がつとに強調していることで、一九三〇年代には、歴史学というのは「問題史」histoire-problème であるべきで、あらゆる歴史研究は、知の進歩という点に貢献すると研究者集団が考える問題の解決に尽くさなければならず、そのための「問題設定」の重要性が盛んに説かれた。

その問いとは、何より現在からの問い掛けであるべきで、研究者集団に共通する問題ばかりでなく、市民としての歴史家個人が重要だと考える問題もあろう。疫病や環境問題や戦争が喫緊の課題で世間の話題を攫《さら》えば、歴史家たちもそうした問題に積極的に挑もうという気分になる、ということはよくあるし、グローバル化が進んだからこそ、それまで狭い範囲の問題に集中していた人が、大きな領野を視野に収めて問いを発したり、比較史を試みるということもあろう。

要するに、自分にとって興味を惹かれ、面白いと思うテーマを選ぶことになるが、研究者は「問題設定」するにあたり、学会／学界において伝統的に重視されてきた課題、あるいは流行しつつある課題に関係づけて自分のテーマを選ぶ傾向がある。その方が安心で着実に評価され、学会／学界への貢献もあると思えるだろうが、ときには冒険心も大切だろう。

実際に、論文・モノグラフを書く作法については、史料・文献探索、ノートの取り方、分析方法、論文の構成、注の付け方など、ここで縷説することはできないし、多数関連マニュアルが出ているので参照してほしい。

だが実際は、こうした論文作法は、書物から学ぶよりも、大学で教師や先輩、ゼミ仲間から伝授され、あるいは学会で最新情報を入手し、試行錯誤しながら少しずつ体得していって完成されるべきものである。というのも、学問の中でもとりわけ歴史学は一人でやるものではなく、学問共同体と、歴史研究・叙述は切り離せないからだ。自分の問題意識や方法が、学会や研究会において無視されることは避けたいし、相互に批判し合い認め合ってはじめて、個々の研究者の仕事の価値は上がり、また歴史学は発展していくのである。もちろん学会にもいろいろな問題があり、学会至上主義は良くないし、また在野の研究者の意義、利点もあることはたしかだが。

一点だけ注意しておけば、論文・モノグラフでは、最後にすべてをまとめて「結論」を提示するが、G・テュイリエが述べるように、この結論については、専門分化の進んできた最近では蔑ろにする研究者がとみに増えてきているようだ〔Thuillier 1998: 746–755; cf. Halkin 1982: 71–76〕。結局、何も積極的に言っていないような中立性の順応主義のものが目につく。結論を堂々と示すと、研究の穴が丸見えになってしまう、凡庸なものしか出せなくて批判がこわい……などと危惧しているのだろうか。

結論を明確に出すのはなかなか大変で、辛い作業なのはたしかだろう。ところがじつは、結論は論文の最後に提示されるが、本来――筆を執る前から――、研究の初めから終わりまで従うものなのだ。それはたとえ途中で修正されていくとしても、いつも歴史家につきまとっているサーチライトなのであり、それは、研究にはずみ・転回・意味をもたらす役割がある。しかしながら近年では、議論途中の多量のデータの提示と数量分析に圧倒されるものの、結論は？　と見ると、大山鳴動して鼠一匹、といった研究が少なくない。データ羅列主義に陥らないためにも、「結論」を終始意識して研究を進めよう。

言語論的転回とその克服

前節においては、歴史研究者同士で読まれる研究論文について、その書き方の作法の基本と思われる点を、私の経験とテュイリエのマニュアルをもとに、ごく簡単に述べてみた。では、より広い読者に向けた歴史のエクリチュールとはどんなものなのか、それはほかのエクリチュールとは異なるのだろうか。

その叙述をめぐっては、近年、激しい議論が起きている。それは古くからある、歴史は科学なのかそれとも芸術なのか、それは常識的な学問なのか、あるいはより厳密な科学的方法というものがありうるのか、法則はあるのかまったくないのか、といった議論とも関連しているが、最近の歴史学批判はより深刻である。なぜならそれは、歴史とフィクションの境を崩し、歴史的認識の可能性そのものを否定しようとしているからである。

その歴史的認識の可能性を脅かす議論の中心には、いわゆる「言語論的転回」がある。これは一九八〇年代のアメリカで文学批評のニュー・クリティシズムの影響を受けて現れた懐疑的・ポストモダン的考え方だが、アメリカからヨーロッパそして日本にも伝わった。すなわち、歴史叙述は小説などと変わらず、徹頭徹尾テクストであって、そこには外部はない（知りえない）。歴史として書かれているものすなわちテクストは、他のテクストと比較しうるのみで、外部との関係はけっして明証的ではない。だから歴史叙述と小説などのフィクションはともに同一の物語構造を持ち、両者に区別はないのだ、とされるのである〔バルト 1987: 164-183; ホワイト 2017a, 2017c; ジェンキンズ 2005〕。

こうしたいわば歴史学の存立基盤を切り崩すような「言語論的転回」にどう対峙したらよいのだろうか。ここでは二種類の叙述（書きもの）が関係してくるし、両者が混同して一緒くたに論じられている場合もあるように思う。つまり、一つは（a）「史料」に関わり、歴史家が史料から過去の真実を探り当てて現在に甦らせるという使命の達成が、そもそも不可能ではないかという認識論的批判であり、もう一つは（b）歴史家が書く「歴史叙述」に関わり、歴史叙述は、結局のところレトリックの文章であり、過去の現実を再現することはありえない、という物語論・テクスト論からの批判である。

まず（a）については、次のように反論できよう。史料という書きもの（テクスト）は、テクスト論者が言うように、それだけ一つで独立して存在しているのではなく、同時代のその他の多くのテクスト群、いや先行し後続するより多くのテクスト群と、結び合い反発し合い、織物か編み物の一部のようにして存在していることに注意すべきだが、それに加えて、そのテクストは、歴史的現実（コンテクスト）の中から生まれたのであってみれば、外部と何らかの関係に立っていることは疑えない〔Cf. シャルチエ 1994: 5〕。

しかも考古学的遺物でなくとも、史料として今日私たちのところまで伝わっているものは、その出来事と、直接ないし間接の接触・連続性を保ってきたからこそ、伝わっていることを忘れてはならない。当事者・目撃者の証言でなくとも、その聞き伝えとして、原本が失われても、その写しとして、さらにその校訂・印刷本として……接触・連続性は途絶えることがない。

史料（テクスト）は史料（テクスト）と比較できるだけで、そこから外部（現実）は知りえない、というのはさかしらな言明だが、私たちの実生活の体験に照らしてもおかしいことがわかるだろう。たとえば日々接する手紙や新聞の内容をすべて疑い、あらゆる時刻表や会議録を偽物だと考えて、まともな社会生活を送れるだろうか。過去の史料よりも、現在の新聞・雑誌の記事ならば、より簡単に外部との関係が検証しうる、という反論もあるかもしれないが、その検証とても、歴史的史料の場合と本質的に違わない。自分のポストモダニズム的な見解を記したテクストの動機だけは疑わないでくれ、と頼んでいるかのようなK・ジェンキンズの自縄自縛の態度を、R・J・エヴァンズは「彼自身の立場もイデオロギー的」であるのに「自己内省をなんらおこなっていない」と切って捨てている〔エヴァンズ 1999: 94〕。

だが、こうした常識的反論だけでは相手は納得しないかもしれない。もう少し理論的な反論はできるだろうか。野家啓一は、過去を語ろうとする当人が体験した出来事は、なるほど「知覚」することはできないにせよ、「想起」することができる。想起することが不可能な歴史的過去については「合理的受容可能性」という基準に照らして接近することができる。過去の痕跡としての史資料を真贋の確定作業に晒し、年代測定を行うなどした上で、（1）現在において知覚可能な痕跡と矛盾せず、（2）すでに知られている同時代の過去の出来事とも齟齬を来さないという、通時的および共時的整合性を基準に、その出来事を構成する手続きがそれである……と言っている〔野家 2007: 106–114; cf. 貫 2010: 37–76〕。それは常識的立場を理論的に言い換えたものと捉えられようし、私もこうした考え方に賛同する。

次に（b）については、まずH・ホワイトが歴史の喩法・レトリックに着目して、歴史叙述をフィクションと同一視したが、このレトリックは、昔から「歴史の文体」として肯定的に捉えられていたものでもあることに注意しておこう。P・ゲイが『歴史の文体』でギボン、ランケ、マコーレー、ブルクハルトなどの例を挙げながら述べたように、こうした練り上げられた文体は、歴史家の特別な能力、すなわち他の人々にはおおよそ見えない歴史的現実を把握しうる能力についての報告でもあるとして、歴史家が駆使するレトリックこそが現実に近づく近道だとするのだ〔ゲイ 1977〕。

さらに有効なのは、ホワイトに対する、C・ギンズブルグの次のような反駁で、示唆に富む〔ギンズブルグ 2001: 1–48, 2003: 18–98〕。すなわち彼は、ホワイトらには、歴史作品も小説とおなじく自己充足的・自己言及的テクストで、歴史叙述のレトリックと立証とは両立しえないという思い込みがあるが、そうではないという。ギンズブルグは歴史家の問いは直接的であれ、間接的であれ、かならずさまざまなナラティブ（物語り形式）の形態を取って発せられ、そうした暫定的ナラティブが可能性の範囲を提示するが、それは調査研究過程で修正されることも多い。つまりナラティブが問いと史料を媒介するのであり、それはデータが収集、取捨選択、解釈され、最後に叙述される際の仕方に深く影響を与える。ナラティブは認識的潜勢力を備えており、これは物語的歴史だけでなく、より分析的な歴史にも拡大されうるとするのである。

要するにギンズブルグは、歴史家の用いる言葉も史料の用語もレトリカルだが、レトリックと立証は両立可能だとするのである。

ギンズブルグの説くような歴史的ナラティブないしストーリーの力や機能を信ずるとすれば、テクスト論者の意図とは反対に、逆説的にも、史料も歴史家の叙述も「テクスト」にすぎないからこそ――ただし両方とも歴史的現実のコンテクストの中から生まれてきたのだが――、歴史家が、前章で繰り返し語ってきたようにその「土観」をもって相対し、固有の構えと手続きを経れば、歴史的現実を「客観」的に叙述できるようになるのである。

「言語論的転回」によって、物語的な歴史叙述とは別に真の過去がある、ということが否定され、かなりの数の歴史家・歴史研究者は拒否反応を示すことになった。そして防戦から果敢な攻撃に移ったのが遅塚忠躬の『史学概論』で、だから同書は大いに歓迎されているのだろう。だが攻撃する必要はもはやなく、むしろ逆に、言語論的転回は、歴史学の可能性の条件を教え、過去の客観的再現に御墨付きを与えてくれる、ありがたい潮流だとも捉えられるのではないだろうか。

時間的存在としての人間

歴史叙述の特質について次節で語る前に、それが「時間」の制約を受けざるをえないことをまず指摘しておこう。つまり歴史叙述は、基本的に古い時代（時間）から新しい時代（時間）に向けて記述していくことで、はじめて十分了解される、ということである。因果関係を記述するためには、そのような方向性が必須であるからというだけではなくて、状況や構造が出来事の母胎になったり、意味を確定するコンテクストになったりするという場合にも、状況や構造が先に前提にないと、言い換えれば背景の中に出来事を描き込むような順番でないと、その叙述は理解し難いものになるからでもある。記述にいたる前に、適切な理解や因果の説明のため、頭の中で幾度も前進と遡及を繰り返すことはあろうが、記述自体は古いものから順に新しいものへ、が基本である。

それはおそらく「時間的存在」としての人間のあり方がそうさせるのであろう。人間にとって、生きるとは、とりもなおさず時間に従って身体的・精神的に過ごすことだし、過去を思い出し反省し今に生かす、その過去を糧に今を生き、そして未来を待望する人間の思考のベクトルは、当然、過去から現在、そして未来へと向かおう。そうしてはじめて「生きられる時間」（ミンコフスキー）の感覚が得られるからである。時間的な経過においてはじめて歴史的意味が浮上するのである。その生きられる時間というのは、時計のような物理的時間でも、逆に内的・心理的な主観的時間でもなく、生活行動の時間、内的にして外的、主観的にして客観的な時間であり、それがそのまま歴史的時間となっているのである〔高山 2001: 208-272〕。

だがこの時間の一方通行の線は、単線ではなく複線・多線であることに注意しよう。日常生活のある時点での共時態は、多くの通時態の集合体の横断面であり、それら通時態はさまざまな変化速度で動く諸構造を含んでおり、それが共時態の布置に差異を生み出していくのである〔Cf. Koselleck 1990〕。

主体としての自己がさまざまな転変に見舞われながらも、その人生における一貫性（ストーリー）を手に入れる手段こそ、歴史的思考である。「あなたは一体誰？　どんな人？」と尋ねられ、答え進めていけば、かならず自分の来歴・歴史を語ることになろうし、家族、学校、職場など、さまざまなレベルでの社会との繋がりも、歴史的な語りの中で表明され、確認されていこう。履歴書や身上書はその公的なエッセンスである。そしてそうした歴史的思考は、反対方向、未来にも投射されて、その「期待の地平」の中で、自己イメージが創られていこう。一方、人には誰でも先祖がおり、（多くの場合）子孫がいる。誰でも歳を取っていき、世代はかならず交替していく。これが歴史の変化を可能にし出来事をもたらす。すなわち時間の直中におかれている歴史は時間的に開かれていて、前から来て後続の世界にバトンタッチしていくのである。

ゆえに私の人生の歴史（物語）はゼロから始める必要はなく、すでにある家庭、言語、文化、社会、伝統、要するに歴史に馴致できる。人生の初めも終わりも個人を超えた諸関係の伝統の中に絡め取られ、あらかじめ組み込まれている。鎖や網目のように、前後左右・垂直水平に絡め取られている。小さくはかない人生でも、世代・民族・文化の連関、世界大の文明の連関の中にある。

こうした人間の人生の物語の歴史的思考があるから、それが配置され接合する社会・共同体の物語にも、川の流れのように上流から下流へと切れ目なく流れていく「時間」のなぞり、おなじ自己構成の物語形式があると考えて、人は納得できるのであろう。人生の歴史物語が、時間的存在である人間を破綻なく生かしているように、社会の歴史（物語）も、実践的機能を発揮する。それは共同体を一つにまとめ、一体性を与える。イデオロギー的なものにもなりがちだし、政治家はそのようなイデオロギー的物語を宣揚することもあろうが、歴史家には、その時代との対話の中で最適な物語を同時代の読者たちに提示する、という社会的ないし倫理的責務がある。また人生とおなじく、あるいはそれ以上に、社会の歴史には、複線の時系列シェーマが何本も縦断しているから、歴史家は、史料中にそうした複数の時間的継起の徴候・印を見出す必要がある。

だが、古い時代から新しい時代へと出来事を順に追っていくだけが、歴史叙述の手法ではない。歴史家は、「その後に起きたことを全部知っている」のだから、自在に時間を行ったり来たりすることもあるし、それが叙述に積極的効果をおよぼすこともある。歴史家はその歴史叙述において、記述される出来事の発生したときにはまだ未来に属することに度々言及しながら、その過去の出来事を説明する。さらに進んで、時間を出来事の前後両方向に拡大して、叙述に分け与えることが歴史叙述の特徴であるとも考えられる。どれだけ前後に伸ばせるか、しかもそれを十分意義深く理解可能な形で語れるか、その成否は、歴史家の資質と能力に懸かっている。いずれにせよ、歴史叙述にはそうした時間の拡張や行き来が許されている。

これも、私たち人間が、日々の生活で時間を過去・未来・現在と行き来させていることの応用である。たえず過去への遡及とそこからの回帰を心の中で繰り返しながら、今日を生きている、私たちの日常の生き様と時間との関係は、社会の理解と意味づけにも当てはまる。次節で解説するL・O・ミンクという哲学者の言う歴史の「統合形象化的 configurational 理解」においては、そもそも終わりは始まりの約束と結合し、始まりは終わりの約束と結合する。そして時代を振り返ったときの関連の必然性は、将来を見渡したときの関連の偶然性を打ち消すのである。時間的な連続性の理解とは、それを一度に両方の方向から考えることを意味し、そのとき時間はもはや私たちを運んでくる川ではなく、上流と下流を一度に見渡せる航空写真に写った川となるのだ〔Mink 1987: 56–57〕。

しかも一人の人間がさまざまな時間（実存的生活時間、世代の時間、出来事の時間、政治的＝制度的時間、経済・景況的時間、神話的・祝祭的時間、自然的（昼夜、季節）時間、宇宙的時間など）を生きて、そのイメージや痕跡・記憶を甦らせるように、社会的時間についても社会集団や社会階級ごとに種類や継続の長さが異なるものがあるし、それら集団・階級の多様な時間をヒエラルキーの中に統合させようとする「包括社会」sociétés globales（封建社会、都市社会、絶対主義／重商主義社会、自由主義／資本主義社会、全体主義社会……）の時間もある〔Ferrarotti 1987: 158–166; Gurvitch 1958〕。

歴史家が行っているのは、そうした出来事や状況と一体化した、また柔軟でさまざまなスケールの集団的時間を歴史の中にも見つけ、あるいは構築して、前後に行き来しながら、多様な時間の進展リズム（長短・遅速・規則不規則……）の相互作用を見つめつつ、もろもろの現象をコンテクストに位置づけ、ヒエラルキー化することだろう。そこに、時代の豊かさ、厚み、深さが現出して、おのずと「時代区分」の際立った輪郭となる。

歴史叙述の特質

そもそも歴史叙述の特質とは何だろうか。先に見たように、歴史叙述は「物語」の一種であることはたしかだが、その物語法と叙述法は、他の文字ジャンルと何が本質的に違うのか。すでに外部との関係が重要であることは言及しておいた。それを敷衍してさらに考え進めてみよう。

A・ダントのいわゆる「理想的編年史」は、時間の中で継起するあらゆる出来事を、前後の他の出来事と関連づけることなく、それが起きたその瞬間にすべて検知して書き記す膨大な編年記・歴史年表で、人の心の内までも見通せる者、ほかならぬ神の視点から書かれている〔ダント 1989: 181–219〕。これは事実上人間には不可能であるばかりか、歴史叙述（物語）ではない。

歴史叙述は理想的編年史とは違い、一種の物語として、それ自体としては無定形な集合体で形式の欠如したものや出来事に、ある特定の形式および一貫性を与え、互いの関係を把握できるようにして意味を生み出し、他者にも理解可能にする営みであろう。物語が人間の（フィクションではなく）現実の行動や思考、およびその産物に適用され、しかも「時間」の中での原因や結果、目的や手段、条件や主体などの現れを、バラバラの糸を縒り合わせるようにして統一体として形成することを目指すとき、その物語は歴史叙述になる。

この歴史家が自分の考案した物語の中に、目的・手段・状況・予期せぬ結果・行為主体などのさまざまな異質な要素をひっくるめ、また取捨選択しつつ、全体としてまとまりのある統一化されたストーリーに編み上げるという理解様式を、ミンクは理論的様式、範疇的様式と対比して、歴史叙述の「統合形象化的」特徴と述べ、叙述の対象となる物事や行為を、ジグソーパズルのピースに喩えている〔Mink 1987: 42-60; 鹿島 2006: 13-14; cf. ジャブロンカ 2018: 170-178; リクール 2004-05, 上: 372-384; Ankersmit 1983〕。

もう一つ、歴史叙述をする歴史家は、フィクションではなく事実を物語っているのだという誠実な信念を貫くのに加え、自分が書こうとしている叙述内容一つのみの整合性や妥当性を問題とするのではなく、その時代・地域に共同主観的に受け継がれ、たえず積み重なり拡張し、また修正されていく大きな歴史像ないし他のすべての歴史言明・歴史叙述の集合体の内部に、それらと整合的に、新たに書き加えられる歴史叙述がしかるべく位置づけられるように注意しながら書かねばならない〔野家 1996: 164-168〕。それが一つの作品(テクスト)内での整合性のみに留意すればよいフィクションとの大きな違いである。新しい歴史叙述が加わることで、かならずしも先行のものが無意味になるわけではない。それがまったく信用を失うまでは、おなじ出来事の別の角度からの像という位置づけで、それら複数の像の総合が、それぞれの時点における歴史的な事実ということになろう。

歴史が書き換えられねばならないのは、過去の出来事の意味が、後続の出来事との関係のネットワークに必然的に組み入れられる――組み入れられなければ、関心も持たれない――ことによって、変化を余儀なくされるからであり、一人の現代歴史家の生涯でも、ロシア革命なり、ベトナム戦争なりの意味は変わり、書き直しが必要になるだろうし、新しい世代の歴史家を次々経ていけば、ますますそうだろう。R・G・コリングウッド（一八八九―一九四三年）はこれについて、皆自分自身とその世代に特有の観点から歴史的出来事を見るので、すべての歴史はその主題についての研究の現在にいたるまでになされた「中間報告」だと表現し〔コリングウッド 1986: 270〕、堀米庸三は「この意味では、歴史の意味とは、不断にみずからを新しくする、しかしつねに未完結の真理ということができよう」と述べる〔堀米 1970: 30〕。

これまで述べてきたことが該当するのは、本格的な歴史叙述、通史、伝記といった作品が主たる対象になろうが、そもそも歴史研究者でそういったジャンルの作品を書く人は、あまり多くない。むしろ、かぎられたテーマについての論文、より専門性・徹底性の進んだモノグラフが、一人前の歴史研究者としてデビューするのに必須となる。しかし論文、モノグラフであっても、歴史を俎上にしているかぎり、基本的におなじ叙述の特質が当てはまる。

たとえばフランスの哲学者P・リクールらは、一見、物語的通史とは正反対のブローデルの『地中海』にも「物語」を見出している〔リクール 1987-90, I: 352-365; Hexter 1972; Megill 1989: 641-646〕。すなわち、地中海の衰退と大歴史からの退場、これが潜在的・仮定的な全体的物語の筋だといえる。そこに有名な三つのレベルと三つの時間性（構造＝地理的時間、周期＝社会的時間、出来事＝個別的時間）が働き共存し、相互干渉する中に、いくつもの「準筋立て」が得られるのだ。長期持続は「物語」の敵ではなく事件の連続的展開から派生した事件史の特殊形態で、一種の物語なのだという。そして「地中海」を構成する人間ならざる地理的存在や地勢、都市さらには世紀や諸空間を、あたかも人格のように性格・特徴づけているポリフォニックな物語だとこの作品はみなせるのである。

そのように拡大して考えれば、どんな細かなテーマの専門論文・モノグラフにおいても、潜在的には物語が潜んでいるのだろう。歴史叙述の物語り形式（ナラティブ）は、一種の認識装置で、理論・法則では説明できない、不断に変化する出来事の継起を関係づけ、さまざまな種類の出来事の相互関係全体をまとめあげて、読者に理解できるものにする。これを第一章で私たちが考えてきたことと併せてみると、歴史叙述の物語性は、歴史の「道筋」「パースペクティブ」をもたらす不可欠の言語的道具であろう。

もう一つ、外部との関係にも関わるが、歴史叙述を離れて、そのもとになったオリジナルな出来事があるのかというと、それはそうではない。歴史叙述は、剝がれ落ちたフレスコ画やモザイクを修復するとか、骨や土器の破片を組み合わせて復元するとかいう作業とは、本質的に違う。物語り行為である歴史叙述によって、はじめてオリジナルが立ち上がってくるのである。歴史上の出来事は、記述よりも先にあったことはたしかだが、その出来事が、どのようにあったかは、歴史叙述を離れてはまったくわからない。だから野家啓一の説くように、歴史的出来事は歴史叙述に存在論的に先行するが、歴史叙述は歴史的出来事に認識論的に先行するという循環構造があり、それが歴史認識を根底において特徴づけているのである〔野家 2007: 36–52〕。

理想の読者

これまでに、歴史叙述はその作品内部だけでの整合性ではなくて、それまで蓄積され、修正・拡張されてきた歴史像とも整合的であらねばならないと述べた。その歴史像とはどこに描かれ広まっているものなのだろうか。そこに「読者」の問題が関わってくる。歴史家は、誰に向けて作品を書くのかという問題である。

G・ノワリエルが『歴史学の〈危機〉』で述べているように、歴史家は二つの相手に向かって仕事をしている〔ノワリエル 1997: 151–152〕。一方の相手は、職業的な歴史研究者のコミュニティーで、いわゆる学界である。そこの「仲間」たちは、研究の方法、言語、業績の検証基準を共有していて、それが科学性を担保し権威ともなっている。同僚・仲間とのコミュニケーションが不全だと仲間はずれになるので、実践者として同一言語・作法を身に着けなければならない。仲間の中で評価されることではじめて、その研究者の仕事の内容が「真」とみなされる。博士論文審査委員会や学会誌の査読委員会が、評価手続きやオリジナリティー基準を設け、その専門家として職業を営みたい人の科学的能力を評価することになる。大学の職に就くためにも、学界を無視できないのはもちろんである。

もう一つの相手は一般公衆であり、歴史家は彼らともコミュニケーションを図るため、適切な言語・方式を採用せねばならない。これは専門家が一般読者に対して行う一種の教育・啓蒙活動ともいえるが、しかしそれ以上に、こうした一般公衆の「期待の地平」をテーマの選択や歴史叙述に取り入れてこそ、しかるべき歴史像が浮かび上がるということであり、このコミュニケーションはたんなる啓蒙にとどまらない歴史家の重要な任務である。

歴史の専門家以外の一般公衆の判断力をおろそかにできないのは、それが専門家の判断基準とは違い、人間が過去の世界を理解する能力であるからである。歴史学の知の形成過程は、社会的・集合的なものであるゆえに、歴史家も一般公衆のもとに窺われる、世界に投げ掛けられた眼差しの各々が内包している潜在力をすべて利用すべきである。専門研究をわかりやすい言葉で一般読者に伝えるにとどまらず、自らが生活する世界を動かしている好奇心・関心・問題に耳を傾け、自らが所属する科学コミュニティーにとって適切な問題にそれらを組み替えていくことが必要になる。

ノワリエルが注記しているように、この問題を早くから重視していたのは、M・ブロックである〔ノワリエル 1997: 78–85; cf. ブロック 2004: ix-xxiv, 65–68〕。日本でも、かなり前になるが、歴史学者の上原専禄が同様な趣旨を、次のように述べている――例えば古代史研究専門家と一般国民と、両者にとっての古代に違いがあるはずがない。学者は国民が要請しているものと無関係に、自分の好みや独りよがりだけでやって良い、というものではない。専門家はつねに国民の問題意識や関心を顧みながらというか、国民の一人として研究する意識や態度が必要だ……と〔上原 1958: 8–12〕。

ブロック、ノワリエル、上原らの述べているように、歴史家というのは、学界の研究者仲間のみを相手にするのではなく、より広い読者に向き合っている。彼／彼女は、その広い読者、一般公衆へ最新の歴史像を伝達し、反応を引き受け、さらに伝達するという周回路をつねに開いておかねばならないのである。

そしてリクールが『記憶・歴史・忘却』で述べるように、歴史書が持つ読者というのは、潜在的には読める者すべてであるが、実際には教養ある公衆である〔リクール 2004-05, 上 : 367; cf. 神川 1970–71, I: 169–183〕。こうして公共空間に入った歴史書は「歴史学をする」ことの完成であり、それはその著者を「歴史を作る」ことの中心に連れ戻す。記録文書によって行動の世界から引き離された歴史家は、その読者の世界に自分のテクストを登録することによって、自分を再び行動の世界に組み入れるのである。

これは、一般向けの書物を書くときだけの事態ではない。専門家しか読まないような専門誌に載せる論文を書くときでさえ、こうした開かれた回路を、自分の周りに開通させておくべきであり、問題設定や史料の扱いといった初期作業の時点から、そうした態度・姿勢を繰り込んでおかねばならない、ということだろう。

たとえば、読者が「歴史書」「歴史論文」を読んでいると実感するのは、それが歴史学者によって書かれているだけでは必要十分ではない。その歴史書・論文の言明・主張を裏づける確固とした史料がある（はずだ）し、それが真実だと信用し、しかるべき手続きによって出てきた歴史（像）が語られていると信じるからであろう。この特徴は、一般向けの歴史叙述のみではなく、歴史研究者の論文やモノグラフにも当てはまる。歴史家同士、また歴史家と一般読者との相互の信認がそこにはある。

こうした読者との（潜在的・可能的）関係からも、歴史叙述というのは、ある特定の修辞と文体で書かれたテクストにすぎないのではない。どんな歴史的テクストも、それが公に承認される機縁がなければ、けっして「歴史」にはならない。逆に、いかに愚かな誤りを犯し、イデオロギー的に偏ったテクストも、公の承認の契機にめぐまれるならば「歴史」になるだろう。無論、間違いや偏りは、いつかは淘汰されていきはするが……。

では、その公的信認の機縁とは、どうして獲得されるのか。当局の強制や保護、大学をはじめとする教育制度での受容、学界における承認なども機縁になるだろうが、より本質的に重要なのは、歴史家の叙述が、これまで良識ある「読者」に受け継がれてきた歴史の知識や像に接続し、それを発展させられるかどうかであろう。

歴史叙述は、同時代の読者あるいは次世代の読者たちに納得されて受け容れられることではじめて歴史となる。だからたとえば、現代日本から、時代も空間も遠く離れたギリシャ文化とかヨーロッパ中世社会とかいう対象を取り上げ叙述した作品に意義があるのは、歴史家と読者がそこに歴史的な、そして個人的な関心を寄せているからであり、しかも現代日本の無数の価値にそれら一見遠い世界が、連鎖・接続しているからである。ただしそれは価値関係であって、それらと現代日本との事実の連鎖の因果関係によるのではない。

歴史の本質は間主観的なものであり、その意義は、共同体のメンバーに、世界における公的な次元に自分たちを位置づけさせ、その過去が、現在そして未来を切り開く機動力となっていくところにある。だから歴史を作るのは歴史家だけの仕事ではなく、歴史家と読者との共同作業だということになろう。書き手がいくら自分で納得しても、それがうまく受容されなければ、ほとんど意味がない、という点で歴史（学）は特殊な学問だといえるだろう。歴史学は、自分を理解してくれる「理想の読者」を必要としている。

国民を正しく導くために「正しい歴史」を、国家として教えなくてはならない、という考えが、ときに主張されるが、それは、政治の道具としての歴史物語にすぎず、科学性と背馳することはもちろんだし、そもそも国家主導で正しい歴史叙述をするのは不可能である。ひとえに、学問的良心を有し技術的訓練を積んだ良き生活者としての歴史家が、同時代の多様な声に耳を傾け、「理想の読者」と対話してしか、本来の歴史叙述は実現しえない。

第三章　史料批判は終わらない

本章では、歴史学を志す者が十分時間を掛けて学ぶべき、史料の扱いの基礎的にして技術的な手続きについて紹介したい。

史料というのは、とりもなおさず人間の行動や思考が残したさまざまな「痕跡」だが、それが物質であるかぎり、長年月の間に消えていく定めにある。新たに発見される史料・遺物は次第に少なくなり、それどころか取り返しがつかない破壊、紛失、利用不能化といった、経年に伴う困難な事態がかならず起きる。

しかし逆に、史料はたしかに年月の経過の間に劣化・消滅していくとしても、それを別の形（写真、複製、デジタル化）で保存する技術は日進月歩だし、これまで史料とみなされなかったさまざまなものが、新たに史料の列に浮上してくることも多い。

こうした両面の条件のもとで、残された史料、新たに史料の座についた史料を存分に解き開くための特有の技術が生まれる。十九世紀以来、史料の収集・整理、評価・解釈の方法が徐々に体系化していき、歴史研究者の共有財産になってきた。しかしここで強調したいのは、こうした史料の扱いの手法も、近年では大きく様変わりしつつあるということである。それは歴史を科学にしようとした実証主義の生まれたときから、二〇〇年間不変なのではなく、二十一世紀の歴史学の作法として、現在でもたえず更新されているのである。

では私たちは、どういった手順で史料を検証していけばよいのだろうか。

実証主義の史料観

歴史学が一種の科学、すなわち合理的な認識の学だとされるようになったのは、十七世紀末ないし十八世紀初頭であった。

すなわち、聖人伝を学問的な史料とするべくその校訂に務めたボランディストのイエズス会士D・ファン・パーペンブルック（一六二八―一七一四年）と、古文書学の方法を確立することになったフランスのサン・モール会のJ・マビヨン（一六三二―一七〇七年）の二人が、里程標となる大きな仕事をし〔宮松 2008-2009; マビヨン 2000〕、その後十八世紀後半から十九世紀にかけて、体系的証書研究および史料批判の方法がヨーロッパ各国に広まった。

とくにドイツでは、ロマン主義を批判しながら実証主義的立場が確立していき、近代史学の創始者たるL・フォン・ランケ（一七九五―一八八六年）は、主観や想像力を排した中立の目で史料に向き合い、その精密な分析と立証により、事物が実際どうであったかを示そうとした。フランスでも十九世紀半ばから二十世紀初頭に、ドイツに範を取って実証主義が台頭すると、虚構の物語・伝説を盲信したり、年代記や覚書を無批判に利用することに異が唱えられたのはもちろんのこと、当時一世を風靡していた理念史（ミシュレやトクヴィル）を批判しながら、政治史や法制史にとりわけ重心をおいて客観的な事実を摑むための方法が考案された。「方法論学派」École méthodique がその牽引者で、こうした実証主義史学の最大の成果が、E・ラヴィス（一八四二―一九二二年）の編纂した大著『フランス史』（全二七巻、一九〇三―一九二二年）であった。

こうしてドイツ、フランスはじめヨーロッパ各国で、歴史家が仕事を始める前提として「史料批判」という営為が据えられることになった。史料批判は「外的批判」と「内的批判」に分けられる。

「外的批判」とは、以下のような史料の外的な性質とその価値を明らかにする手続きである。まず多くの写本の異本を比較検討し、作品の背景、日付、できれば作者・作成場所を確定する。そのためには史料を綿密に観察すべきである。それは作られた当時そのままか、後に損傷を受けたか、あるいはオリジナルな内容を復元したのか、さらに偽造されたものではないのか、全部が偽作でなくとも部分的な改竄・竄入・脱漏がないかなどを、文字、文体、言語、形式、出典などから考察する必要がある。また写本の素材・支持体、形・大きさ、ページへの文字配置法、日付、印章・署名・モノグラムなどの特徴から、真正性、時代・地域などが判断される。「オリジナル（原形）」回復がこれらの作業の目標であり、異本の比較校合をするが、とりわけもっとも古い写本は基準としての価値が高い。

古代や中世の古い史料は原本が失われ、複写を重ねた写本が残っているのみであることが通例である。さらに筆記者の能力・技術・良心の不足が原因となって、いくつもの誤りが犯される。歴史家はそれらを修正すべきであり、その作業は複写物が唯一か多数かによっても困難の度合いは異なるが、多数あれば突き合わせ、一つでも意味・文字・単語の取り違えや脱落、音節・文字の転換、句読点の打ち間違えなどがあれば、「意味が通るか否か」によって手直しする。誤りの再生産の可能性も大だから、複数ある場合でも多数決で決してはならない。また、ある史料は「出所」（どの写字室の出自か、誰が書いたのか、日付はどうなっているか）がわからねば何にもならないので、それを筆跡や用語、書式、史料中の確実なデータなどから突き止める。かくして良い史料を選び出すのである。同一内容の史料間の借用関係、親近関係を系統樹にしてみることも重要である。

それだけでは手続きはまだ不足である。なぜなら良い史料でも、そこに真実が書いてあるとはかぎらないからである。そこで「内的批判」の出番である。それによりどれだけ現実を反映し、信じられる（信憑性のある）史料なのかを評価するのである。歴史家は、まずその史料の語る時代の言語の用法、さらに各作者やサークル固有の言い回しをも知悉して、特殊な意味なども過たず理解できるようにする。地域ごとに言語の使われ方は異なるし、作者固有の書き方もあろう。それに加えて、アレゴリーや象徴、冷やかし、当てこすりなどの文彩・修辞を見極めて、フィルターにかけてほんとうの意図、実際、何を言いたかったのかを濾し出す。

歴史家としては、作者（のこころ）を介して、彼が直面し関心を抱く当の「事実」を知りたいのだが、作者は誤解したかもしれず、嘘をついているかもしれない。嘘をつく意図がなくても、錯誤が入り込む原因は無数にありうる。そこで同一事象を記している複数の史料を照合する。矛盾すればもちろん、しないときでも注意が必要だ。一人の観察が多くの作者の手で再生されることも多く、それを多人数による観察だと勘違いして事実が確認されたと思い込むのは危険だ。ほかにも史料作成に影響を与えたと思われる諸条件を勘案すべきである。諸条件とは、作成の場所・目的・特徴、作者の社会的地位・祖国・宗派・興味・感情・教養・生い立ち・能力などであり――とりわけ利害関係にもとづく虚偽や教訓的意図にもとづく歪曲が多いだろう――、また作成者の外部では、情報の伝達・入手のあり方といった状況に配慮しつつ真実と誤謬を峻別しなくてはならない。

以上ごく簡単に紹介した史料批判の要点は、今でも有効なところが多々あるし、それについては、セニョボス／ラングロア著『歴史学研究入門』やベルンハイムによる『歴史学方法教本』に詳しい〔セニョボス／ラングロア 1989; Bernheim 1889; ベルンハイム 1966〕。

また、史料を扱うしかるべき方法の浸透とともに、ヨーロッパ史における事実をそのまま再現するための「特権的史料」の地位が、従来の年代記や覚書のような叙述史料から、それ自体ではほとんど何も物語らないが、歴史家が適切な問題設定をして問い掛ければ思いがけない真実を開示する史料類型、すなわち証書や行政内部資料を中心とする、さまざまな「文書」へと移行することになった。

こうした実証史学を行うための史料を正しく系統的に収集保存する公的機関も、十八世紀末以降、順次各国で設立された。公立の古文書館である。そこに保管されるのは、個人であれ組織であれ、その業務の過程において自然に作成保管される文書であり、意図的に収集されるコレクションではない。法・権利関係の維持管理、業務の点検・説明を可能にするためのものである。だから、もともと現地の行政当局が自分たち、ないし市民の必要におうじて使用する文書保存が当面の目的で、やがてそれらが現役でなくなったとき、「史料」となって歴史家・研究者の研究用途にあてがわれるのである。どのように記録史料を保存・整理・管理すべきか、公文書管理をめぐって「アーカイブズ学＝記録史料学」という学問が近年生み出され、盛んになりつつある〔岡崎 2012; 小池 2020; 大濱 2007; ガラン 2021〕。

歴史補助学

前節で概要を述べた史料批判をする際に不可欠の技術が、いわゆる歴史補助学と呼ばれてきた諸学である。これについてもごく簡単に概観してみよう。西洋史に関する解説が中心になるが、対応する日本史や中国史の技法についてもできるだけ触れてみたい。

「古書冊学」といわれる学問は、写本のうち書冊（codex）の形を取るものの外的・物的な特徴（パピルス、羊皮紙、犢皮紙、紙、インクの材質、また判型、レイアウト、装丁なども）を具体的に解明し、その作成年代・場所、さらにはその書冊の使用法をも解明しようとするものである。

「古書体学」とは、時代と地域（そして史料形態）によって変化する書体や略語法についての学問である。書体がどの時代・場所に属するのかを関連づけられるような特徴を炙り出して、体系化することが要点である。書体の分類、変遷過程の追跡作業は複雑をきわめる。また略字が夥しい数生み出され、その解読のための辞典・マニュアルもある。日本の「古文書学」で最重要とされるのは、この「古書体学」に類する文字の書き方、すなわち「書風研究」で、それにより真贋鑑定がなされるのである。

次に「文書形式学」は、法的効力保証の手段となる文書（acte écrit）の伝来・形式、および作成状況を研究する学問である。文書の真正性の判断、偽作や改竄の有無の調査、テクストの性格評価をし日付を確定して、歴史家が利用可能な内容要素を、文書の伝統に由来する定式部分やイデオロギーによる偏向部分から識別する。文書形式学は総合的な歴史補助学として、先に説明した古書冊学や古書体学、さらには他の補助学をも包括する学問概念である。

「刻銘学」というのは、耐久性のある支持体（石、金属、骨、土器、レンガ、さらにステンドグラス、典礼用具、モザイク、木片、布、皮なども）の上に書かれた公開性のあるテクストの研究である。他の補助学から漏れてしまう隙間産業といった趣もあり、明確な方法論がまだ定まっていない。中国史や日本史では、刻銘学に対応する「金石学」がある。中国では殷周時代の青銅器に鋳込まれた金文や、後漢から隋唐にかけて盛んに建てられた石碑の文章を史料とするための文字研究だが、金石の形状・文様の吟味も含まれている。より新しい時代、清朝を中心とするさまざまな石刻書もこの学問の対象になるだろう。日本史では、古墳時代の鏡や刀剣類に早くも文字が刻まれており、七世紀以降の金銅仏や梵鐘にも銘文を有するものがある。

史料を読むには、それぞれの時代・地域の言語の文法・語彙にも通じていなくてはならず、それは「言語文献学」の役割である。たとえばいくつもの史料で知られるテクストのオリジナルな内容を再現したり、もっとも真正・確実なテクストを写本や刊本から確定する校訂作業にこの学問は不可欠である。

史料に出てくる地名を同定する必要もある。それが古型だったり、綴りが不安定なこともしばしばだし、今はすでに消滅した村などもある。「地名学」やその成果の事典や個別地域関係の論考が、この疑問を解消してくれる。地名は、その命名法（土地の特性、人名、聖人名、他の地名の借用）などに着眼すれば文化史・宗教史の史料を提供しうる。

おなじく「人名学」は、一定しないさまざまな呼び方、綴り方で現れる人物が、同一人であるかどうか同定する作業に役立つ。個人名やあだ名の命名の動機や流行、家名（苗字）の誕生の経緯、身分・地域での相違などは社会史・文化史のテーマとなる。

さらに「度量衡学」というのは、面積・重量・長さなどの単位が、国・地域・時代によって変化するので、その換算率を明らかにし現在の単位に変換するためのものである。

「古銭学／金銭学」は、古い通貨の価値・交換比率を定めるべく、鋳造場所・年代と造幣権者、および発行された貨幣のタイプ、さらに流通年代・地域を知る必要から生まれた。貨幣の形、重量、金属内容、刻印された図や銘などに着目して研究する学問である。

また「暦学」は、証書他の史料に記された年代日付の同定（現在の暦への転換）のためにある。年代記載法には、君主の統治年、キリスト教暦（西暦）ともさまざまなパターンがあり、一年の始まりが何月何日かさえ、地域・時代・文書局によりバラバラなので確認しなくてはならない。

「印章学」というのは、証書の発給者を認証するための主要手段となる印章について、それが誰のもので真正か否かを定める学問である。印章の図像は、そこから王や都市の政治的イデオロギーを推定できるほか、技術史やイマジネールの歴史学の史料にもなっているし、数を揃えて系列化すれば、数量史的アプローチも可能である。日本の文書においても、誰が書いたかを確認・保証するための印として印章があり、ほかに花押と自署もある。それらについて、時代、使用者の階級、公私の別、常用非常用の別、特定個人の時期による変遷を見分けなければならないし、系統・縁族関係、主従・師弟関係などもある程度推測できるという。

一方、「紋章学」は、団体・家門に固有の色の付いた標章たる紋章の規則を明らかにし、誰（どの団体）のものかを同定するための学問である。先に解説した印章上に紋章が現れることも多い。色と図柄の組み合わせから成る紋章には、それらの配置・組み合わせ等に関する特有の規則があることも特徴である。

「系譜・家系学」は、年代記・証書・墓碑などを史料に家族のメンバーのリストを作成し、メンバー間の関係、系譜を究明する学問である。系図の図像化にもさまざまな形態があり、文化史の史料となる。

これら列挙してきた諸学は、歴史学にとっての基礎的な補助学であり、西洋史に関しては、詳しくは私たちが編んだ『西洋中世学入門』(高山博・池上俊一編、東京大学出版会)を参照してほしい〔高山/池上編 2005; cf. Samaran (ed.) 1961; Giry 1894〕。日本史における古文書学の概要を知るには、ここでも参考にした、伊木壽一と佐藤進一のマニュアルが簡便にして要点を網羅しており、良いように思う〔伊木 1990; 佐藤進一 1997〕。

史料の種類・形態が変われば、当然、別の「歴史補助学」が必要になってこよう。たとえば、日本史独自だと思われるものもある。一例を挙げれば、一九六一年に平城宮跡で四〇点が発見されてから全国で夥しい数(四〇万点)出土した木簡は古代史像を豊かに塗り替えるとともに「木簡学」を誕生させた。そして木簡学会が出来、「木簡集成」も公刊されている〔木簡学会編 2010〕。

中国古代史においても、同様な史料が新たに加わったという〔冨谷 2014〕。二十世紀初頭以来続々と発掘されて今や大量に出土している、諸レベルの行政機構で作成された簡牘(木簡・竹簡)史料や絹の布に書かれた帛書などであり、それらは「正史」と並ぶ基本的な史料として使われるようになっている。とくに竹簡がもっとも注目され、紙が書写材料として広まる以前、先秦から三国・西晋頃まで盛んに使われたので、それらを読むための「古文字学」(一種の古書体学)が開発された。

また中国史の史料の様相について一言加えれば、中国では日本史の最重要史料である古文書、あるいは西洋史の証書類がほとんど伝わらない反面、二〇〇〇年以上にわたって絶え間なく史籍が生み出され、他に類を見ないほど夥しい「書籍」が蓄積されていった。そしてこの書籍こそが史料の根幹になり、書籍の海を航海するための羅針盤ともいうべき「目録」を読むことが基礎作業になった。まずはその分類体系を知る必要があるし、また各書物のテクスト内容を精確に把握しなくてはならない。そのための「目録学」が不可欠になり発達していったのだという〔礪波／岸本／杉山編 2006: 316-348〕。

ところで、現在では、補助学――「補助学」という呼び方自体ミスリーディングだという人もいる――が一気に拡大してきていることに注意せねばならない。というのも、近年、史料の考え方に大きな変化が起きているからである。一つには、文書以外にあらゆるモノが史料と考えられるようになり、その種類と範囲が事実上無限になったためである。遺物・遺跡、貨幣や道具、落書きや食べ残し、家族写真や絵葉書、絵画・図像、風俗習慣、歌・音楽、口碑伝説……これらすべてが歴史の史料なのであり、そこから適切な情報を呼び出すのに、それぞれの対象におうじた学問分野、ときに化学、生物学、気象学など自然科学系の学問の助けが必要になってきたのである。

歴史考古学・図像学・デジタル歴史学

次に、これまで挙げてきた補助学よりも、近年より大きな存在感を示し、歴史学の一翼を担う存在になった「考古学」と「美術史」＝図像学について、考えてみよう。

ヨーロッパではルネサンス期に古物収集が始まったが、それは審美的ないし異国趣味的な理由であり、科学的精神とは離れていた。しかし集められたものを分類して日付を与え、解釈する必要が次第に感じられるようになり、その後方法が確立していく。十九世紀後半以降、まずギリシャ・ローマ考古学が誕生し、それを源流としてやがて石器時代・青銅器時代の文字のない世界へと探査の手が広げられた〔濱田 2016〕。

二十世紀前半になると大学や他の学校でも考古学研究が可能になり、第二次世界大戦後、フランスはじめヨーロッパ諸国で考古学は一段と発展していった。重要なのは、この第二次世界大戦後の考古学においては、学問としての厳密化、すなわち発掘品の記述の標準化・体系化がなされて分類や扱いが容易になるとともに、先史時代の考古学ばかりでなく、所謂歴史考古学――同時代の文献・史料がかなり多くなってきた歴史時代の遺物・遺跡研究――が盛行したことである。各国で専門の雑誌も新たに発刊された。

「歴史考古学」は多くの場合都市がフィールドで、その上では現在でも住民の生活が継続している。具体的な発掘・調査対象は、建築物、家具什器・工芸品などのほか、貨幣、墓、人骨・動物遺骸、穀物、排泄物にまでおよんでいる。日本でもおよそ一九七〇年代から歴史考古学（中世・近世）が徐々に本格化していった。そして出土品の調査研究により年代決定をしたり、文献史料の研究結果を裏づけたり、あるいは文献史料では不明だった事実、ひいては人々の日常生活の一面を知ることができるようになった〔『岩波講座　日本歴史第21巻』2015: 99–124; 近江 2018〕。

しかし出土数の多さや少なさは、それぞれの時代のそのモノの現存数に対応しているとはまったくいえないということに注意が必要だ。材質や環境により、残りやすいケースとそうでないケースがあるし、他の理由もある。たとえば貨幣が大量に出土した場合、それが貨幣経済の大展開を語っているのか、それとも象徴的・儀礼的な意味（墓に納める六道銭、地鎮めの礼での使用）で集め埋められたのか、文献史料や民族学・人類学の類例から学ばねばならないこともあろう〔Cf. 小野／五味／萩原 2005: 11–25〕。

近年では、人骨の組成成分を分析したり、炭素同位体年代測定を行ったり遺伝子分析をしたりすることで、ある地域の人間たちの出身地・経路・血縁関係など、文字史料からではけっして到達できない事実を知ることができるようになった。

歴史時代の考古学として、「航空考古学」にも注目すべきである。この学問は、英仏で二十世紀前半、軍事的調査の過程で生まれ、二十世紀後半から本格的に行われるようになった。地中・地上の遺物・遺跡にいささかも触れず、したがって破壊することなく、上空から写真撮影して、それをもとに地上にいては判別できない標識・痕跡を見つけて解釈する、という手法である。最近では、撮影場所の限定についてはGPS利用が不可欠になっている。この航空考古学により、地下に埋もれているものの輪郭が、遠望だからこそ見える起伏や色の変化により浮かび上がってきて、かつての土地の使用法〔道路、要塞、囲壁、堀、リメス、耕地、川・池・湖、居住地〕や変化がわかるし、植生の同質性が不自然に破られている場合は、人工的介入を示していると推定できるのである。

航空考古学よりさらに進んで、衛星リモートセンシングや4K映像技術などの利用による宇宙考古学が生まれたことにも注目しよう〔恵多谷他 2017〕。

＊

次に歴史図像学である。美術史と歴史学の交点に生まれたこの分野は、イコノグラフィーやイコノロジーの手法を援用しながら、図像を歴史的現実を再現するための史料として使おうというものである。固有の「言語」と「文法」を備えた記号体系とみなせる図像は、当然引用・借用も多く、時代錯誤や誤った解釈に繋がりやすいので、それを注意した上で実践せねばならない。

文献史料ではわからない情報源として絵画などの図像を用いることは以前からあった。たとえば、ヨーロッパ中世には戦争や暴動、権力者の法行為や儀礼などの「出来事」が描かれた絵は多く、それらが歴史的現実の「証拠」とされることはあったし、出産や育児、子供の遊戯、船舶・楽器・衣服、農耕の模様と農具などについても、図像が文書や考古学的遺物を補完するものとして収集分類されてきた。

これは、歴史図像学におけるもっとも素朴で、歴史家が抵抗なく入っていける方法でもあるが、ある程度の「イコノグラフィー」や「図像／身振りの文法」の知識がないまま先入観で飛びつくと、とんでもないことになってしまう。スケール（実際の大きさを無視して極端に大きく描かれることもある）、借用（当該の時期・地域に存在しないものが、他の時期・地域から借用して描かれている）、象徴（現実の景物としてではなく、象徴的用途としてのみ描き込まれている）を見分けることがまず最初の注意点だろう。写実ではない象徴的な図像でも、文化史、心性史とりわけ権力・権威をめぐる表象の歴史学の主要史料となりうるのはもちろんである。

こうした歴史図像学はどうやって学び、適用したらよいのだろうか。ヨーロッパでは、美術史学の要請で古くから諸種のイコノグラフィー事典が作られてきたし、個別対象・テーマの案内書も多い。またプリンストン大学の「中世キリスト教美術総索引」The Index of Medieval Art はじめ、データベースが加速度的に整えられつつあり、インターネット経由で検索もできる。加えてガイドブックも数多い〔Cf. Baschet & Dittmar (eds.) 2015〕。

ヨーロッパの歴史家でこの歴史図像学のあるべき姿――イメージの歴史人類学――をもっとも深く精密に思考してきたのは、フランスの中世史家のJ－C・シュミットだろう〔シュミット 2015: 18-44〕。

彼によると、あらゆる図像（イメージ）にはその存在意義があり、何らかの意味を表現し伝えている。だからそれらが宗教的、政治的、魔術的、教育的などさまざまな機能を果たしていることに気をつけながら、その形式・構造・機能を理解した上で史料として使うべきだという。同様に、図像をそれと併置されている言語・文章のたんなるイラストと捉えてはならないと注意を喚起している。

図像においては、その空間構成やそこにおける形象の配置はけっして価値中立ではなく、諸価値、諸ヒエラルキー、諸イデオロギー的選択などの分類を示す。だから奥行き、背景と前景に描かれるものの画面の階層性、同面でも上と下、右と左に注意し、さらに建築物などの形象で作られる仕切り区分、リズム、力動、また人物なら大きさ、座っているか立っているか、衣服の色なども社会的ヒエラルキーなどを指示する重要な要素である。図像を構成するさまざまな要素は、一つだけで十全な意味を生むのではなく、それらの関係、相対的な位置・距離によっても意味は変わる。シュミットはこういった観点から、多くの図像と中世キリスト教文化・社会の関係を明らかにしている。

さて、歴史図像学は、日本でもずいぶんと盛んになってきた。そのパイオニアは、黒田日出男である〔黒田 2002, 2004, 2010, 2012〕。

鎌倉時代から江戸時代にかけての、絵巻や肖像画、屛風絵や仏画といった絵画史料・図像史料を分析・読解するに当たって、黒田は、西洋美術史の方法論や日本美術史・日本文学の業績を押さえた上で、独自の方法を開発していった。その基礎には、絵画には一定の約束事（コード）、慣用表現（イディオム）があり、それらには引用・借用関係も多いにせよ、当該社会に適合しているはずだという考えがある。歴史的現実（事件や生活）と作品との関連を突き詰めて考えているところが、一般の美術史家にはない特長だろう。そして肖像画や屛風絵を誰がいつ制作したのかや描かれた人物の特定にとどまらず、制作の政治的意図・思想的背景まで提示し、さらに文字史料がほとんどないモノ（たとえば船橋）の構造や用途を明らかにしている。まことに、推理小説を読むようにスリリングな議論の連続である。

本節の最後に「デジタル歴史学」を紹介してみよう。これも一種の歴史補助学ともいえるからだ〔長野 2015; 菊池 2013; *Le texte à l'épreuve…2017*〕。

コンピュータによるデータ整理や数量・統計分析はかなり以前から行われており、次章で解説する「数量史」はまさにそれを利用している。だが一〇〇件や二〇〇件の手作業のデータ処理ではなく、データを機械的に読み取って何十万件もの処理をするのが、昨今の「デジタル歴史学」の特徴であろう。たとえばヨーロッパ中世史では、主要な図書館・古文書館所蔵の写本・著作・雑誌、議事録・法集成・特許状、年代記などのデジタル化・インデックス化のための電算処理が進められているし、写本・手稿文書を判読・翻刻させるなど、文書形式学や古書体学の仕事をコンピュータにやらせようという試みもある。一方、西洋近代史の領域では、多種類の史料を交差利用できるように、プロソポグラフィー（集団的伝記研究）のデータのデジタル化を進めているのが目を惹く。

日本に目を向けると、東京大学史料編纂所が「大日本史料総合データベース」『平安遺文』『鎌倉遺文』『大日本古文書』『大日本古記録』を公開しているほか、国立歴史民俗博物館や国立公文書館もさまざまなデータベースを公開している。独立行政法人国立文化財機構奈良文化財研究所が作成している「木簡データベース」や、戸籍制度、租税制度、家族制度などの研究に役立つ「正倉院文書」のデータベース化もよく知られている。

デジタル歴史学はたしかに画期的だが、これまで述べてきた、歴史研究の手法や叙述の仕方を本質的に変えるものではないだろう。以前なら不可能だった大量の史料・データの処理で、見えなかったものが見えてくる、という期待は大きいが、最終的には歴史家による「解釈」が必要だという点は変わらない。

史料論の台頭

史料をめぐる最近の動向で刮目すべきもののうち一つが、歴史補助学の充実・拡大というところにあるとすれば、二つ目は、二十世紀末から今日までつづく、いわゆる「史料論」の盛況だろう。日本の西洋史学界でも驚くほど関心が高い〔岡崎 1998, 2003, 2006〕。

近年の「史料論」においては、史料をただ、原本を最初に作った人物・組織やその意志・思想についての情報を引き出す容器と考えるのではなくて、その容器自体が歴史情報であると捉え、オリジナルと写本、真正史料と偽物・改竄などの区分、あるいは文書形式の遵守とそこからの逸脱の差は相対化される。

この立場に立つ歴史家たちは、写本の体裁・構成、後代による利用・改変・省略、注釈の性格などに着目して、じつに精緻にまた多方面に検討を重ね、一つの史料の筆写を通じた伝来の過程のあらゆる局面(作成、集成、利用、保管、廃棄)を重視して、それぞれの場での社会的機能に目を注ぐ。そして社会的コミュニケーションの中に史料を据えて、各時代においてそれに関わっていた人物や組織についての情報を引き出していくのである。たとえば国王文書について、文書形式、類型、用語などの変化が、王権の性格の変化を示す指標になるとする。そのため先に紹介した歴史補助学のうち、古書冊学や文書形式学に新たな期待が集まっている。

西洋中世では、「カルチュレール」という史料集成がこの点で脚光を浴びている。カルチュレールとは、カロリング帝国東部において、九世紀初頭に誕生し十世紀以降ヨーロッパの他地域でも作られるようになった、他者との関係を律する行為ないしその規範を記録した文書の受領者側〔修道院や聖堂参事会などの組織や個人〕の写しの保存集であり、またその保存の形態のことである。そこには多くの証書の写本もしくは梗概が、一定の基準で書冊としてまとめられている。

もともとカルチュレールには、その中に収められた証書群から原本の写しを探して政治史や経済史の史料として使うくらいの用途しかなかったが、一九八〇年代後半からまったく新たな位置づけ、つまり「記憶の再構成」の結果としての位置づけが与えられたのだ。後からの書き込みや再装丁を繰り返すカルチュレールの中には時代の諸層が形成されていると見て、その層を一枚ずつ剝がしていき、精密に観察し、どの記述が誰によっていつどんな事情で成されたかを明らかにする作業に、多くの研究者が携わっている。すなわち、採録される証書の取捨選択や個々の証書の加筆や削除の恣意性、諸文書全体の組み合わせや配列、序文、さらには文書以外のどんな諸史料群と一体化して一種の歴史編纂になっているかなどに、文書集がまとめられたときの作成者・編集主体の意図、アイデンティティ、法的な意味、より広い社会的・経済的背景における同時代人の価値観などが込められているので、それらの解明に力が入れられているのである〔Chastang 2006, 2016; Guyotjeannin, Morelle & Parisse (eds.) 1993; 岡崎 1993, 2003〕。

日本史でも同様な動向がある。村井章介によると、日本史における「史料論」的アプローチが盛んになったのは、古代史研究者が「正倉院文書」の調査・研究に精力的に取り組む中で、書面〔群〕がある属性を持つ特定の「場」の中で移動しながら性格・機能を変えていくという動態をその伝存状況の中に突き止める、という課題を見出したのがきっかけだという〔村井 2014: 2-38〕。

そして日本中世史においても、「文書の層序学」と呼ぶべきものが考案されていった。そこでは西洋史のカルチュレールのように、一通の文書を、その成立後に上に複数の時代の層が積み重なった生成物と捉える。文書の精密な観察を通じて、どの記述がいつ、誰によって、どのような事情で加えられたかを確定し、それらを消去していくことで文書の原初的形態にまでいたろうとする。さらに逆に時間軸に沿って加筆の経過をたどり、各時代にその文書がどのように機能したか、その遷移を再構成することで「一つの文書の歴史」が明らかになるのである。

ヨーロッパ史の史料論も日本史の史料論も、いずれもこれまでの史料の扱いからは見えてこなかった側面を引き出しており、見事な成果が次々挙げられていると評してよいだろう。この没入はしかし、より大きな結論を導けない恐れがある。どこまでも史料が問いの中心で、コンテクストといっても制約されたもので、その回路から外に出るのが困難だからである。

「史料論」と絡めて、ヨーロッパ中世の史料についてもう少し別の角度から考えてみよう。中世というのは「写本の時代」であり、原典はたえず書き直され、新たな形を与えられ、配置が換えられる。その世界では無名性が通常であり、誰が作者かは問われない。そうしたやり方で繰り返し書き写されてきたこの史料伝統には、作品・文書の真正性、オリジナリティーといった近代的な概念は当てはまらない。作品は群を成し、多くの手で筆写され、その仲介と注釈を受け容れる。したがって写字生の仕事は、それ自体注釈、パラフレーズ、意味と言語の追加・剰余なのであった。また中世の「文字」はつねに「声」と連接し、いつまでも開かれたまま未完である。

こうした特徴が自覚される中、オリジナルを復元し、そこから事実と虚偽ないし歪曲を分別するための近代歴史学の史料批判のやり方が――少なくとも前近代については――、無効にならないまでも、相対化されるのは当然だろう。そしてテクストの成立事情、支持体などの物理的特質、同時代ないし後代での使われ方、伝播や読まれ方そのものが、史料批判の一部となる。今や、まさに史料の新たな読み方へと歴史家は誘われているのである。これが、史料論の隆盛へと繋がった。

もともと実証主義の基礎を築いた者たちは、史料の形式がじつに多様であることを説きながらも、史料の「原本」こそが至上の根拠であるとして、その真正性を確認する務めを自らに課してきた。史料批判はそのためにあったのだ。だから偽文書はいわずもがな、写しさえ、排除されないまでも信用の劣るものとされた。しかし近年になり、真正史料の過度の重視は、歴史の真実の姿を細めるばかりか歪めることがわかってきた。どんな史料も何らかの目的で作られ、使われたが、それが写され、あるいは偽造されていったのも、何らかの目的があったはずである。ならば、副次的な写しや偽文書も、それぞれの時代に各々その役割を果たしてきたのである。だからそれを明らかにすれば、そこから逆に時代独自の様相が照らされる。そのように考えられてきている〔Chastang 2008〕。

かつてオリジナルとされなかったものがオリジナル同等の地位を射止めるということは、ヴァリアント（異本・異文）の勝利にほかならない。だから史料の校訂版によくあるオリジナルから分岐したような系統図としての写本群の整理（ラッハマン原則）は、まったくのフィクションであると考えられるにいたった。

こうしたオリジナルの相対化がまず重大な反省をもたらしたのは、中世文学の分野においてであった〔Cerquiglini 1989; Fleischman 1990〕。たとえばフランスにおいて一八六〇年から一九一三年まで、多くの文学作品の写本が発見されるとともに、大学では中世文学研究の講座が開かれ、関連雑誌が創刊され、協会が作られるなどして、研究が大きく進捗した。それと並行するように、中世フランス語の言語文献学（フィロロジー）が練り上げられたが、そこで大きな影響力を揮ったのは、G・パリ（一八三九―一九〇三年）であった。彼はあらゆるヴァリアントは間違いで正さねばならず、安定して規則的で同質的なオリジナルのみを相手にすべきだ、と主張した〔Cf. Leonardi 2009〕。そのオリジナル確定作業を遂行するのが、科学としての実証的な言語文献学なのであった。

ところがじつは、中世俗語文学テクストではヴァリアントこそが通常態であり、あらゆる作品についてヴァリアントは普遍的な構成要素になり、いわばすべての写本がそれぞれオリジナルな改訂版となっている。だから、たとえば複数の真正なる『ロランの歌』がある、と考えるべきなのである。多くの写本の言葉を間違いだらけの幼児言葉や田舎者の粗野な言葉遣いのようにみなし、それを教養ある大人の正しい言葉に直さねばならない、と説くパリの考えは、今日ではまったく受け容れられなくなった。

印刷されたテクストに至上価値を認めるのは、「作者」の手により最終的に承認された決定版として紙に固定され、きれいな活字で全体としてまったくおなじものがいくらでも複製されうる「印刷物」にこそ価値がある、という近代的読者・著者らの信仰にもとづいているのかもしれない。そこで過去においても、そのような決定版があると思ってしまい、その真正の決定版が、権威を持つ「オリジナル」で、それを書き写したり聞き書きしたものには、かならず誤謬・脱漏・曲解などがある、と思えてしまうのであろう。

しかし、そもそも前近代世界においては、オリジナリティーとか、模倣・剽窃などは今日とはまったく違う捉えられ方をしていたのである。そして中世のテクストとは、いつまでも未完成・未完結なのであり、中世の手稿本は、再構成・手直しされ、注解・注釈が付され、パラフレーズされ、言葉と意味が加わりつづける。篠田勝英は、中世は「オリジナルのない時代」であり、「中世の書き手にとって、なんらかの形を取ってすでに存在する作品群は、書き手としての技倆を発揮するために自由に使える、一種のパブリック・ドメインを形成していたのであった」と述べている〔篠田／海老根／辻川編 2019: 39〕。

また、写本の保存形態にも考慮すべき意味がある。先に言及したカルチュレールがそうだったが、それ以外に、文学テクストなどでも中世の写本（書冊 codex）は、単一の作品や同一著者の作品だけを収めた閉ざされたものではなく、いわば開かれた雑居状態であった。印刷術が登場するまでは、それはつねにアンソロジーで、しかも抒情詩のような短い作品にとどまらず、長い散文物語（ロマン）もそうであった。とするなら、何と何が一緒になっているのかも考慮すべき指標になり、まさに前節の史料論的なアプローチが必要だろう。こうした文学テクストについての態度の反転は、多かれ少なかれ、歴史史料についても妥当する。

このようにして、ヴァリアントはヴァリアントのまま尊重して、それを歴史のコンテクストを解明する鍵にしなくてはならない。となれば、史料批判、校訂のやり方も変わってこざるをえない。極端な場合、おなじ単語のまちまちの綴りを直さないばかりでなく、最小限の手直し、つまり単語の分かち書き――それがないものの場合――や、句読点や大文字小文字の区別を加える、といったことさえ避けるべきとされることもある。写字生ごとの違った写し方、付加や削除も、個性的な情報であるとして、尊重し残すべきだという見解が強まってきた。

「理想的な原本」が存在しなくなったヴァリアントの世界である前近代の写本の場合、テクスト・クリティック（校訂）というのは、どうしたらよいのだろうか。校訂は校訂者が抱懐する理論・学説に依存するため、「批判」過程で、多くの情報が除去されることになりがちだ。異本を別々の版としてそれぞれ校訂したらよい、との考えもあれば、できるだけ多くの写本をファクシミリ並置にした方が、伝来過程の構成要素が大切に守られるとの考えもある。後者にいたっては、けっきょくは校訂しないことが最良の校訂だという、おかしなことになりかねない。

また「声」が重要であった前近代においては、文字としてそのまま定着しない言葉の処理も問題になる。たとえば声の説教とその筆録の扱いについて、大黒俊二は次のように主張する。すなわち多くの形態の媒体の中を周回して声と文字の間をたえず往復・浮遊し、変容しながら夥しいヴァリアントを生み出しつづける全体をテクストと呼ぶべきで、どれか一つを作者の意図に近い真正テクストとして特権化する意味・必要はない……と〔大黒 1999, 2001, 2014〕。

開かれた過程としての史料批判

これまで本章においては、史料の範囲の拡大・多様化とともに、伝統的でオーソドックスな史料群の中においても、史料論の流行やヴァリアント重視の風潮で一気に有望な史料の量が増加したことを述べた。これはたしかに喜ばしいことであろう。だがそれと同時に、史料批判の方法が一変し、新たに練り直さなければならなくなった。では、どのような史料批判、そして校訂をすればよいのだろうか。

史料を校訂して真正の原典を甦らせるより、すべての異本のファクシミリ並置の方がよいのではないかという考え方に対しては、校訂は歴史家としての「選択」であり、それはたしかに必要である、とおうじたい。他の時代・地域の言葉に対して、私たち現代に生きる歴史家の書き言葉には、一種の他者性・異種性が配備されている。そこで解明すべき課題の現代における意味を明らかにするために、他者の言葉で書かれた史料からどうしても救出すべきものを見つけて、私たちの書き言葉によってそれを分析・検討せねばならない。作品の特性と判断されるもの、歴史家自身にとって真実であると信じられるものをそこから選んで提示せねばならない。ヴァリアントを尊重する「史料論」の立場や方法を認めつつも、テーマ、対象ごとに特権視すべきバージョン、そして諸バージョンのヒエラルキー化という態度決定はどこかで、何らかの形で、必要だろう。

というのも、校訂はすでに読解作業の一部であり、歴史の見方に導かれた一つの態度決定がそこにはあるからである。校訂は、もはや古文書学者や言語文献学者の仕事ではなく、その実践からして、歴史家本来の解釈の仕事が始まっている、ということになりそうである。主観を介しての客観への到達という本書第一章で述べた態度と同工である。

歴史家が相手にする過去の痕跡の総体を、「アルシーヴ」Archiveと呼んでみることもできよう〔Cf. Ophir 1990〕。もともとアルシーヴ（archives）とは、その日付、形態、支持体がいかなるものであれ、人間または法人、そして公私のあらゆるサービスないし組織によりその活動の実行の中で産出もしくは受容されるドキュメントの総体である。

だが別の（記号論的な）見方をすれば、アルシーヴ（＝シニフィアンの領域）は時間の作用によって化石化し、元来のコンテクストから剝離して史料収蔵庫に堆積していった記号――もともとテクスト、図像、モノに含まれていた――の集積であり、あるいは「歴史」（＝シニフィエの領域）がその後に残してきた痕跡の、輪郭不明瞭な総体である。生きていた場、それを使い意味づけていた力から離れて、それ自体、声を発しなくなってしまったこのアルシーヴは、いわば休眠状態の「生き物」であり、それをからくも生かしているのは、それぞれの時代に歴史を生きている人間たちである。

アルシーヴ状態の個々の史料は、歴史学の言説（歴史叙述）によって賦活されるが、そのとき歴史学の言説はアルシーヴを「歴史」へと関係づけるとともに、アルシーヴに新たな痕跡を残すことになる。

主体の痕跡としての史料が主体として甦るのは「生成の過程」においてであり、枯れた史料に主体としての生気を吹き込むためには、もう一人の主体すなわち歴史家が必要なのである。史料とはその下に横たわる歴史的世界の本質の表現・属性とみなすべきである。各本質は先行する生成や後続する生成と結びついており、歴史家はその後続の生成を今生きているゆえに、その意味を解読できるのである。だから正しい解釈の縁《よすが》となる、可能性の領野の秩序、妥当性の圏域をそのつど決めるのは、それぞれの時代を生きる歴史家の実践にほかならず、また可能性の領野の秩序は、歴史家の言説／叙述を介して歴史の痕跡を積み重ねつつ、「歴史」から「アルシーヴ」にたえず移し変えられる。

史料批判は、自然科学の観察・実験や検証のように合理的になり、歴史家の立場如何にかかわらず、機械的に、いやまさに機械に任せて篩い落とし取り出すことができる部分もたしかに出てきたのかもしれない。また他方で「史料論」は休眠状態の「生き物」（アルシーヴ）の中に多くの変異した兄弟たちが同居していることを見出して、長子（原本）の真正視、特権視を幻想として退けようとしているのだろう。

しかし、懸案になっているのは物理的事実ではなく、その意味であり、その意味を史料から取り出すには、歴史家が自分の今いる立場から、過去に没入し、自分の中に湧き上がる希求・関心・懸念などの思いにも導かれて、史料と対面してそれに質問を投げかけることが必要である。そのとき死んだ遺物・記号の集積だったものが、生きた歴史の史料となる。史料から答えを得るには、史料に含まれていないものをも動員して、さまざまな科学的方法に拠りつつ分析し、さらに想像力も働かせて「事実」を取り出さねばならない。

そしてラッハマンの史料系統樹でなくても、何らかの特別視に値する史料・バージョンの選び出し、ヒエラルキー化をしながら、証拠として立論するという場面は、歴史の解釈の過程でどうしても回避できないのではあるまいか。すなわち、史料論的な検討結果との矛盾を避けつつも、しかし書冊学的視野狭窄に陥らずに、大きく空間（水平）的、時間（垂直）的、双方の方向でその外部に目を向け、選び出した仮説に適合的な意味・価値をそれらのコンテクストの中で見出していくことである。

利用可能な潜在的史料の海は、歴史家の体得した研究方法・技術と資質によって武装した問い掛けにより切り取られて、範囲を確定され、構成されるのだし、ギンズブルグが言語論的転回に抗して述べたように、そのやり方は、同時に修辞的なアプローチとも特徴づけられよう。とするなら校訂作業は、おのおのの歴史家がヴァリアントの海に潜って、その都度行うべきものとなろう。

歴史学は、他の人文・社会科学と異なって、あらゆるデータを生成発展の結果成ったデータと見て、「歴史の相の下に」眺める。また現在のあらゆる点を同様に成った点と見る。現在の現実は先行するプロセスの産物であり、だから、今や陳腐になった表現を繰り返せば、歴史は「現在と過去との対話」となるのである。史料解読の手段はしたがって、この「生成の過程」にこそあり、生成が生成であるからには、閉じられることなく、開かれている。つまり終わることがない。

このように考えてくると、近年の発展目覚ましい史料論が、これまでの史料批判や校訂版作成が、いかに偏頗で四肢切断的なオリジナル信仰にもとづいていたかを明らかにした功績は、認めねばなるまい。またつねに写本に遡り、あらゆるヴァリアントを考慮して、その物質性をも疎かにせずに、それらの変更・修正箇所に着目すれば、これまで見えなかった大切な事実がわかるという利点は、もはや否定できない。だから歴史学徒は皆、史料論に学ばねばならないだろう。

だが今のところ、史料論の射程は多くの場合ごく短いし、大きな全体像への関心が欠けているようにも見える。タマネギの皮を一枚一枚丁寧に剝いで成分分析していくのはよいが、すべて剝いたら何も残らなかったでは元も子もない。歴史の展開についての、それぞれのビジョンを明確に持ち、過去から未来にいたる生成の過程全体の中で、史料論を（ある地域、時代の歴史全体の）歴史叙述論へと繫げていくこと、この困難な課題こそが今求められているのだろう。

オーラル・ヒストリーと記憶

史料の問題を論じる本章の最後に、最近になって注目度上昇中の新たな史料について触れてみたい。「史料」と書いたが、書き物ではない「声」の資料であり、それを使った「オーラル・ヒストリー」である。「声」の資料は文字史料を補足するだけではなく、文字とは別の固有の意義があるとされている。

過去の出来事の体験者へのインタビューとその口述資料を利用するオーラル・ヒストリーは現代史の一分野で、まずアメリカで一九五〇年代に誕生し、欧米では一九六〇―七〇年代に広まっていった。専門の学会、研究所、大学の学科（コロンビア大学やカリフォルニア大学の Oral History 学科など）、雑誌（イギリスの *Oral History* や *History Workshop* など）のほか、録音した話とそのトランスクリプトのアーカイブなども整えられている。経済史とりわけ労働運動史を中心に、あらゆる歴史分野の刷新に非常に有効であると評価を高めている〔トンプソン 2002: 145–216〕。

日本においてもオーラル・ヒストリーは一九八〇年代後半からその意義が認識され、近年勢いを増して流行し始めた。それは以前にもあった政治家・外交官らの聞き書き記録ではなく、文字史料を残すことのほとんどない無名の民衆、マイノリティー、女性らが対象で、そうした人たちの人生経験、たとえば戦争中の性売買や農家の過酷な労働など、辛い経験を聴取して、生活の実態やそこで生まれた思想を究明しようという目標を有している。そして中野卓を中心とする「生活史研究会」による調査・研究活動の方法論の練り上げを経て、二〇〇三年九月に「日本オーラル・ヒストリー学会」が設立された。

近年では、メディア技術の進歩・環境変化により、対象人物への接近、聴取、そして発信が容易になり、また公的機関が口頭証言を集め管理していく動きがある。さらにデジタル化、コンピュータ利用により、プロもアマも口頭証拠を大規模採集できるようになった。対象も特別な辛い時代を生きた体験を持つ人物だけでなく、普通の人生を歩んでいる人々へと拡張していった。

「オーラル・ヒストリー」の方法については、フランスのPh・ジュタールによる『過去から私たちのところに届くこれらの声』、あるいはP・トンプソンの『過去の声――オーラル・ヒストリー』〔邦題は『記憶から歴史へ――オーラル・ヒストリーの世界』〕が基本書であるが、日本人の手によっても、多くの関連書・論文が出されている〔Joutard 1983; トンプソン 2002; 大門 2017; ポルテッリ 2016〕。

注目作を挙げてみよう。イギリスではトンプソンの『エドワード朝の人々』が画期的で、伝統的な階級分析の手法や男性中心主義を脱して、官僚的視点の文書からは知りえない家族のメンバーそれぞれの暮らし、仕事に対する思い、階級意識あるいは現状を脱してより良い世界に行くための方途などを、オーラル・ヒストリーの手法で各階級ごとにはじめて明らかにした〔Thompson 1975〕。C・K・スティードマンの『善良なる女性のための光景』は、労働者階級の共同体に共通の原体験を持たない、「大きな物語」が捉え切れない母娘の人生と心理の実態を、学際的アプローチおよび個人史の聞き取りで掘り出している〔Steedman 1987〕。

フランスの代表作として――本来のオーラル・ヒストリーとはややズレるが――、ベル・エポック期の学校教師四〇〇〇人から得たアンケート結果をまとめ、物質的生活条件、仕事への誇り、共和国や教会への感情などを浮かび上がらせたJ・オズーフの『私たち学校教師』、セヴェンヌ地方で一七〇二―〇三年にルイ十四世の軍隊に立ち向かったカミザール（ユグノー）の集合的記憶が、立場におうじ、時代の移り変わりとともに操作されて意味が変容していく様子とともに、テクスト（歴史書、新聞記事、小説、詩）とは別に口頭伝承で今日にいたるまで父から子へと記憶が伝えられていくケースを調査したジュタールの『カミザールの伝説』などが挙げられる〔Ozouf 1967; Joutard 1977〕。

オーラル・ヒストリーは、現代史の史料の範疇を拡大し、あらゆる人の人生経験の記録へと無際限に拡大しうる。とりわけ難民や先住民や貧者にとっては、文字に残されなかった、歴史の裏に隠れた痛苦に満ちた生活体験を口述で語り記録してもらえば、失われた過去を取り戻し、自らの文化を維持することにも役立とう。またそれは権威者の視点を反映せず、より公平な過去を再構成できる、つまり歴史を見る視点を支配者から庶民に転換できるメリットがある。さらにオーラル・ヒストリーは象牙の塔にこもる研究者と一般社会の壁を崩し、加えて世代の壁、教師と生徒の垣根も取りはらうのである。「オーラル・ヒストリーの最も大きな可能性は、社会への関心をより強くもった民主的な歴史の発展とともにあると信じている」というトンプソンの言葉も重い〔トンプソン 2002: 9, 18–20, 24–25〕。

またジュタールは、「ショアー」Shoah（ナチスによるユダヤ人大虐殺）のように記憶とその掘り起こしに頼らねば再現できない歴史もあるし、文書史料から描かれる歴史とはまったく異なる、日常性と物質的拘束・強制の重みを背負った「もう一つの歴史」une autre histoire が口頭証言から知られるゆえ、オーラル・ヒストリーは非常に重要だとして、イタリア・ファシズム期の都市労働者の非政治的心性、第二次世界大戦中のフランスのある村の家族の食糧不足と飢えの思い出、アメリカの黒人奴隷たちの秘められた抵抗……などの例を挙げている〔Joutard 2013〕。

ここで、「記憶」と「歴史」の関係について考えてみなくてはならない。記憶を口にし、声にして他人に聞いてもらう。これはまだ歴史ではない。またその声や記憶は、本来の史料でもない。書かれ記録されたとき、それはようやく記録文書＝史料となり、その史料をもとに歴史家が作るストーリーは、語り手から切り離されることによって、意味論的な自律性を得ていく。つまり出来事のイメージや継起の順序を確定して、ようやく「歴史」として叙述できるのである。「時間」を経ることで、歴史家は出来事と同時代の世論や集合的記憶――それは、社会内で複数が並び立ち交錯し合う――にじゃまされることなく、自分たちの価値観をもって過去の出来事に参加し、当時の時間の外から筋の通った物語として歴史を描くことができるようになるのである。

M・アルヴァックスが述べるように、記憶は歴史へと直通しない。個人の記憶は本質的に曖昧・断片的・不完全で、社会的コンテクスト、枠組みに組み入れられてはじめて完全になる。その中で個人的な記憶・追憶は、より広いデザインを提供してくれる文化的織物（構造）の中に織り交ぜられる。それぞれ持続する集団——家族にせよ階級にせよ——の数だけ、それらの現在の必要性に適合したイメージの流出から成る集合的記憶があるが、耐久性のある証拠にもとづく科学たる歴史は一つしかない。また歴史家にとっては、記憶は忘却と表裏一体のものであり、またデフォルメ・捏造の常習犯で時間の先後さえ入れ替えてしまい、信用に値しないのである〔アルヴァックス 1989〕。

同様なことを、ルゴフが言っていることは第二章で見たし、さらに近年、F・アルトーグも、十九世紀に始まった科学（＝真理の探究）としての歴史は、記憶が止むところ、すなわち文字資料の中において始まるのでなければならなかった、と述べている〔アルトーグ 2008: 205〕。

「オーラル・ヒストリー」は、遠い過去ではなく、当事者・証人がその「記憶」「声」とともに現存しているという点で、このように定立される「歴史」とは相容れない。だから「オーラル・ヒストリー」は本来の歴史ではなく「歴史もどき」というべきか。それでも、それを「歴史」に近づけるために——近づける必要があるのなら——、証人の言葉・声を歴史家にとっての「史料」と考え、文書史料とおなじように取捨選択し、自分のビジョンに併せて加工して、真実と思われる歴史像を打ち立てるしかあるまい。「オーラル・ヒストリー」は、ジャーナリストが新聞や雑誌の記事にするためにインタビューするという所作に似ているが、よく見れば違っていて、そこには歴史家が「史料」を扱うのとおなじような手続きが必要になるのである。

そのような「記憶」に対して、文字史料と同等に扱う、そうした手法が大きな実を結んだのが、P・ノラが先導した新たな文化史たる「記憶の歴史」だろう。『記憶の場』（全七巻）がその総決算である〔Nora (ed.) 1984-1992〕。それはオーラル・ヒストリーではなく、といって文書史料の旧来の扱いとも異なり、おなじ史料を、過去の諸事実・人物・シンボル・標章などによって集合的記憶の中に残された痕跡から再点検し見直してみる試みである。そこでは、原因ではなくそれらの効果・結果の歴史、想起されたり記念された行為ではなく、そうした行為の痕跡や顕彰化の相互作用が問題なのである。考察・解明すべきは出来事自体ではなく、時間の中における出来事のイメージの構築であり、それらの意味の消去や再生である。過去自体でなく、継起する時代の中でのその恒常的再利用、使用と乱用、含蓄・充実である。伝統ではなくそれが形成され伝達される仕方である〔ノラ編 2002-03, I: 15-28; Dosse 2000: 188〕。

ノラの目指した領域は、記憶の社会史、記憶の心性史と位置づけられよう。それらは、記憶をある社会的現実を（ときに歪めて）再現する鏡のようなものと捉えるのではなく、記憶はそれぞれの時代において、社会の歴史的発展の要因になるのだとする。この「記憶の歴史」は、その後各国で隆盛著しい分野になっている。

第四章　拡散する数量史

多くの方法的な革新を繰り返してきたアナール派の業績の中でも、あまり喧伝されることはないが、きわめて長期にわたって世界の「歴史学の作法」に大きな影響力をおよぼしてきたのは、数量史ないし系（セリー）の歴史学であろう。おなじ文書史料を扱うにしても、数量化できるデータ・側面にこだわり、系列化されたカード、つづいてコンピュータを利用して集めたデータの情報処理＝統計処理を行い、確固たる事実を客観的に確定しようとする手法である。

経済史分野での数量史の誕生

十九世紀に近代歴史学の基礎が敷かれたとき、ヨーロッパ各国では、歴史学はそれぞれの国のナショナリズムに後押しされて発展していったゆえに、政治・外交を中心とする国家史という形態を取った。そこでは、八割は国家の外交、軍事、政治に当てられ、残りが小さく文化、社会、芸術とともに経済に割かれるといった塩梅であった。

だがイギリス以外の欧米諸国でも工業化が進んで各国間の競争が激しくなり、さらには経済危機に対応したもろもろの経済思想の台頭とも関連して、十九世紀末前後には経済史に熱い視線が注がれるようになった。世界恐慌により世界中の経済が危機に陥った一九二九—三二年には、時代が直面する問題に対する応答の試みとして、数量経済史の先駆的な業績が出現した。

フランスで当時その潮流を代表したのは、H・オゼール、F・シミアン、そしてE・ラブルースの三名である。

ソルボンヌの経済・社会史講座の初代教授であったオゼールは、一九三〇年に『現在の経済問題の歴史的起源』を出版し、歴史における塩の問題、十五世紀末—十八世紀初頭の銀行業務の発展、一五五九年の金融危機などを検討して、世界を襲う経済危機を——過去のものと本質はおなじだとして——歴史的に説明しようとした〔Hauser 1930〕。

シミアンはすでに早くから、出来事の記述に終始する歴史学（histoire historisante）を批判するとともに、あらゆる古文書情報の中から数量化・グラフ化できるものを慎重に選び出す作業を進めていた。一九〇七年刊行の『フランスにおける炭鉱労働者の賃金』は、一九〇四年の博士論文をもとにした作品で、賃金の経済理論への寄与を目指した厳密に科学的な研究である。そして生活水準を守ろうとする労働者は、不況の時期にこそ生産性を上げ貨幣収入を維持できるよう努力するとの説を打ち出した〔Simiand 1907〕。

次いで彼はコレージュ・ド・フランスの労働史講座の教授になった一九三二年に大著『賃金、社会変動、通貨』のほか『十六—十九世紀の価格の一般動向に関する古くて新しい研究』および『長期的経済変動と世界経済危機』を世に問うた〔Simiand 1932a, 1932b, 1932c〕。これらの書物は、経済的な景況に関する新規な方法の適用として大きなインパクトを持った。とくに十六世紀以後の長期持続の景況研究において、数十年にわたって広がり交替する二つの局面があることを示し、その後の研究にモデルを提供した。この二つの局面は局面A、局面Bと呼ばれ、前者は物価が上昇し全体的な好景気（つづいて賃金も上昇）、後者は――物価が極端に上昇した結果――需要が減退し、物価下落で不況となる、そうした局面である。しかも両局面開始に先立って、かならず通貨供給量の増加（局面A）と減少（局面B）があるというのである。

シミアンに次いで数量史を大きく発展させたのは、社会学者・経済学者のラブルースであった。彼はフランス革命を経済的起源から見通そうとし、一九三三年に出版した『十八世紀フランスにおける物価と収入の変動概要』は、小麦、ライ麦、ワインその他の生産物の値段の長期変動を明らかにする画期的なものであった〔Labrousse 1933〕。おなじくラブルースの『アンシャン・レジーム末期と大革命初期のフランス経済の危機』（一九四四年）は葡萄栽培・産業を扱い、価格、生産、交換、収入、消費などにおける一連の長期・中期・短期の変動（高騰と下落、拡大と収縮、繁栄と衰退）の繰り返しを炙り出している〔Labrousse 1944〕。

これらの研究で彼は、近世フランス経済に短期・中期・長期の三つのレベルでの変動を見なくてはならないと説き、それら三つの時間の遭遇により革命という事件が起きたことを論証した。

このように、数量的研究すなわち、情報科学・統計学を「道具」として用いるのを特徴とする数量史が、まず最初に登場してきたのは新しい「経済史」の分野においてであり、右の三人の他に、H・セー、A・マティエ、G・ルフェーヴル、J・ムーヴレらの著作も無視できない。彼ら以外にも、この経済史分野では、数量史の方法が一九四五―七〇年の間に無数の研究を生み出した。銀行史という精緻な分析で成果を挙げた分野の誕生も特筆される〔Cf. Bouvier 1960, 1961〕。

シミアン、ラブルースらが活躍したこの一九二〇―三〇年代というのは、丁度、アナール派の拠点となる雑誌が、L・フェーヴルとM・ブロックによって創刊された時代（一九二九年）だが、その当初の誌名が『経済・社会史年報』*Annales d'histoire économique et sociale* であった事実から窺われるように、経済史そして数量史は、当初からアナール派の大切な分野として推進されていたのである。

フランスとならんで数量経済史（クリオメトリックス）の故国はアメリカであったので、少し触れておこう〔Cf. 芝井 1983〕。一九五〇年代に「クリオメトリックス」（および「ニュー・エコノミック・ヒストリー」）という言葉がアメリカの経済史学界に広まった。それをより本格的かつシステマティックに唱道したのは、D・C・ノースらであった。この動向は一九六〇年代末から本格化し、コンピュータを活用しプログラムを組んで研究が進められた。早期的な業績、今や数量経済史の古典の一つとされる『苦難のとき』を書いたのは、R・W・フォーゲルとS・L・エンガマンであった〔フォーゲル／エンガマン 1981〕。本書で著者たちはアメリカの黒人奴隷の農場労働・生産および家族生活を調査するが、労働経済学理論にもとづきつつ数量データを駆使して研究した。しかしながら、抽象的な統計、指数、比率のみを考慮したため、南北戦争とその結果としての奴隷制廃止がアメリカ資本主義を後退させたという仰天の結論を導き、フランスの経済史家らの強い批判を浴びた。

ドイツでも経済史はかねてより盛んで、二十世紀初頭から三〇年代まで質量とも歴史学界の優良児であったが、数量経済史からは距離を取っていた。それは一九〇三年にS・バウアー、G・フォン・ベロウ、L・M・ハルトマンによって創刊された『季刊社会経済史』*Vierteljahrschrift für Sozial- und Wirtschaftsgeschichte* を繙いてみればわかる。この雑誌は、国民経済学派と史的唯物論の協力の下、一般史と経済・社会科学を橋渡しするような立ち位置であった。その後、新たな経済史関連雑誌も発刊され、計量経済学的アプローチの研究が主に近現代をフィールドとして、この国でもなされるようになった。

ちなみに日本における「経済史」「社会経済史」は、かつてはいわゆる大塚史学（比較経済史学）の影響がきわめて強く、封建制から資本主義体制への移行とか、産業革命とかをもっぱら問題にしてきた。またマルクス主義に沿った社会経済史研究も盛んだった。一九三〇年には「社会経済史学会」が創設、機関誌『社会経済史学』も刊行され、さまざまな社会問題に対応した議論や日本資本主義論争が行われた。

欧米でも日本でも、近年になると「世界システム論」「従属論」「プロト工業化論」などの問題提起に呼応した研究が広がり、時代も二十世紀以降を中心にするなど拡大を見せている。またプロソポグラフィーの手法を活用した経営史との境界も曖昧になっている。

系の歴史学と歴史人口学

さて、この経済史とくに価格史における数量史的アプローチこそが、その確実性と厳密さによって、後の「系の歴史学」の大きな野心を育んでいった。しかしその経済史においても、経済を「価格」に縮減・還元したことを反省して、精度は劣っても、景況（conjoncture）のダイナミズムを知るため経済動向全体の計量に向かった方が有意義なのではないか、という見解も出された。

また数量的アプローチにおいては、空間的「スケール」の拡張も目指された。ヨーロッパの小さな地域を対象にしていたそれまでの研究から、地中海とか、大西洋とか、インド洋とか太平洋とかの、巨大な経済圏を相手にする研究が登場し、いわばシミアン＝ラブルース流の景況のダイナミズムの把握がブローデルの「地球史」géohistoire と結合したのである。これはグローバル・ヒストリーの先駆けともみなせよう。

この研究動向は構造と景況を主たる枠組みとし、それにより、それまでの価格に収斂していた偏頗な歴史を超克しようとした。そして生産に替わり「取引」が主要テーマになった。

このような見直しの下、数量史の次なる隆盛は一九六〇年代から始まり、六五―六八年に頂点を迎えた。景況的動態と地球史のおかげで組み合わせの可能性は無限になり、以後、電算処理を大規模に行わない主要な経済史の著作はなくなったほどである。

代表的な研究として、ブローデルの弟子P・ショーニュとH・ショーニュとの共著『セビーリャと大西洋（一五〇四―一六五〇年）』を取り上げよう〔Chaunu, H. & Chaunu, P. 1955-60〕。一九五五―六〇年に全一二巻で出された超弩級の著作である。本書は数量史のブレイクスルーとされ、あるいは系の歴史学の模範とも仰がれる。全体構成は、大きく統計篇と解釈篇に分かれ、その内訳は方法論、史料検討、スペインと中南米および大西洋の島々の間の海上関係、帳簿情報の数量処理、統計の解釈から成る。船舶の数や種類・使用期間、船・商品・乗員の消失、運搬される各種のモノの量と変化、寄港に使われる港とそこでの取引量、不正取引、港間航行の平均速度……こういった事項がすべて数字で表され、比率化されている。十六―十七世紀の経済史や海洋史に関心を持つ者の必読書である。

本書に倣って、国立高等研究学院第六セクションに関係する研究者たちが先を争うように、港、通商路、取引などについての数量史的研究を志した。P・ショーニュが奉職したカーン大学では数量史グループが形成されて、自然資源、農業生産、商業生産、人口、建物、犯罪など地域問題の推移のことごとくが数量史によって明らかにされた。さらにP・ヴィラールの近代カタルーニャ研究、J・ドリュモーのローマの明礬研究、E・ルロワ・ラデュリのフランス・ラングドックの農民研究などが、数字・グラフ・図表を駆使した系の歴史学の成果として際立っている〔Vilar 1962; Delumeau 1962; Le Roy Ladurie 1966〕。

以上紹介した労作は、まだ経済を主フィールドにしていたが、しかしより重要なのは、数量経済史から離れた、経済以外の分野への数量史の拡張であろう。「数量史」histoire quantitative というより、系の歴史学（時系列史、系列史）histoire sérielle の出番となる。

系の歴史学では、史料から直接得られた証拠のほかに、豊富・意義・密度などの理由で他のものから分離選別され、精確さと高感度ゆえに「系」（セリー）となった一連のデータを、間接的証拠として付け加えることができると考える。もちろん十九世紀以前に遡ると統計的に一貫した大量のデータは少なくなるが、もともと「統計」を出すことを目的とした財務史料・市場価格表や国勢調査のような史料でなくても、比較的均質の文書なら系の歴史学の材料として使用することが可能で、さらに一見「系」（セリー）を成していなくても、再組織化して同様に使うことができる場合もある。

フランス王国の三部会記録帳、公証人文書、教区簿冊、遺言書、徴兵名簿、結婚契約書、家計簿などが系を成していて格好の史料となり、数量処理が行われた。加えて、生活態度・作法の指南書、異端審問記録、警察文書、否、もっとも不均質な年代記でさえ（たとえば気候史の）系の歴史学の素材＝史料になりうる。こうして、統計を出すことを意図せずに作成された史料に問いを発して、比較可能な答えを引き出すのである。こうしたやり方は、コンピュータの登場とソフトの開発により加速された。

かくして、数量史を含むより大きな概念として「系（セリー）の歴史学」「時系列史／系列史」と呼ばれる研究手法が広まるようになった。より具体的には、個別事実よりも反復要素に関心し、それらを同質系列に統合して、均質で比較可能なユニット（たとえば一年ごと）の一連の時間の系列に構成して系列的数量化を行い、次いでそれを数学的手法で分析するというものである〔Chaunu, P. 1978b; フュレ 2015: 80–105〕。事件は系を成してはじめて数学的に扱え、かくて一定の時間幅、通常、年単位での進展を測定できる。摑みがたい出来事に替わって、比較可能な性格に着目して選択・構築されたデータの規則的な繰り返しが、分析対象とされることになる。

この点において、特筆すべきは何といっても「歴史人口学」の開発・台頭であろう〔速水編 2003; 福井 2006: 93–103〕。フランスだけでも何百ものモノグラフとして実ったが、中でもP・グベールによるボーヴェとボーヴェジ地方についての学位論文（一九六〇年出版）が「歴史人口学」の模範として仰がれるようになった〔グベール 1992〕。

これは、近代フランス各地の小教区で大量に作られ、現在も県立文書館に豊富に所蔵されている史料ジャンルである教区簿冊を駆使して、人口動態構造を明らかにしようという試みである。教区簿冊というのは、教区民の洗礼・結婚・葬儀に際して司祭が記録するもので、そこには、姓・名前、年齢、性、家族関係、地理的由来（出身）、子供、親族、証人などのデータが含まれている。

そしてグベールは、十七・十八世紀におけるボーヴェジ地方の二〇〇ほどの小教区の教区簿冊に記載された、洗礼・婚姻・埋葬に関する記録に、L・アンリとともに考案した「家族復元法」という手間の掛かる方法を適用した。すなわち婚姻カードに家族に関連する諸情報を追加していくと、確実な人口動態が得られ、危機の期間と婚姻数や妊娠数（出生数）の推移の関係や死亡率の社会階層別の偏差を見出すことも可能になるのだという。

この研究で判明したのは、穀物価格高騰や疫病を原因とする「陥没年齢層（人口ピラミッドの上での凹み）」という現象こそが、近代以前の人口動態の主要な特徴の一つであるということである。そしてその構造は一七四〇年頃から消滅し始めて、別の人口動態構造、つまり深刻で全般的かつ同時多発的な危機を伴わない構造に代わり、多産少死状況が登場すると説く。

アンリ自身はノルマンディーのクリュレ小教区について「家族復元法」を実地に用い、後続の研究者に模範を示した〔Gautier & Henry 1958〕。グベールによるボーヴェジやアンリのノルマンディー研究以外にも、人口（出生、結婚、死亡）にまつわる諸種の統計から、人口動向を食糧、飢饉、疫病などと関連づけた夥しい地域史の長期変動研究が生まれた。歴史人口学は洗練された数量史分野であり、先端的ディシプリンとして実証学の名を高めていった。もちろん限界もあり、家族の外部社会との関係や、非嫡出子・移動人口などは教区簿冊からはわからないし、「死亡」の研究にも向いていないという。

ところで家族復元法にとくに拠らない人口史の手法もある。イギリスのP・ラスレットとT・リグリーによって一九六四年に設立された「人口と社会構造の歴史のためのケンブリッジ・グループ」Cambridge Group for the History of Population and Social Structure が考案した人口算出法である。すなわち、年齢階層別の死亡率の変化を生命表を活用して推定するのだが、過去に遡るにつれ精確さがなくなってくる。それを補正するために、教区簿冊のデータを大量に動員し人口動態関連の情報を集め、そこから判断される歴史的な追加情報を織り込んだ計算式を用いた「過去投影推計法」――これにより統計のない時代と国勢調査時代を結びつける――を実行するというものである。センサス以前の人口や家族を分析できるのは画期的だった。ラスレットは、イングランドでは十八世紀以前から核家族（単純家族世帯）が支配的だった事実を論証して産業革命が拡大家族を解体したとの説を覆したし〔Laslett 1969〕、より総合的なケンブリッジ・グループの研究成果は、一九八一年に『イングランド人口史　一五四一―一八七一』として公刊されている〔Wrigley & Schofield 1981〕。

日本の速水融の歴史人口学もよく知られている。これは、速水が一九六四年にベルギーで出会った歴史人口学を日本で手直しし独自に確立したもので、彼は主に近世日本各地の人口構造の変容や流動性、そして家族構造・結婚動向などを明らかにし、都市と農村の違い、地域的特性、時代的変遷とその背景・原因などを探った成果を多く発表している〔速水 2009〕。速水以外にも、日本における歴史人口学のトピックは多様化し、欧米にはない世帯を単位とする「戸籍型の史料」を活用した、新たな発想を引き出している。最重要史料である十八―十九世紀の宗門・人別改帳などの収集とデータベース化も進められている。

社会史・心性史・文化史への応用

右の二節で見てきたように、経済史に導入された数量史はアナール派の武器となって、政治史優位の歴史学、事件史を攻撃することになる。そしてその挙げ句に、数量史（系の歴史学）こそが、社会史の別名ともみなされるほど、広く応用されるようになっていった。その最初の寵児が前述の「歴史人口学」であったが、そこからさらに適用範囲は諸社会集団、そして社会史の諸領域に拡大していったのである。

家族の社会史に適用された系の歴史学としてよく知られているのは、イタリアのフィレンツェで作られた租税台帳（カタスト）を利用した研究である。Ch・クラピシュ＝ズュベールとD・ハーリヒを中心とするチームの共同作業として、一四二七―三〇年に編纂されたフィレンツェ共和国の租税台帳という無味乾燥な史料をデータベース化し、五万九〇〇〇家族以上の数量的データから社会史的解釈を導き出した

〔Herlihy & Klapisch-Zuber 1978〕。すなわち、彼らは人口や財産、および財産の上層階級と下層階級の間での再配分、また主要な経済活動の種類を明らかにしただけでなく、世帯の規模や家族構成・血縁構造、そしてフィレンツェ人自身さえ気づいていなかった婚姻・嫁資をめぐる戦略、出生・死亡率、生まれてから死ぬまでのライフサイクル、ジェンダーや分業体制についてのパターンを見出せたのである。

系の歴史学は、家族・親族以外の社会集団にも応用されてきたが、もっとも集中しているのが、近世・近代パリを対象としたものである。同市についてはある程度均質の、系を成す史料（登記簿、公証人文書など）が古文書館に多数残っているおかげで、それらを駆使して、死亡時の財産移転や結婚契約を基礎に、ブルジョワジー他の社会階級・職業集団とその生活水準をめぐる「系の歴史学」を実践しているのである〔Daumard 1962, 1963a, 1963b; Daumard & Furet 1961〕。

それらの研究は、財産・職業のほか、社会構造・社会関係、階層分化、政治・制度局面との関連にも注意を払って、そこに家族の移動性や配偶者選択などを位置づけ、パリ社会の内的分節についての新知見を提示している。またプロソポグラフィーの手法もしばしば活用されている。これまでのシミアンらの経済史だと、客観的な経済指標にもとづきつつも、経済変動の中心にあるべき権力関係および諸社会集団の構築プロセスを隠してしまう、という欠点があったが、それをなんとか克服しようとした点が共通している。

以上は、社会史への数量史の応用であったが、それればかりではない。系の歴史学は、心性史の中心的技法にもなっていった。

もっとも代表的な研究が、一九七三年に公刊されたM・ヴォヴェルの『十八世紀プロヴァンスにおけるバロック的信心と非キリスト教化』である〔Vovelle 1973〕。ヴォヴェルは十八世紀プロヴァンスの二万にもおよび遺言書を分析し、死者ミサや執り成しの祈りなどの儀礼的行動に対する要求を数量化するとともに、男女・地理・社会層別の宗教行動、死に対する態度の相違とその原因・背景を解明した。またF・ルブランは、教区簿冊をはじめとする多くの史料を同様な数量史的手法で分析し、十七・十八世紀アンジュー地方における栄養失調・疫病による死とそれらの社会階層ごとの偏差、それぞれの集団がおかれた食糧・衛生・医療の諸条件との関連、民衆たちの死への諦念などを浮かび上がらせた〔Lebrun 1971〕。さらにP・ショーニュは、やはり大量の遺言書のほか財産目録、版画、死への準備文学、儀式、埋葬場所の選択などを素材に「系の歴史学」を試み、十六—十八世紀パリ市民の死と死後の世界に対する心性を探っている〔Chaunu, P. 1978a〕。

同様の研究は、中世史においても数多くなされた。よく知られているのは、J・シフォロの『来世の帳簿』で、一三二〇—一四八〇年頃のアヴィニョンとコンタにおける五四〇〇通以上の遺言書を史料として、やはり死と死後の世界への態度の転換とその意味するところを闡明しようとしている〔Chiffoleau 1980〕。そしてこの時期に、煉獄イメージが大地との繋がりを失って、巡礼や慈善行為が重要性を低下させる反面、ミサがこの世とあの世の唯一の絆、記憶の手段として飛び抜けて重要になってその数を激増させ、まさに「地獄の沙汰も金次第」と、ミサの数と遺贈の金額が熱心に計算されたのだという。また当時、フランボワイヤン式の教会装飾を連想させる派手で綿密に計画された葬儀スタイルが流行するとともに、遠い先祖代々の墓地を捨てて小さな家族だけで教会に身を落ち着けるようになった事実から、この流動性、疫病、無名性の世界で近代人＝個人が誕生したことが突き止められた。最終審判の終末論的恐怖より、遺言しないで死ぬ恐怖の方が強くなったのである。

S・K・コーンによる、シエナをはじめとするトスカーナ・ウンブリア地方の六都市の三二〇〇通に上る遺言書を使った数量史的研究も知られている〔Cohn 1988, 1992〕。一三四八年と一三六二―六三年の二度のペスト襲来によって、人々の死に対する態度がどう変わったかを、遺言書に記された埋葬場所の指示、遺贈品・遺贈先などから調べたものである。その結果、一回目のペスト以上に二回目において、天国への道行き、魂の死後の運命に関心が高まったことが判明したという。というのも二回目では、遺言者は遺物と遺贈先を家族ら執行人に一任せず、自ら詳しく指定、また自分の埋葬場所が教会や墓地のどの場所なのかも細かく特定しており、しかもチャペル建設ならびにそこで燃やされるろうそくの数、ミサの数、祈りの数なども指示しているからである。

心性史の中でも「死」に関わる系の歴史学が目立っているのは、やはり「遺言書」という史料類型の大量残存が大きく作用していよう。

次いで、系の歴史学を文化史にも適用しようという動向が一九七〇年代から現れる。たとえば「読み書き能力」の調査がそれである。十六―十九世紀フランスの読み書き能力を測るために、人口調査、教育関係統計資料、司教巡察記録、司教区教会会議の規定、徴兵に関わる統計などの史料を使って調査がなされ、読み書き能力の向上は、革命以前から地域社会および家族の努力と財政援助によって計画的に行われていたこと、フランス北西部のサン＝マロとスイスのジュネーヴを結ぶ線で二分される、読み書き能力の大きな差異――北東で高く南西で低い――があること、その他の事実が明らかになった〔Furet & Ozouf 1977; バーク 1992: 140–141〕。

またJ・ケニアールやD・ロッシュの近代フランス都市民を対象とする研究では、公正証書や身分証書に残された下手な署名や他の不器用な字に着目して、識字率・読み書き能力の割合の変化を都市と農村、男女、職業・地域の違いに注目しながら調べ、またどの範囲（階級、職業）で書物が普及していたかを、財産目録に本が登場するか否か、あるいは蔵書数をもとに推定している。それとともに、都市のスペクタクル・演劇活動・音楽会・祭りなどの開催頻度・機会を調査し、首都パリとの距離の影響、都市と周辺農村との差異、身分・職業による違いなども検討して、民衆的な文化の様態を解き明かしている〔Quéniart 1978, 1998: 136–156, 195–211; Roche 1998: 271–320〕。

ロッシュには、啓蒙主義時代のフランスの地方アカデミーとアカデミー会員についての詳細な数量史的研究もあり、地方アカデミーは啓蒙主義に関わる理念やテーマ、科学知識が伝播流通する文化空間であるとともに、社会的融和の試験台だったと結論づけた〔Roche 1978〕。

またこの文化史分野の数量史の業績としては、書物史・出版史も特筆される（詳しくは次章で解説）。ほかには身体的形質の諸要素に着目してそれらを大量に集めて統計処理する身体史もあり、たとえばフランスの徴兵適齢者に関する史料から約三〇万人のデータを集め、平均身長の変化の全体傾向とともに、都市と農村、地域・職業別の差異を明らかにしたエイベルジェの研究は画期的なものだった〔Cf. Heyberger 2005〕。さらに布やシーツ、食物や他の日用品の消費傾向の変容といった物質文明史や、性行動、時間意識など、数え上げられないほどの文化史的テーマが「系の歴史学」の方法を適用して追究されている。

原因にも意味にも到達できない数量史

一九六〇—七〇年代は、数量史・系（セリー）の歴史学がもっとも肥沃な成果を上げた時期で、あらゆるテーマを覆うほどの勢いで広まっていった。この手法は、生の形の史料が語れないことを、系（セリー）にすることで語らせるのだが、そのために諸種の史料を多数集め、それらが抱える個別的特徴を排して均質化し、しかもコンテクストの特殊性や偶然性を無視して、歴史家が準備したレールにうまく乗るようにきれいに並べていく。これは数学的な処理なので、歴史家の主観性を免れた科学的装いを呈し、それとは対照的な、史料やその内容の個性、コンテクストの偶然性・特殊性に注視したり、物語を重んじる旧来の研究姿勢を非科学的に見せる効果があった〔Noiriel 1989: 1453–1454〕。

だが数量史／系の歴史学の手法は、極端にいえば一種の詐術ではないだろうか。出来事に替えて数や系を持ってくれば「検証可能な分析」がそれにおうじてできる、という厳密性の見掛けが好まれたのだろうが、それはあくまでも見掛けにすぎないのだから。

その手法においては、それぞれのデータはしばしば研究者に都合のよいように均質化されている。たとえば行政当局が作った職業分類が、実際に現実とうまく対応しているかどうかの検討は疎かになるし、ある用語が示す社会的行為が、時代・社会により異なることも大いにあるのに、その確認も棚上げにしてしまう。数量の客観的提示とそこから導かれる結果の叙述がじつは通じ合っておらず、グラフや図は象徴的な使用にとどまることも多い。

さらに問題なのは、系の歴史学においては史料がそれ自体で存立せず、系（セリー）との関係でのみ意味を持つようになることである。つまりある指標に照らして選ばれた前後のデータとの関係でのみ史料の存在価値があり、一つずつの史料の価値は相対的になる。同様な性質のテクストとの間に一貫性があればよいのであって、同時代の別の種類の史料と比較して信用性があるかどうかは問題ではなくなるのである。

また系の歴史学は、大きな変動を相手にしては無力である。「革命」や「戦争」について、その真の原因や動機を明らかにできる数量史や系の歴史学は、存在しない。物価や税金の高騰や食糧不足が人々を苦しめたことまでは統計的に実証できても、歴史の決定的な転換は、転換以前の統計数字や計算としては何ら痕跡を残していない刷新から由来するか、あるいは当該システムの長期的平衡を覆す外部要因がもたらすからである。

そこで一九六〇―七〇年代に最盛期を迎えた数量史・系の歴史学には、同時に批判も高まった。一九七〇年代から歴史家のコンピュータ利用が広まって数量史がますます盛んになると、このコンピュータによるデータ処理崇拝を警戒して、歴史学の「測定可能なもの」への従属の危険を述べ、また数量史によって精密科学とおなじくらい精確な結果にたどり着けると思うのは幻想だと警告するアナール派の大物たちも少なくなかった（J・ルゴフ、P・ノラ、G・デュビーら）〔Cf. Chesneaux 1976: 65-72〕。

しかしそれよりずっと以前に、フランスにおける数量史の創始者F・シミアンが『統計と経験』という小著で、統計に依拠する歴史学の方法の限界と問題点、有効活用の条件などを言明している〔Simiand 1922〕。とはいえシミアンは、データとはそもそも、つねに多かれ少なかれ大きく複雑な不均質性があるものなのであり、さもなければ全体を表現するのに統計処理する必要もない、と数量化の意義は認めている。

こうした疑念や批判を受けて、数量史・系の歴史学は一時的に衰退することになった。そして、歴史とは物語の一種だということがあらためて思い返された。人間的経験の厚みや密度を、計算表には見出せない、というのだ。むしろ通常の規範や慣習をはずれた例外的なことは、系列に組織化できないが、それでも一〇〇〇のステレオタイプの文書よりも啓発的なことがある。歴史家の最終目標は叙述なので、何を原因とし、どんな結論を掲げて叙述したら良いのか、数量史の統計やグラフをいくら目を凝らして眺めたところで、何ら答えは見つからない。そのためには、記述されたデータ計算・処理のレベルではなく、歴史的現実の他のレベルとの関連づけが必要になる。つまりそれを評価するには、より大きな歴史的文脈に据え置いて、また前後の時代との繋がり、および展開過程の中で考察してみないとならない……ということにあらためて歴史家たちは気づいたのである。

問題史の中に拡散する数量史

フランスでは、一九七〇年代からこのような厳しい批判にさらされた数量史・系の歴史学が一時的に退潮することになった。

だが欧米では、また日本の西洋史研究者の間でも、近年では再び、数量史・系の歴史学がよりソフトな形で拡散しつつあるのではないだろうか。大学院に次々提出される若手研究者の博士論文を見ても、その多くには博士論文らしい体裁と重厚さ・厳密性を示すために、厖大な図版・表が付されている。こうした博士論文の多くにおいては、数字やグラフ・表にまとめられた統計処理の結果が、ある事態の出現やその変化の「要因」、あるいは広い文脈における「意味」の解明に何をもたらすのかは、たいてい不明である。理論や一般化の努力はなく、せいぜい予断されている結論と矛盾しない、というだけのことである。またテーマやその分析局面の選択においても、より簡単に数量化できる諸構造への関係性に優先権を与え、またその手続きには論理的にカテゴリーの物象化が含まれているから、議論はいきおい抽象的・無味乾燥で退屈になる〔Cf. イッガース 1986: 281-283〕。

議論らしい議論、結論らしい結論がなく、数量化された記録をそのまま書き写すだけで、図やグラフは研究の科学性・実証性を誇示するためにのみ付されているというやり口、これこそ、現在の世界中の歴史研究に跋扈している傾向――ちょっと言い過ぎかもしれないが――であろう。これは生活の隅々にまで入り込んだコンピュータ利用がしからしめた事態でもあるし、また科学的な歴史学の要請が、「事件史」histoire événementielle や「物語史」histoire-récit から「問題史」histoire-problème へという、歴史学の巨大な構造転換を促したからでもあろう。後者については、数量史の擁護者でもあったF・フュレが述べている点でもある〔フュレ 2015: 106-130〕。

現代では、欧米でも日本でも、歴史（学）は「物語」récit から「問題」problème へと中心課題がシフトした。つまり歴史研究というのは、課題を設定し、必要な史料を探索し、史料から課題におうじた側面を選択して集め、それらを分析しつつ、論理的な議論を展開して実証するのである。これは当たり前のことであって、私たち教師も大学で学生たちにそう教えてきたのであるが、考えようによっては、フュレの言うように、数量史・系の歴史学こそが、この問題史のもっとも先鋭な姿であろう。

問題史は、過去に起きたことを物語るのではなく、原因と結果を時間的前後関係から導こうともしない。あるいは単一の象徴的な代表例を見定めて、それを敷衍してそれが属する出来事・現象の意味を論ずるというわけでもない。そうではなく、選択的な質問をして、時代ばかりか歴史的現実のレベル、出来事の側面をも細かく選別し、選別におうじたデータを史料の中から切り出して集めて相互に比較・分析する。提示した問いに正確・厳密に答えられれば、それだけで良い研究だということになる。こうした問題史の態度を厳密化していくと、数量史・系の歴史学になる。

私は第二章で、最近の研究論文・モノグラフにおいて「結論が蔑ろにされている」と述べた。このことも、これまで述べてきた問題史の中への数量史の忍び込みという傾向と関係しているのである。

出来事に意味を与えるのは「物語」であり、それ抜きには何の意味もない。物語こそある出来事を序列化し、相互に関連づけ、それぞれにふさわしい価値を与える。ここでいう「物語としての歴史」というのは、かつての大時代な歴史物語のことではない。むしろ一つのメタファーであり、出来事に新たな方向づけを与えつつ評価し意味づける、歴史家の仕事に不可欠な精神的態度、第二章で「パースペクティブ」「道筋」と呼んだものである。

この「物語としての歴史」は、現代の歴史学の主流を成す「問題史」の中でも、本来存分に生かされるべきものである。それは、最終的な解釈段階のみでなく、その最初の史料へのアプローチの中、すなわち史料批判にも、その選択と整理に際しても入り込まねばならない。さらに問題設定や分析方法、一旦切り出した層・局面を一つにまとめる概念の工夫についても、成否はこの態度に懸かっている。

私は、現代の歴史学の中心が「問題史」であることを是とするものだし、また系の歴史学や数量史が不要だとか無力だとは、全然思わない。それどころか、前章で見た史料論、そして果てしなくつづき、いつも一から始めなくてはならない史料批判とならんで、歴史データの数量処理は、今や誰にも避けては通れない手法として、従容として受け容れねばならない、と考えている。だがそれはあくまでも「手段」の向上・多様化・洗練にすぎないのであって、それだけで歴史が科学になるということはないし、ましてやそれだけで、歴史の実相に手が届くわけではけっしてない、ということを弁えておくべきだと思うのだ。

従来の「事件史」ないし「物語としての歴史」は、ユニークで統計的に振り分けることのできない出来事を相手にして創られ、それを解釈し意味づけるため、進歩史観をはじめとする目的論的な叙述をするしかなかった。共和国、自由、民主制、理性などの、政治的・思想的な発展段階を画するものとして、事件を扱い物語っていった。これが時代錯誤であり、イデオロギーに囚われていて非科学的であるとするなら、では私たち「問題史」を奉ずる今日の歴史研究者は、細かく分断された系のデータを再集合させる、全体のシステムをどのように構想し、また歴史の進路をいかに想定しながら研究をすべきだろうか。数量処理に熱意を燃やすその程度におうじて、「全体を見る眼」と歴史の方向・道筋を照らす「歴史観」が、かつて以上に求められているのである。

今ここでいえることは、数量化しやすい史料タイプに着目し、それを徹底的に数量処理・統計処理してみて、さて、そこから何が導き出せるか、数字が何を語ってくれるのかを後から考える、というのではなく、反対に、むしろ仮説が出来てから、それを裏づけるに有効な数量史・系の歴史学の分析法を考えるべきだ、ということであろう。つまり、他の史料の分析・解釈やコンテクストから想定される、あるいは可能性が考えられる事態から導出される仮説をまず立て、次いでそれを補強・確認したり、あるいは修正したりするにはどんな史料を集めれば数量処理ができるかを、考えてみるべきなのである。そうすると使える史料タイプは減ってしまうかもしれないが、本末転倒、手段と目的の逆転は避けられるだろう。

歴史学は、試してみるべき説明的仮説から始めねばならない。まず仮説をこねまわすのが第一なのである。それというのも、歴史的現実はけっして自動的・機械的には姿を現さないからである。

第五章　心性史と感情史

本書の冒頭で、これからの歴史学の中核になるべきものは「社会史」と「心性史」だと説いた。本章ではまず「心性史」に焦点を当てて考えてみよう。心性の特性とは何か、心性と社会との関係をどのように捉えたらよいのか、そして今やあまり重視されなくなった「心性史」はいかにしたら再生させられるのか、について考察してみたい。それとともに、心性史への批判を契機にそこから分岐して登場したジャンル・方法にも目を向けよう。

そのためにはやはり一度、主にフランスの歴史家たちがこれまでこの問題についてどういう立場を取ってきたのかを、おさらいする必要があろう。

心性史とその行方

「心性」mentalitéとは、一九四二年、L・フェーヴルが、各文明は固有の「心的な道具」outillage mentalを持っていると述べて、その研究を後進たちに勧めたところから脚光を浴びた概念である。しかしじつはそれ以前、アナール派の最初期からその後のモデルになるような研究が逞しく芽生えていたことを見落としてはなるまい。すなわち当のフェーヴルとM・ブロックというアナール派の創設者二人が、性格の異なる心性史研究を手掛けていたのである。

フェーヴルはまず『ある運命、マルティン・ルター』（一九二八年）を、つづいて『十六世紀における無信仰の問題――ラブレーの宗教』（一九四二年）と『聖なる愛、俗なる愛――「エプタメロン」をめぐって』（一九四四年）を矢継ぎ早に出版した〔Febvre 1944; フェーヴル 2001, 2003〕。これらはいずれも伝記的体裁の下に、それぞれの人物が思考する際のよすがともなり制約ともなった「心的な道具」立てを明らかにしようとした著作群である。そして、個人の思想や感情の同時代人への伝達・交流の試み、個人の創意や一見矛盾した性向の同居――たとえば色恋好きと敬虔な態度――と社会や集団の要求との関係を考察している。フェーヴルは、知的な出来事や運動を社会的・経済的要因に還元するあらゆる試みに対してアレルギーを感じており、信仰・思想・感性など心的なものは根本的に個人的にして主観的であるが、時代や環境と関係して歴史的変化の駆動力となると主張する。彼は具体的に表明された意識的なもののみを取り上げ、無意識にとどまるものや集合的行動・態度の背後にあるものは勘案しなかった。

もう一人のアナール派の創始者、ブロックはどうだろうか。彼は、自身「大きな子供」と呼んだ『奇跡をなす国王』〔邦題は『王の奇跡』〕（一九二四年）を早期にものしている。本書は、患部を手で触れて瘰癧を癒す中世フランスとイングランドの国王を主題にし、諸社会集団の心的表象、象徴的実践を明らかにして、後の歴史人類学のモデルになった。そしてこのさまざまな儀礼・信仰・伝説に支えられた聖なる王の能力についての噂・評判が、どのようにして広まり信じられるようになったのか、そしてその背後にある民間医学・迷信・魔術の実践はいかなるものなのかを論じている点が、心性史的に注目される〔ブロック 1998〕。

その後刊行された主著『封建社会』（一九三九年）〔後段で詳述する〕にも、心性史への鋭い洞察が含まれている。そして社会的現実から引き離された思想史ではなく、社会と絡み合い、経済的・人口的条件の内に嵌め込まれた「感じ、考える、そのしかた」の歴史的検討を、身体が蒙った転変とともに意図的に行うべきだとしている〔ブロック 1995: 96–115〕。ただブロックのこうした考え方に対し、フェーヴルは「これでは抽象的で個人が消失してしまう」と危惧したことも指摘しておこう。宮廷風恋愛に特別な感性や洗練のレベル・印を見るフェーヴルに対し、ブロックがそれはイデオロギー的議論だとみなす点にも、両者の考えの違いが浮き出ている〔Cf. Burguière 1983〕。

フランスの先駆的心性史の研究者としてもう一人挙げておこう。G・ルフェーヴル（一八七四―一九五九年）である。彼の『一七八九年の大恐怖』（一九三二年）は、集合心理の研究として斬新な成果を上げた書物で、一七八九年夏に、盗賊の群れがフランス中を荒らしまわって、略奪・放火するとの噂が広がりパニックを巻き起こした事件を扱い、「盗賊および貴族への恐れ」「農民反乱」「武装化」「大恐怖」を腑分けした上でその要因・背景を探っている〔Lefebvre 1932〕。

おなじルフェーヴルが「革命的群衆」というタイトルで同年に第四回総合研究国際討論集会で報告したテクストも重要で、前掲書の方法論的エッセンスを提示している〔ルフェーヴル 2007〕。そこで彼は、共通の情念、同一の理性的判断にもとづいて自覚的に集まり組織化して行動を目指す「結集体」とそうでない「群衆」を分け、後者が前者になるためには、お互いの間に心的相互作用が働いて、集合心性があらかじめ形成されている必要があるとした。これが「大恐怖」の連鎖・波及の要因であり、政治的・経済的・社会的な諸条件と、実際の革命運動との間には、集合心性というファクターが介在しているという。その集合心性とは、個人の心性と無関係ではなく相互侵入しているが、しかし個人心性のたんなる総和ではないとされる。

これらの先駆的研究に触発されて、アナール派においては一九六〇年代から、とりわけ一九七〇年代以降、「心性史」の旗印の下に刮目すべき研究が続々なされていった。これらの研究は、思想家や文学者・芸術家の作品から窺われる理念や思想ではなく、より広い一般庶民にまで――差異を含みつつ――共有され、いわばある時代の個々の思考や行動を構造づけるカテゴリーとしての「心性」を問題にした。経済・社会・政治条件と人々の行動の中間に、社会組織とイデオロギーのディスクールの間に、意識と無意識の境界に、集合的な精神・心の領域が広大に開かれている、という考え方が漠然と共有されていたといえよう。

心性史の成果は一世を風靡したが、よく考えると、いかにも曖昧な概念を操っているように見えるし、人類学・民族学の適用以外、独自の方法論も提示されず、どうしたメカニズムで心性が生まれいかに変化するのか、明確にされないきらいがあった。社会と関係づけようとして単純な還元主義に陥ったり、自明な事実が原因として指摘されるだけだったり、という状況には、因果関係を重視する人からの不満が絶えなかった。

個人や集団が繰り返す行為や信心業の背後に、差異を均してのっぺりと広がる心性というデウス・エクス・マキナの世界のようなものをなぜ想定しなくてはならないのか、同一人があるときに不合理で魔術的な行為を、別のときには合理的・科学的な振る舞いをするのはごく普通だが、そうなるとその人の背後には魔術的な心性と科学的な心性が同居しているのか……など疑問は次々膨らみ、学問として有効な概念ではないのではないか、と指摘された〔Lloyd 1990〕。

もう一つ、心性はいわゆる「深層の歴史学」の代表として、目まぐるしく動く表層の事件史の背後に隠された不動の構造なのだという心性史の主張も、ときに批判の材料となった。C・レヴィ＝ストロースの影響を受けた構造人類学的な研究が、人間の相互関係のパターンないし諸行動の裏・背後にしばしば当事者も気づいていない心的な原因・理由を探り出して、いくつかの素晴らしい成果をもたらしたが、これらは当然のことながら、変化よりも構造を解明することをまずは目指していたため、静態的なアプローチに終始した。

歴史のダイナミズムを捉えきれない心性史へのこのような批判は、当たっている面がないわけではないが、やや行き過ぎではなかろうか。実際はアナール派においても心性は不動でも均質でもなく、その構成要素同士が相互依存してある法則に沿って変容するシステムなのであり、心性の変化は他のすべての領域の変化に影響する――逆もまた真――と徐々に考えられるようになってきたことを、見落とすべきではあるまい。

すなわち、優れた研究の多くは、過去から受け継いだ心性のあり方を確認するとともに、その喪失・変化を課題にしており、心的な習慣や表現、イメージや身振りが、継続するか、失われるか、切断されるか、といった点に着目したダイナミックな議論を展開しようと努力している。その点は、とくに一九六〇―八〇年代の、R・マンドルー、J・ルゴフ、Ph・アリエス、M・ヴォヴェル、P・ショーニュらの豊かな研究成果を考えれば納得されよう。さらに民衆的な心性とエリートの心性の区別、時代と地域全体に広がっている心性の傍らにある、身分・階級・社会集団固有の心性といった観点に立った研究も少なくない〔Cf. Duby 1961; Le Goff (ed.) 1988: 167-190; Boureau 1989〕。

とりわけマンドルーは、全体史のための心性史を構想し、近世フランスについて三重の心性すなわち（1）時代の共通心性として、恒常的・普遍的で過敏な感受性や社会的攻撃性、名誉、自然に対する無力感、全能の神による霊的秩序への信頼など、（2）各社会階級・職業集団ごとに異なる世界観、（3）数十年を超えない短期的に変動する感性の雰囲気ないし心性の局面状況、この三つを想定している〔Mandrou 1974〕。そしてこれらを、さまざまな社会集団の連帯（solidarités）のあり方、および当時の物質的状況、経済・社会の動向や政治・宗教上の出来事と関連づけようと努めていて、その方法は今なお多くの可能性を秘めている。

こうして隆盛した心性史であったが、一九八〇／九〇年代以降、「心性」mentalité は語られることがあまり多くなくなり、そこから分岐した別の概念・方法（イマジネール、表象、感情……）を用いた歴史学に取って代わられていった。その背景にはやはりその概念の曖昧さとともに、個人の心性と集団／時代の心性との関係、また心性と社会との関係のメカニズム、時間の経過による変化、社会範疇ごとの違いをなかなかはっきり説明できなかったという理由があろう。

心性史を甦らせるには、これらの困難な問いになんとか答えねばならず、それについては、E・デュルケム（一八五八―一九一七年）、そしてブロックに遡って考えてみるとよいと思う。

デュルケムは『社会学的方法の基準』で次のように述べている。すなわち、集合的なものとして把握された集団の諸信念、諸傾向、諸慣行が社会的事実（＝集合意識）を創る。それは口から口へと伝えられ、教育により伝達され、また文書によって確定されて、世代から世代へと受け継がれる。それでも、社会的事実が心理的諸事実の一種独特の錬成作用による所産であることには異論の余地がないし、この錬成作用それ自体はそれぞれの個人的意識のうちに生じる……と〔デュルケム 1978; 宮島 1979〕。そしてデュルケムの主張に沿えば、心性こそが歴史の真の主体で変化の源・炉であり、それが社会的なるものを生み制度や法に結晶化するとともに、経済や技術の構造を変えていくのである。

しかし、今後により生かすべき方法的態度は、このデュルケムの影響を受けたブロックの、とりわけ『封建社会』に潜んでいるのではないだろうか。F・ユラクや日本の二宮宏之はそのように考えている〔ブロック 1995; Hulak 2012; 二宮 2005: 145–172〕。

ブロックは明示的に定式化している訳ではないが、一つの時代にはそれぞれ異なった本質・性格の諸現象——おのおの特殊な原因、ロジックと時間性に服し、また社会階級の区別にも応じている——の連鎖が横切っていて、たまたまある時代に同時存在しているだけだと想定していたようだ。

そして言説の組織化と実践の組織化との間には根本的な差異・不一致・ズレがあるのだが、他方でその矛盾を象徴的レベルで解決する神話やイメージがあって、そのため出自の異なる諸種の現象が、同時期には「共通の社会的色調・調子」を備えることになる。別言すれば、おなじ個人がそれらを——おなじ象徴構造から対応させて——生きたり考えたりしており、その色調・調子が、諸個人の経験を調整して構造化するからである。こうして社会の客観的組成と個人の主観的経験が関連し、もっとも個人的な考えも社会に広く作用することがありうるのである〔Hulak 2012: 237–238, 294; cf. ブロック 1995: 79–155〕。

ブロックは、社会も精神も不断の相互作用の織物なのだから、何世紀にもわたる発展の道筋に沿って二種類の事象の連鎖があるとき、一方がつねに他方の原因だとするほど無意味なことはないとする〔ブロック 1995: 79〕。そしてある時代を理解するための原理というのは、同一性の原理ではなく、関係性の原理であり、それはさまざまに異なった要素の分節・連結を可能にすると考えていたようだ。垂直的な時間の因果のカテゴリーに替わる、時間を水平的に横切る意味深い符合のパターンとでもいえるだろうか。

ブロックの方法をよく理解していた二宮は、『封建社会』には心性史の本格的始動、パイオニアとしての意義があることを説きつつ、ブロックの封建社会の構造論的考察というのは、諸要素の相互連関をあくまでも具体的状況に即して読み取っていこうとする企てだとし、「ですから、歴史は構造的に捉える必要があるのだけれども、その構造のなかには生成の過程や解体の過程が包み込まれていなくてはならない。そこをどう解くかが歴史家の腕の見せどころということにもなるでしょう」と述べる〔二宮 2005: 152-153, 171〕。

ヴォヴェルも心性史の課題とは、人間の生活の客観的な諸条件と、彼らによるその生活の語り方・生き方との間の、媒介および弁証法的関係の研究だとする〔Vovelle 1982: 16〕。

ブロックが明瞭に理論化しないまま無意識に実践していた心性と社会の「弁証法的」関連づけを各研究者がそれぞれのフィールドでうまくできれば、心性史はあらためて未来の歴史学の中心になれるのではないだろうか。

イマジネールへの注視

残念ながら、ブロックの読み直しにヒントを得た具体的な心性史研究・叙述は、まだほとんど生み出されていないように思う。その一方で、心性史の曖昧な概念が嫌われ、一九八〇年代から、もう少し明瞭に概念規定が可能な新たな概念が代わって使われるようになった。それは「イマジネール」（想像界）という概念である。心性史研究の第二段階と位置づけてよかろう。

自然環境、社会経済的条件など一般的な外的条件は、人々の意識のフィルターを通じて意識的事実になって、感情・欲求・利害を感じる個人や集団を行動に駆り立てる。しかしそのフィルターは透明無垢ではなく、そこにはイマジネールの覆いが掛かっている。そしてイマジネールは、しばしば現実以上に人々を養い行動に向かわせる。時間や空間に関わる問題圏のイメージはどの時代においても大切だし、またたとえばヨーロッパ中世では「驚異」がイマジネールの中で特権的な地位を占めていた。

J・ルゴフによると、イマジネールというのは、精神をイメージに単純に置換・再現するのではなく、創造的・詩的な置き換えである〔Le Goff 1985: i-viii〕。またそれは、ファンタジーへと羽ばたくこともある。そこにイデオロギーが作用するとき、それは現実的生存条件から乖離し、あらかじめ用意された概念枠に組み入れられ偏向させられて、特定身分・階級の利害に叶った社会を組織化する概念に奉仕する。あるイメージの背後に、歴史的あるいは観念的な価値体系が控えているときには、それは象徴になる。またイデオロギーは純粋に知的な観念のときもあるが、イマジネールの方は、つねに具体的イメージによって表現されるという相違がある。

そうした具体的イメージは、どこよりも文学作品と美術作品に現れるとはいえ、それだけではなく、各時代にはいわば心的イメージの宇宙の広大な貯蔵庫があって、絵、言葉、声、テーマを介して、空間的・時間的に伝わることも忘れてはならない。人間と社会の生は、現実とおなじほどイメージに縛られている。だから歴史の変遷の波に揉まれかき混ぜられた集合的イメージが、いついかにして形成され、変容し、時間的・空間的に伝達したか、そしてそれが受容されるそれぞれの場の価値体系の中でどんな意味を担っていったのか、そうしたことをイマジネールの歴史学は解明しようとしてきた。ルゴフの『煉獄の誕生』〔原著、一九八一年〕はその最良の成果の一つである〔ル・ゴッフ 1988〕。

ルゴフは「煉獄」ばかりでなく、他にも数多くのイメージを取り上げて、中世世界におけるその意味や象徴的な機能を見届けてきた。たとえば「驚異」のイメージや「夢」のイメージ、さらには荒野＝森、インド洋、都市、食物、衣服、リンボ〔辺獄〕などのイメージが、いわゆる歴史資料のほか文学資料をも利用してその意味と機能が解き明かされている。その際、文化人類学の構造分析や民族学的な通過儀礼・境界儀礼研究に倣い、記号論的手法も駆使している点が注目される。

そして、彼の同僚、また弟子筋に当たる多くの歴史家がその驥尾に付して研究をつづけてきた。中世史にかぎってもすべては紹介しきれないほど成果は数多い。G・デュビーには『三身分あるいは封建制のイマジネール』〔一九七八年〕があり、一〇三〇年前後に領主制下の生産様式が広まり三身分イデオロギーが確立したこと、その後、修道士と聖職者が分かれて四身分になったり、三身分を天上の編制の地上での鏡像とする聖なる性格が失われ世俗化して封建諸侯に仕えるものへと変貌したり――第一身分は聖職者でなく騎士になる――したことを指摘する。そしてそれに対抗して王と結びついたパリ大学を中心に聖職者イデオロギーが生まれた後、「三身分」図式のイマジネールは新たな形に実体化して「聖職者、貴族、ブルジョワ」となる一方、旧来の三身分イデオロギーが王国の弱体化・封建化とともに陰っていった……と論じた〔Duby 1978〕。

またJ-C・シュミットには多くの注目すべき仕事があるが、そのかなりの部分がイマジネールをテーマにしている。第三章で歴史図像学の代表的方法論を提示した書物として参考文献に挙げた『中世の聖なるイメージと身体』ももちろんイメージ研究である〔シュミット 2015〕。そのほか注視すべきは『中世の幽霊』で、誰の幽霊が誰のところに、なぜ、どんな姿をまとって、どこからやってきたのかを歴史人類学的な手法で明らかにし、旧い異教的信仰が徐々にキリスト教化された慣習と組み合わさっていくことを示している〔シュミット 2010〕。このシュミットの、死者の登場を語るテクストおよび図像解釈は厳密で、ルゴフが唱導した「夢」という新たな分野の社会史／心性史を本格的に切り開いた画期的な研究でもある。ほかには、論文集『身体、祭儀、夢幻、時間』〔邦題は『中世歴史人類学試論』〕に収められた諸論文では、民族学的・歴史人類学的な手法でエクセンプラ（教訓逸話集）などの史料の可能性を探りつつ、木馬の舞踏、仮面と死者、夢、身体などのイメージを鋭く分析している〔シュミット 2008〕。

M・パストゥローは、シュミットとならんでルゴフのイマジネール史を引き継いで、豊かな研究成果をもたらしているが、とくに「色」と「動物」イメージの歴史家として有名である〔パストゥロー 2005, 2014, 2018〕。彼は衣服や紋章その他に使われる色に着目し、青とか緑とか黒など一色ずつ、世俗と教会の別、身分・階級・社会層の別に注視しながら、それぞれの時代・社会において有していた象徴的意味とその変遷を究明している。動物についても、熊、ライオン、豚、狼などを取り上げて、それぞれの象徴的意味合いや、ヒエラルキーとその移動などを、文化的・社会的環境との関連で解き明かしている。

J・バシェは、「地獄」のイマジネール研究で知られている。彼は『彼岸の裁き――フランスとイタリアにおける地獄の表象（十二―十五世紀）』という本で、地獄イメージの意味の歴史的変化を捉えようとした〔Baschet 1993〕。すなわち何百もの作品の分析から一三三〇年代のピサのカンポ・サントのフレスコ画に変容の決定的頂点があると見定め、その時以来、それまで言語化・形象化不能の神的神秘として恐怖・醜悪・残虐・混乱の極みが隠喩的に表象されていたものが、格子で秩序づけられて構造化した地獄、そして罪人の懲罰と苦しむ肉体の具象的描写へと変化することを突き止めた。また彼は、信心の世俗化にもかかわらず、地獄表象は時代が下っても重要性は減らないことを論証した。しかしそれは劫罰のイメージで信徒らを怖がらせるためというより、罪の告白を促し、良心の検査への準備をさせるためだったという。

古代から現代までの通時的なイマジネール研究をしたのは、J・ドリュモーである。彼は感情研究でも知られるが、とりわけ大きな作品に結実したのは、天国・楽園のイマジネールを扱った『楽園の歴史』全三巻（原著、一九九二―二〇〇〇年）の壮大な総合的歴史である〔ドリュモー 2000-2019〕。

C・ボーヌは、立場や身分の異なる人々がジャンヌ・ダルクにどんなイメージを抱いたのか、彼女の活動の最中から処刑裁判を経て名誉回復期にいたるまでの三〇年たらずでそれはどう移り変わったのかの証言を、聖なる世界と魔の世界、異教的民俗伝統と神学者の教説の間を振り子のように行き来しながら念入りに拾い集め、ジャンヌをめぐる長大な研究史に新生面を開いた〔ボーヌ 2014〕。

付け加えると、私自身は、中世のイマジネール（想像界）の全体構造を解明しようと試みたことがある〔池上 2020〕。これは、自然、異界、身体……など諸領域のイメージは相互に無関係なのではなく、連鎖して変容していくし、それら全体が構造を成していて、その布置に関連づけてこそ、各イメージの時代ごとの意味、価値、役割が明らかになる、という考えからの試みである。

表象の歴史学への転回

心性史が多様性や差異を無視し、また不動で、社会とのダイナミックな関係を明らかにできないと批判される中で、一九八〇―九〇年の間に生まれたのが、イマジネールのほかに「表象」の歴史学であった〔ルゴフほか 1992: 171–207; Chartier 1998: 12–13〕。

すでに幾度か強調してきたように、そもそも、心性を社会の構造やダイナミズムから切り離すのは大いなる過ちである。というのも、心性こそが社会の緊張と闘争の枢要な要因になっているからである。心性は一枚岩にまとまっているわけでも、不動なまま止まっているのでもない。また階級・社会集団固有の心性が、より広い共通心性の傍らにあると考えられる。そうした観点から、社会集団が属する場所・社会空間・共同体の慣習行動（プラティーク）と結びついたイメージ（の機能）を名付けようと登場したのが、分類学的機能と規制的機能を備えた「表象」概念であろう。あくまでも、からだと意志とを備えた個人や社会集団が、それぞれの立場から周囲の世界についてのイメージを生み出す、つまり表象するのだということを肝に銘ずるのである。それは、社会的慣習行動や実践にうまく接合するし、社会的に共有される図式・価値への忠誠や、反対に争いや対抗をも無視しない。

いわば、こころの中空に漂うイマジネールを、より一層具体的な「場」「界」に引き戻したのが「表象」の歴史学である。そして具体的分析にもとづく中間項（「場」「界」）を明確にし、経済的・社会的な構造変化がいかに心的・精神的なものに影響し、また逆に心的・精神的なものが経済・社会に作用するか、さらにその媒介により特有の文化的まとまりが制定されることを示そうとした。それぞれの集団の社会的アイデンティティ形成の際には表象をめぐる闘いが発生し、それは社会構造を秩序化＝階層序列化すると了解される。したがって、表象されたイメージはもはや、政治的・社会的現実の単純な「心的反映」（マルクス主義の意味での一種の上部構造）とはみなされず、むしろ対立するアクターや党派がいる闘争の空間の中で蠢いていると認めるのである。

表象史のテーマとして、よく取り上げられているのは、家族、生、死、性、暴力、礼儀作法、さまざまな感情生活などで、文字史料だけでなく、図像や象徴物なども証拠として利用されている。こうしたこともあり、表象の歴史学は、心性史の下位分野という位置づけもできるが、より汎用性を持たせて、心性史はじめイマジネールの歴史、感性・感情史、社会史、文化史……すべてにわたって利用できる方法もしくは態度とされることもある。

表象の歴史学は、時間の経過に伴う表象の進化と重要な変化を視覚化するために、最初は数量史に頼っていた。この時系列化の方法は、とくに前章で見たラブルースとシミアンの影響から来ている。史料としては、数量処理が可能な遺言書、奉納品、祭壇画などが使われた。こうした数量分析を兼ねた表象の歴史学の中で、一番よく知られ成果も上がっているのが「読書の歴史」であろう。フランスのR・シャルティエを代表とするグループが熱心に行っているものだ。

もともと読書・出版の歴史が本格的に歴史学のテーマになったのは、L・フェーヴルとH-J・マルタンが『書物の出現』（原著、一九五八年）を上梓し、またマンドルーがいわゆる青本と呼ばれる行商本を史料に用いて農民たちの心性史を行ってからである〔フェーヴル／マルタン 1985; マンドルー 1988〕。『書物の出現』は、十五世紀半ばから十八世紀末を対象に、紙の登場と印刷術の展開、書物の体裁、本造りに関わった人々、書籍取引、王権や教会当局による検閲、著作家のおかれた状況、読者層への書物の文化的影響……など総合的なアプローチで成果を収め、その後の書物史・読書史研究に大きな影響を与えた。一九八〇年代くらいまではマルタンの後を受けて共同研究が進み、一定の場所や時代をかぎって、公的機関の蔵書調査や私人の遺産目録調査などが、数量史的アプローチで盛んに行われた。そして身分・階級ごとの知的関心の相違、カトリック教会の影響、地域経済との関係などが探り当てられた。

アメリカの文化史家R・ダーントンもアンシャン・レジーム期の書物の社会史を志し、たとえばその初期の著作では、「ヌーシャテル印刷協会」の膨大な史料群をもとに地方出身のうだつの上がらない三文文士の売り込み努力、検閲や統制の間隙を縫って行われる発禁本や海賊版の取引・流通、当時の出版業の裏面などを暴き出した〔ダーントン 2015〕。

こうして出版は歴史学の主要な対象になっていき、さらに一九八〇年代以降になると、フランスをはじめ各国で出版史の大きな企画が実現した。

数量史・系の歴史学的な研究の成果が上がった後、さらにそこに「表象の歴史学」の手法が加わったのである。すなわちシャルティエらは、アンシャン・レジーム期のフランスでどの本が誰（どの社会層）に所有されたかという事実の確認を超えて、読者がどんな読み方をし、いかに書物を了解・解釈して受け容れたかという、「文化的プラティーク」としての読書を解明すべき課題に掲げたのである〔Chartier 1987; シャルティエ／カヴァッロ編 2000〕。

読者の手に届く前に、著者、印刷業者あるいは庇護者、検閲者らはある意図を持って戦略と戦術を練り上げ書物を制作するが、読者は彼らの意図をそのまま素直に受け取るとはかぎらず、自分の心的図式（世界観、慣習、意図）に照らして受け取る。だから当然、両者の間には政治文化的な攻防が見られることになる。

それゆえ、発行部数と内容と購買層を調べるだけでは駄目で、書物の素材、活字の種類・大きさ、判型・レイアウト、装丁にも着目し、他方で、読者に関しては、書物の機能（飾りかステータスシンボルか……）、読み方やその場所（熟読か飛ばし読みか、一人で読んだか皆で読み合ったか、音読か黙読か朗読か、自宅かサロン・カフェか）、男女・世代・身分職業・宗教の別はどうか、フィクションとノンフィクションの区別等々にもますます注意が払われるようになった。要するに、テクストの多様で流動的な意味作用、意味が創出される読書過程、社会的結合関係の変化および権力との関係の変化が追究されるようになったのである。こうした研究手法の結果、たとえば啓蒙期の読者は受け身であるどころか、書物の内容を自分たちの社会環境、性差などに合わせて領有し受容したことが明らかにされた。

書物の表象史は、第八章で述べるように「社会史」の一分野とも考えられるし、新しい「文化史」を構成するものともみなせるだろう。

ほかに、近現代史で表象史のアプローチが効果を発揮したのは、たとえばL・ボルタンスキーの『カードル――ある社会集団の形成』である〔Boltanski 1982〕。二十世紀のフランスで、おなじくカードル（幹部）と言っても、その範疇には、グラン・ゼコルを卒業したブルジョワ出身の最高幹部・取締役もいれば、工房長になったかつての労働者、通商の代表者、CNRS（フランス国立科学研究センター）を介して宇宙開発研究のエンジニアになった人などもいる。しかし彼らは学歴も収入も社会的出身も職業活動の種類も生活様式も政治的見解も違う。ではどうしておなじ範疇に含められるのか、という難問にボルタンスキーは挑んだのである。

彼は、政治史と生活史の間、社会的カテゴリーと心的カテゴリーの間、統計的分析と民族学的観察の間、制度と個人の間を、それぞれ行ったり来たりしながら「カードル」のカテゴリーの起源と形成を探っていった。その結果判明したのは、異なる社会階級出身の者たちがカードルとして一体感を感じるようになるのは、経済的・技術的な変動の必然的結果というわけではなく、巨大な集団的作業としての表象の操作や諸方面での闘争を経て世間の人々の間に信頼と認知が醸成され、ようやく社会における安定的な位置・アイデンティティが確保され、一種の制度になったということである。しかも一旦その境地に達すると、カードルは自明の存在として永遠の昔から根拠あるものと認められるのだという。

これはどの社会集団にも、そしてさまざまな社会／ヒエラルキー構造の研究に応用が利きそうな捉え方である。

感性史と心理歴史学

最近、思いがけないブームを迎えているのが「感情史」History of emotionsである。しかしそれと近い「感性の歴史」Histoire de la sensibilitéの起源は、ずっと古い時代にまで遡る。すなわち、L・フェーヴルが一九三八年六月に開かれた第一〇回「総合研究国際討論週間」で「感性と歴史——過去の情動生活をいかに復元するか?」を報告し、仲間の歴史家たちに向けて、まさに感性研究を歴史研究の中心におくべきだと訴えて注目を集めたのである〔フェーヴル／デュビィ／コルバン 1997: 37–69; cf. Febvre 1992: 201–246〕。

彼は、M・モースとL・レヴィ＝ブリュールの人類学、H・ワロンやCh・ブロンデルの心理学に学びつつ、集団を動かす力となっている感性の歴史を構想した。そして知覚や感覚の使用法、時間空間の考え方、さまざまな情動とその伝播性などに関する歴史が、感性の歴史を構成するのだとした。その際アナクロニズムを何より警戒し、自分自身の時代の情動や感情の概念を過去に当て嵌める過ちを指摘した。

中世文学研究においては――ことさらフェーヴルの要請に応えたというわけではないが――感性研究がかなり以前から行われていた。つまり文学作品に表れた、愛とか憎悪とか嫉妬、悔いや恥や名誉心あるいは幸福などのテーマ研究である。だがこうした研究は文学的アプローチに終始し、「感性」「感情」を歴史的なコンテクストに位置づけることはほとんどなかった。

一九五〇年代から七〇年代前半にかけては、感性の領域の研究は、信頼に値しない、到底科学的になりえないと思われて停滞したが、一九七五年以降には一転、勢いよく研究が開始された。たとえばPh・アリエスによる「死」を前にした態度の研究は心性史とも感性史とも捉えられるし、またとくにJ・ドリュモーの「恐怖」や「安心」の研究がそれに当たるであろう〔アリエス 1983, 1990; ドリュモー 1997, 2004; Delumeau 1989〕。「愛」については――文学畑や宗教畑の研究では以前から多くの研究があったが――中世史のG・デュビーが手掛けているし、J・C・ボローニュの「羞恥」研究も忘れてはならない〔Duby 2014; ボローニュ 1994〕。こうした諸研究は当時、感性史というより心性史という括りで位置づけられていた。

またロシア系イギリス人のTh・ゼルディンは、一八四八―一九四五年フランスにおける野心、愛情、怒り、誇り、不安などの情動の歴史を多様な人々の人生のあらゆる場面から広く掘り起こし、かつて家族や村落、キリスト教によって安定的にまとまっていた人間関係が失われたとき、人生の意味を模索した人々の感情がどう変化したかを探究するとともに、政治の歴史を人間の本性・気質をめぐる物語に読み替えた〔Zeldin 1973–77〕。

心性の歴史から感性の歴史の領域をはっきりと括り出し、意識的に研究を推進しようとした最大の功労者は、フランスの近代史家A・コルバンであろう。彼は、聴覚や嗅覚のあり方、快楽の表象、環境・景観への感受性などの移り変わりを、医学理論、神学、技術開発やそれに促されたインフラ整備、新たな欲望やレトリック・評価システムの誕生、社会慣習や身体衛生規範などとの関係を検討しながら、次々と跡づけその理由を解明していった。そして新たな感受性は、まさに身体のあり方に同道して変化し、文化的・社会的に構築されたものと捉えている〔コルバン 1988, 1992, 1997〕。

コルバンは一貫して感性史の枠を広く取り、つねに長期的に扱っている。そしてL・フェーヴルの歴史心理学や、マンドルー流の心性史の流れを汲むが、ミクロストリア、ジェンダー史、表象文化論、文化人類学、言語学、物語論などを消化した上で、さらに文学、詩、絵画、エゴ・ドキュメント、医学・科学記録など、かつて怪しげとされてきた史料をためらわずに使いながら、自分流の刷新を行っている。

コルバンの仕事への批判として、ちっぽけな争いを過剰解釈して代表的でないものを強調しすぎではないかとか、時期の区分が不明確で、民族学との境界が不鮮明だ……などといったものがある。心性の歴史学も同様だが、時代に特徴的などんな感性の働きが史料中にいかに表現されているのか、それは修辞的表現ではなくほんとうに現実の感性の証拠とみなせるのかは難しい問題であり、コルバンの研究でもかならずしも解決していない。

以上紹介してきた「感性史」に「感情史」が取って代わる経緯を語る前に、歴史への心理学・精神分析学の応用についても考えてみよう。心理学の適用では、フロイト理論を適用した「サイコヒストリー（精神分析的歴史学）／心理歴史学」がよく知られている〔Besançon 1971; Friedländer 1975; Binion 1982; ゲイ 1995;

スタナード 1986〕。

その代表と目されるE・H・エリクソンは、一九五八年に『青年ルター』という精神分析的歴史を著した〔エリクソン 2002-03〕。若きルターは、特異な感受性と、両親とりわけ父親との激しい争いにより、深刻なアイデンティティ危機に陥った。落雷によるパニックをきっかけに誓願を立てて入った修道院ではそれを不十分にしか克服できず、後の行動にもそれが影響した。その危機への創造的解決として、家庭内での父親との執拗な関係を反映した新たな神学的理論を考案したが、この解決は最終的ではなく、闘いは死ぬまで継続し、内的な葛藤が宇宙大のドラマに広げられて、父への懐疑が天の父（永遠の闇を見つめる恐ろしい神）へと投影されつづける……。本書は、フロイト理論の適用で優れた洞察を導き出したと評価される反面、無意識と象徴レベルの精神医学理論を死者や意識的に構造化された作品・その作者に当てはめてよいのか、という根本的問題は残る。

もう一冊取り上げてみよう。G・マラニョンは、フェリペ四世の寵臣オリバレス伯公爵の伝記の精神分析的研究で、E・クレッチマーの気質と体型に関する理論を適用して、オリバレスを肥満型で循環気質と特徴づけた。そしてオリバレスが統治への情熱、偉大さ・責任の感覚、王権への義務の大いなる配慮を持ちつつも、権謀術数を弄するペテン師に見えたり、度重なる辞任の申し出や失踪癖といった異様な行動をしたのは、彼固有の気質、すなわちはっきりと区別される高揚期と憂鬱期が交替でやってきてけっして落ち着くことがなかった気質によるのだとした〔Marañón 1936〕。

個人ではなく、集団分析に心理学や精神分析学的な考え方を適用したものもある。これが有効なのは、多少とも長期にわたって周辺世界から分離している均質的で安定的なグループ、あるいはある指導者やイデオロギーに全面的に影響を受けたグループで、文化的一体性があり、他者・外部に対する集団的な行動パターンや心理的自己隔離が当該グループのアイデンティティになっているような場合にかぎられる。

この点、刮目すべき研究として、R・ウォールの『一九一四年世代』、P・ゲイの『ブルジョワの経験』、L・ハントの『フランス革命と家族ロマンス』（原著、一九九二年）の三点を挙げておこう〔Wohl 1980; Gay 1984-98; ハント 1999〕。

以上は、心理学、とくに精神分析を利用したとされる歴史研究のうち、良質なものであるが、かならずしもすべてがうまくいき、説得力がある結果を導いてはいない。とくに、時代の条件・状況の心理への影響をどう考えるべきか、また個人と集団の間の心理歴史的関係の問題をどう解決したらよいのかは、難しい問題である。

感情史の模索

コルバンの感性史の仕事は、一種の名人芸的なところがあり、特定のグループや後継者を持たないが、その後アメリカとイギリスを中心に、新たな装いでこの感性史が一大発展することになった。しかも「感性」sensibility/sensibilité を「感情」emotion と言い換えている点にも戦略的な意味があろう。

啓蒙主義・ロマン主義以来の伝統か、フランスでの「感性」の受けは一貫して良いのだが、アングロ・サクソン諸国においては、感情を理性と対立させて、不合理のレッテルを貼る十九世紀末以来の伝統が災いして、感情研究は長い間あまり進展しなかった。ところが、二十世紀後半以降になるとその復権が見られた。というのは、認知心理学、神経科学あるいは精神哲学において、感情には認識能力と道徳的合理性が備わっている、と考えられるようになったからである。

そして一九八〇年代半ば以降、とりわけアメリカにおいて、怒りや恐怖など個別感情の歴史的あり方の解明や、関係する概念と方法論的指針の提示が行われてきた〔Stearns, P. N. & Stearns, C. Z. 1985; Stearns, C. Z. & Stearns, P. N. 1986; Stearns, P. N. 2006; Matt & Stearns 2013; Reddy 2001〕。

以上のように、感情史研究はアメリカで本格的に火の手が上がったのだが、そこから刺激を受けて、二〇〇〇年代後半からフランス、ドイツ、イギリス、オーストラリア、さらには南米諸国など各国で、感情史研究を組織的に推し進めようと研究センター——たとえばドイツのマックス・プランク人間発達研究所に感情史研究センターが出来た——やグループが形成され、国際シンポジウムのテーマにもなっている。とくにイギリスでは「感情史」関係の複数のシリーズが出されている。

この最近の感情史の研究動向を知るための委曲を尽くした解説が複数あるので参照されたい〔森田 2016; ローゼンワイン／クリスティアーニ 2021; フレーフェルト 2018; プランパー 2020〕。なかでもドイツの歴史家J・プランパーは、二〇一二年の『歴史と感情』〔邦題は『感情史の始まり』〕という好著において、急拡大する感情史の研究動向をまとめるとともに、人類学や生命科学——十九世紀の実験心理学から最近の神経科学まで——と感情史の関わりを論じながら感情をめぐる社会構築主義と普遍主義を折り合わせる道を探り、今後の進路への指針を示した。

やや遅れて感性史から感情史への乗り換えが起きたフランスでも、大部の「感情史」叢書や総合的著作が出された〔コルバン／クルティーヌ／ヴィガレロ監修 2020-21; cf. Boquet & Nagy 2015〕。

具体的なテーマとしては、中世から近現代にかけての愛や友情などを中心に、怨恨、恐怖、羞恥、苦悩、悔恨、郷愁、名誉、恥辱、共感・同情などの感情の誕生・発見・喪失、体制や大きな出来事が与えた感情への影響、感情のジェンダー化、子供たちの感情的想像力を社会化する児童書、政治や消費経済の世界における感情の役割……などがあり、モノグラフや論文が量産されている。

十九世紀以来、感情は歴史的に創られて文化ごとに相対的なのか、それとも文化を越えた不動なもので、生物学的・生理学的な基盤を備えているのか、専門家の間でも論争があった。近年では多くの感情史研究者は、身体の直接的・自発的な反応で人類に共通の基本的感情（＝情動 affects）を、歴史の中で社会的文化的に塑造され、評価・表現される感情とは区分し、後者を歴史学の対象とみなそうとしている。多様なアプローチがあるが、感情表現はもっぱら自発的ということはなく、泣くことでさえ社会規範・価値、属する共同体の期待に対応しており、感情の身体的表現も――それが咄嗟の反応だとしても――子供の頃から社会的に教えられたものなのだ……という社会構築主義的な考え方が行き渡っている。

要するに、感情表現の具体的な姿は、時代や地域を特徴づける文化や社会のあり方、諸制度や慣習に応じて異なり、しかも歴史的な変容のプロセスに否応なく巻き込まれていることについては、多くの感情史家の意見の一致を見ている。

ところが、感情史の史料が多様で豊富でありうるとしても、その史料の扱いはきわめて難しい（感性史や心性史でもおなじだろうが）。書かれていることと感じられていることは同一ではないし、ある斬新な感情表現が史料中に現れても、それは感覚の使用法や感情・情動システムがほんとうに変わったことを示すのか、そうではなく新たな修辞形式が誕生しただけなのか、なかなか見極められないのである。

一方、ある時代・地域の人々が頻繁に感じる感情があったとしても、あまりに陳腐ゆえに書き留められないことも多い。逆に、もう感じなくなったことでも、言語活動の習慣が生き残ってトポス・慣用表現と化して書かれつづけることもある。また文学のレトリックにせよ、図像の表現パターンにせよ、過去の作品や隣接する地域の文学・芸術からの借用や模倣が多数ある。感情史には、心性史の難しさを凝縮したようなところがある。だから「感情」自体はけっしてわからないとして限定された感情史研究を勧め、感情のコード化、表象、演出、言説、規範に集中し、また行為者とともに観察者に着目して両者の相互関係を考慮すべきだとするR・シュネルのような研究者も現れた〔Schnell 2015〕。

感情史も心性史と同様、曖昧さを免れない。哲学、心理学や生命科学においていくら「感情とは何か」が精密に解明・規定されたとしても、これは変わるまい。しかしこの曖昧性こそが、既存の方法や型に押し込められない柔軟な思考を促すのであり、とくに後述のように、政治史と社会史と文化史を横断しながら繋げることのできる点が、感情史の魅力だろう。これはもともと心性史の取り柄であったが、感情史にも妥当する。一見おなじように見える政治体制、社会組織の中に感情を注入することで、まったく異質な音楽を奏でることもあるはずだ。

表象の歴史学についても述べたことだが、感情史も心性史の下位区分とか、心性史と並ぶ領野だとかいうわけではなく、政治史、経済史、文化史、社会史、心性史……すべての歴史学の分野に活用できる方法の一つと捉えた方が裨益するかもしれない。

形式にすぎないのか、感情が発露しているのか、それこそ本人にしかわからないのであるが、その両義性をうまく利用できるところに感情史の真骨頂がある。それを巧みに生かして研究を進めているのが、アメリカの中世史家B・H・ローゼンウェインである〔Rosenwein 2006, 2016〕。彼女は「感情共同体」emotional communitiesという概念を考案している。感情共同体とは「感情とその表現の仕方についてのおなじ評価基準を持っている社会集団」と定義され、その大きさも大小さまざまだという。そして一つの社会には複数の感情共同体が存在し、個人はそれらを行き来しつつ生きている。そうした感情共同体の感情システムを明らかにすることが目指されている。

彼女は、感情生活においては「言葉」（感情を表現する語彙）が最重要だと考えるので、その語彙を聖人伝、書簡、年代記、教会関係史料から探査するところから研究を始める。それを一覧にし、グループごとに比較考量したり、また時代ごとの変遷をたどっていく。だが単語だけではなく、比喩的表現や慣用句、さらに感情語の要素連続も重要だという。というのも、感情は単独ではやってこず、感情的エピソードemotional episode（感情を伴う出来事）はむしろ、つねにシークェンスの中、さまざまな感情とそれに起因する身振りの継起を伴ってやってくるからである。たとえばある人は怒って、次いで怒ったことに罪を感じ、それから泣き喚くが、最後にはアーア馬鹿みたいだった、と笑ってしまうようなケースである。

ローゼンウェインが感情の放出として着目するテクストの中の言葉が、レトリックにすぎない、という批判に対しては、レトリックと感情は切り離せない、いや感情表現はつねにある程度レトリカルなものだ、と彼女は答えている。

もう一つの有望な感情史の研究動向は、欧米とりわけドイツで一九九〇年代から盛況を迎えた、政治的なコンテクストにおける儀礼・身振りと結びついた感情表現研究である。王侯貴族らの社会（とくに宮廷世界）では、情動の形成と管理の特殊な規則が共有されていた。そこにおいては、衣服・権標・身振り・声の変化など、政治的意味を帯びたパフォーマンスで自己の社会的な価値が明示されるが、それは高度に規律化され、公的に妥当するように見せるため、不断の鍛錬が要求される。そのとき、愛、悦び、悲しみ、友情、怒り、怖れ、嫉妬、憎悪などの「感情」は様式化された形態でしばしば大仰に示され、列席者の間で公的な妥当性が暗黙の内に確認されるのである。

この研究潮流を率いるG・アルトホフは、中世人は幼稚な子供のような感情表現しかできなかった（ホイジンガ、エリアス）のではなく、一見そう見えても、じつはその表現は儀礼化され、きわめて高度にコード化された表現形態として意図的に用いられており、感情表現が目的合理的に政治の道具になっているのだとした。また彼によると、支配をめぐる紛争の調停・解決は公的で複雑な演出でなされ、拘束力あるものとして創られねばならない。だから儀礼的形態は自然に生まれるのではなく、前もって協定で取り決められる必要があり、行為者は規定された役どころを外連味たっぷりに演じているのである〔Althoff 2003, 2014; cf. Leyser 1993; Oschema 2006; Smail 2001; Clanchy 1983; Nagy 2004〕。

感情共同体研究にせよ、儀礼的身振りと結びついた感情研究にせよ、ともに西洋中世史の領域で培われた方法であり、他の時代、地域では、別種のアプローチ、概念、方法が求められるかもしれない。評判とも栄光とも異なる第三の（近代社会特有の）有名性の形態があると考え、十八・十九世紀フランスで著名人を祭り上げる公衆の激しい好奇心に着目して、「公共圏」の両義性を暴き出したA・リルティの研究などはその好例だろう〔リルティ 2019〕。いずれにせよ、過去の人々の感情状態をそのまま甦らせたいというナイーブな望みを抱くよりも、政治史や社会史との接合を目指した方がより建設的だし、感情史はそこに鋭く切り込むことが可能だと私は考えている。

第六章　社会史の冒険

十九世紀にヨーロッパ各国で国民史学が成立した後、一九一〇年前後に、主にフランスとドイツ、イギリスで、政治や国制のジャンルの枠を越えて地理的・経済的・物質的条件が研究されるようになった。これを社会史研究の第一歩と位置づけることも可能だろう。かたやアメリカの歴史家集団は、「歴史は社会科学である」という考え方を信奉し、一九二〇—三〇年代には、社会に存在する階級や集団を研究する歴史分野としての「社会史」Social History が、この国でも出現した。

しかし一九七〇年代になって起きたいわゆる「社会史ブーム」における社会史の内容と役回りは、それ以前のものとは大きく異なることに注意しなくてはならない。歴史家たちの間では、主権国家とか民族といった、いわば近代ヨーロッパがもたらした虚構とその特権視への反省が大いに高まり、むしろ歴史における基底的な存在としての人間、とりわけ大多数を占める庶民と彼らの構成する社会に着目した方が、歴史全体の仕組みと変動は理解できると考えられるようになった。その結果、ありとあらゆる領野への貪婪な好奇心が発動したのである。主導したのはフランスのアナール派である。

アナール派の社会史誕生と発展については、日本語でも竹岡敬温の巧みな整理をはじめとして優れた紹介がいくつもあるので、簡単な言及にとどめよう〔竹岡 1990; ル＝ゴフ 1984〕。

アナール派の創始者L・フェーヴルとM・ブロックにとっての「社会史」histoire sociale とは、政治とか経済とか文化とか社会といった歴史的現実の諸次元の一つをそう名付けて扱うものではなく、いわばそれらの間の相互関係を考慮しつつ、構造化した事実の全体を考察するものであった。そしてそれまでの政治史・外交史や法制史の欠落を補い偏向を修正したいとの期待を込めて、一九二九年に雑誌『経済・社会史年報』を発刊した。彼らがこうした考えにいたるには、H・ベールの『歴史総合評論』*Revue de synthèse historique*（一九〇〇年創刊）およびフランスの地理学——とくにP・ヴィダル・ド・ラ・ブラーシュ——と、デュルケム派およびその『社会学年報』*Année sociologique*（一八九七年創刊）の社会学の影響が強かった〔本池 1982〕。

哲学のベールからは、「総合」synthèse の考え、つまり、多数のもののダイナミックな統合、歴史の発展、偶然と必然の弁証法、学際的研究、理論的諸問題の深化などの必要性を学んだ〔Berr 1953; Castelli Gattinara 1998: 141–180〕。他方デュルケム派社会学の導きにより、個人の役割を対象にするのではなく、社会集団とその組織が第一の課題の座を射止めた。しかもそれらが階級や階層あるいは職業に区別される替わりに、機能的同一性や宗教的ないしイデオロギー的一体性、あるいは仕事や遊び・年齢層を介した社会的結合関係によって切り取られて、検討されるようになった。

地理学の影響については第九章で詳しく述べるが、国家にせよ、地方にせよ、その歴史は人間と自然との長期的な相互関係により創り上げられた文化的産物だと考えられるようになった。「社会史」を標榜するアナール派の歴史学の刷新運動の中では、社会学や経済学や地理学以外に、ほかにも多くの隣接社会科学への接近があった。心理学、言語学、そして近年では人類学への依拠が顕著である。こうしたフランスの社会史には、固定した学派があるというより、それぞれの研究者が、各自の研究対象に即した隣接社会科学や手法を探し求めて活用し、志を同じくする者たち同士が、そして師の下に弟子たちが、集まって共に研究を進展させていったという流れだろう。

アナール派における本格的な社会史の一大開花は一九六〇年代から始まり、それはまもなく、欧米各国、そして日本にも伝わっていった。フランスでの社会史最盛期の業績を大きく分類してみると、①F・シミアンとE・ラブルースの経済史に兆し、その後社会史に適用された数量史・系の歴史学とP・グベールによって完成された歴史人口学、②Ch・クラピシュ＝ズュベールやA・ビュルギエール、G・ドリルらを中心とする家族史研究、③M・アギュロンが手本を示したソシアビリテ（社会的結合関係）論、そして④儀礼や象徴、身振りなどに着眼した民族学的歴史学ないし歴史人類学といった文化人類学的傾向の歴史学、さらには⑤F・ブローデルが唱道した衣食住に関わる物質文明の歴史。これらが大きな成果を上げた分野として特筆されよう。

方法やアプローチはじつに多様だが、共通に窺える姿勢もある。すなわち単純な因果関係の確定や下部構造が上部構造を決定するというような考え方ではなく、一つの社会が、政治、経済、文化など別領域と不断の相互関係・連関で繋がり作用をおよぼし合っているとの共通認識である。いずれにせよ「社会史」には、それまで狭く区切られていた分野・領域間の垣根を越えて、歴史の全体性への志向がある。百花繚乱たるテーマの開拓は、全体性への志向と矛盾しないのである。

このようなアナール派の社会史の曖昧さに飽き足らず、より厳密なものへの転身をはかろうという動きもある。たとえばG・ノワリエルやB・ルプティを中心に、一九八〇年代、とくに九〇年代から現代史を主要フィールドとして'socio-histoire'すなわち社会学的歴史、一種の社会関係史が提案され実践されている〔Noiriel 2006; Lepetit (ed.) 1995; Granger 2013: 48-62〕。これは、旧来の社会史の曖昧さや散漫さを嫌い、より方法的厳密性を求めて、歴史学の諸社会科学とりわけ（P・ブルデューなどの）社会学との連携が新たに進んだところに生まれた。社会を個々の人間の主観と離れた構造をなす社会関係とは考えずに、社会的実践のカテゴリーと捉え、個人や家族・親族はじめ小さな共同体に着目して、日常の活動の枠内で人々が互いに結び合う関係、もろもろの規範システム内部および相互間のズレや不調和を考察するのである。

ヨーロッパ諸国での社会史

ではフランス以外の国の社会史には、どのような特色があるのだろうか。ドイツ、イギリスなどでも「社会史」の名のもとに十九世紀後半以降、労働運動とその組織、イデオロギーなどを主題とする労働運動史、社会運動史が行われていたが、やがて範囲はプロレタリアート以外の階級・社会層へも広がり、テーマも格段にバラエティーを増やした。

まずドイツの社会史は、第二帝政とヴァイマル期に、それまでの国家を枠組みとし政治史に重点を据える伝統史学への批判として台頭してきた。その後第二次世界大戦終結から一九六〇年代にかけて、W・コンツェ、Th・シーダー、O・ブルンナーらが政治史・外交史・軍事史に偏りすぎているドイツ史を正そうとした。ここではフランスのように社会史——ないし構造史、つまり人と人との結合構造の歴史——を事件史の否定の上に据えるのではなく、両者は対等で相互補完的、同一のものを眺める二つの視点だとした。しかしその動きはあまり広がらず、このドイツ流社会史が一気に花開いたのは、後にいわゆるビーレフェルト学派が誕生してからである〔コッカ 1979, 2000; 早島 1993〕。

当学派は、H-U・ヴェーラーとJ・コッカのコンビに他の研究者らも加わって、一九七〇年代前半に形成された。一九七二年には叢書「批判的史学研究」Kritische Studien zur Geschichtswissenschaft が、一九七五年には雑誌『歴史と社会』*Geschichte und Gesellschaft* が刊行され始めた。彼らも政治史・外交史中心の従来の歴史学を批判し、歴史は「社会史」Gesellschaftsgeschichte として把握されるべきだとした。各時代の出来事・行為・事件の基礎にある社会構造を多種多様な現実領域から成る全体と捉え、それがどう変化するのか、権力のあり方や経済変動・過程と関連づけて解明しようとする「社会構造史」Strukturgeschichte がその基本である。しかし大企業の経営者や管理職、あるいはサラリーマンや労働者、またある限定された地域や都市・村落における貴族、農民、手工業者、公務員ら「社会集団」も主要な研究テーマとなっている。

政治・経済・法制などの相互関係を「社会体制」として統一的に理解しようとするこの社会史は、K・マルクス、M・ウェーバーやJ・ハーバーマスの理論をも活用し、国制史・法制史とも相性が良い。だがその反面、アナール派のような民衆の日常生活や時代の心性をも含む具体的社会集団のあり方への考察はほとんどない。中世封建制を対象としても、近代国家を対象としても、類型的な比較論になってしまうきらいがある。さらに新たな社会史として、「日常生活史」が現れて領域を拡大していったことについては、次章で説明しよう。

次にイギリスはどうだろうか〔川北 1993〕。イギリスでは、社会史は、十九世紀後半以降、国民国家を自明とした国家エリート中心主義の歴史学がオクスフォード大学やケンブリッジ大学を中心に流行したのに対抗して、アカデミズム周辺から「反政治史」「反国制史」という意味を込めて始まった。ドイツと違って、庶民生活や女性の生活への関心が当初からあり、「下からの歴史」「人民の歴史学」などが標榜され、社会経済史の一環との捉え方も早期からあった。そして第二次世界大戦前に、国家単位の国制史ないし政治史に反発する歴史家たちによって、より本格的に社会史が実践され始めた。E・パウアやL・M・サーモンの諸業績、そしてとりわけ、一九四二年刊行のG・M・トレヴェリアン著『イギリス社会史』が重要な成果であった〔パウア 1969; Power 1922; Salmon, L. M. 1897, 1913; トレヴェリアン 1971–83; cf. ハント 2019: 70〕。

トレヴェリアンの書物に典型が見られるように、政治を省略した庶民生活史を社会史の根本とし、それが経済史と政治史の間に必要な連関を提供するのだとされた。そして一九五〇—六〇年代には、社会史は労働運動の隆盛、マルクス主義の影響もあって社会経済史と絡みつつ一層盛んになっていった。共産党系の歴史家らによって一九五二年に創刊された『パスト・アンド・プレゼント（過去と現在）』*Past & Present* は、こうした社会史研究の足場となった。さらにオクスフォード大学のラスキン学寮では、ヒストリー・ワークショップ運動が展開して、理論への依拠から離れて労働者階級の生活経験に密着する社会史的研究も積み重ねられた。

一九六〇年代のイギリス社会史の最大の成果とされるのは、E・P・トムスン著『イングランド労働者階級の形成』（原著、一九六三年）であり、上部構造・下部構造の単純図式や近代主義的な発展史観に反発し、労働者階級のあり方を、文化的・社会的に構成されたものとして同時代の歴史的文脈から評価すべきという立場を取った。そして政治的・司法的権利を摑み取ろうと戦ったイングランドの下層階級（職人、ジャコバン主義者、ラッダイト運動参加者、労働組合主義者）の願い・理想・戦いを生き生きと描き出して、その後の労働史、ジェンダー史、社会史、文化史の方向と進展に大きな影響を与えた〔トムスン 2003〕。

トムスン後、新たな社会史としての労働運動史がより明確な形になり自立したのは七〇年代で、十九世紀イングランドの労働運動研究に大きな足跡を残したE・J・ホブズボームや、その友人でフランス革命期の群衆の構成や彼らを運動に駆り立てた動機・目的を政治的要因とそれ以上に経済的要因を重視して把握したG・リューデが、代表的牽引者であった〔ホブズボーム 1968; Hobsbawm 1971; リューデ 1996〕。

他には、都市史、人口史、家族史、女性史、植民地史、犯罪史などの分野での「社会史」研究が、それぞれの研究者グループを形成しつつ盛行した。家族史で著名なP・ラスレット、K・ライトソン、K・トマスらのNew Social History（新社会史）はアナール派に近いが、数量史からは距離をおき、経済に対して社会の自律性を重んじている〔Wrightson 2017〕。

一九八〇年代からは社会史の歴史学モデルが疑われ「文化」へと視線が向く。B・A・ハナワルトの『結びつけた絆――中世イングランドの農民家族』は、イギリス中世社会史の豊富な史料「検死調書」the coroners' rolls を縦横に利用して、農民たちの物質文化、日常の習俗、家庭経済、世代ごとの役割、子育て法や情愛の絆を描き出したもので、公的記録を逆撫でに読む日常文化史の好例である〔Hanawalt 1986; cf. バーク 1996: 39–40〕。

イタリアではどうだろうか。二十世紀半ばまでには、都市や地域、国家の制度や政治を対象とするだけでなく、さまざまな構造的局面に着目した経済・社会史がこの国の歴史学にも現われ、社会階級、労働、社会関係などをテーマとする研究が始まった。だが、イタリアで社会史が本格化するのはフランスからの影響によろう。ただしアナール派の社会史をそのまま受け取るのではなく、ずらし、批判して独自の社会史を生み出していった。本章後段で解説する「ミクロストリア」としての社会史がもっとも特徴的である。そのほかには、イタリアの史料の豊富さから人口、家族、結婚、家系研究が盛んだし、さらにG・カルヴィのバロック期のペストを前にした人間の振る舞いと感情の研究のように、インパクトの大きな出来事を照明手段として、同時代の文化世界の構造——内／外、女／男の二分法を基本とする——を開示することを目指す独特な解釈史も登場した〔Calvi 1984〕。

日本の場合

日本でも「社会史」は盛んに行われたが、それは欧米に比して多少とも特異な展開を遂げた。日本で社会史ブームが訪れたのは、アナール派の業績が続けざまに翻訳・紹介されたから、という側面もあるが、と同時に一九七〇年代半ばから八〇年代にかけて、阿部謹也と網野善彦という個性的で魅力溢れる研究者の仕事が、専門家のみならず一般読者にも大いにアピールしたためでもある。もう一人、アナール派の豊饒な方法論やテーマをことごとく自家薬籠中のものにしながら、日本の歴史学界に紹介するのに大きく貢献した二宮宏之も忘れてはならない。

二宮の独自性は、社会史を従来の社会構成史そして国家論と結びつけようとしたところにあろう。一九七〇年代後半から積極的に社会史についての発言をしだした二宮は、八〇年代には『社会史研究』を刊行

（第八号まで）したが、その過程で、いわゆるソシアビリテ論を練り上げていった。

論文「フランス絶対王政の統治構造」において、二宮は人々の相互依存から生まれる「編み合わせの秩序」は、絶対王権の支配のベクトルと対応しながら、そこに生ずるズレや摩擦、また衝突を伴いつつ、さまざまなレベルの社団として編成されて王権の秩序を成り立たせたと主張する。これは、まさに絶対王政の国家構造と社会的結合関係を巧みに結びつけるイメージを提起し、後続のフランス史研究者に受け継がれている〔二宮 1979〕。

「参照系としてのからだとこころ――歴史人類学試論」は『社会史研究』の一九八八年号に掲載された著名な論文である〔二宮 1988〕。当時アナール派では、心性史や身体史が流行っていたが、二宮は身体と心性を分けるのではなく、二つの参照系として相互連関させることで、ある時代・社会を総体的に捉えられるとしたところが斬新であった。まさに「生きた人間」を歴史的現実の中で捉え返すには、一方に自然的・社会的環境、行動を左右する身体技法や感覚のあり方などと関わる「からだ」が、他方には日常的な感じ方・考え方の総体である「こころ」があって、両者はもちつもたれつの関係だと心得るところから出発しなくてはならないのである。また社会的結合関係（ソシアビリテ）の諸様態こそが、人間を社会的なものにしていくのだから、人々の社会的結合関係は、日常を生きる「きずな」または「しがらみ」として論じねばならないとした。

前章でも述べたように、M・ブロック（およびR・マンドルー）の影響を強く受けた二宮の考え方は、社会（史）と心性（史）を縒り合わせ、これからの歴史学の基礎にするために重要なヒントを与えてくれよう。

次に、ドイツ中世史を専攻する阿部謹也は、アナール派とはもちろん、興味深いことにドイツで流行した社会史（社会構成史）とも大きく異なる自己流の社会史を展開していった〔阿部 1988, 1989, 2017〕。すなわち彼は、社会史の目標を人と人との関係とその変化を明らかにするところに定める。そしてさらに、その変化をモノ（たとえば土地や家屋、樹木など）を媒介として具体的に結ばれた関係と、目に見えない絆に結ばれた関係との二つの関係から成り立っていると理解し、それらの関係を分析していく中で、人間関係の変化の論理を追求しようとしたのである。彼の研究の深い動機は、自分自身の成り立ちを知りたい、現代日本の社会とそのルーツを知りたい、との願いだという。明治以降欧化主義の波に洗われて文明化の途を進んできた日本において、それでも変わらないで伝統的習俗として残っている儀礼・慣習や世界観・宇宙観に目を凝らすと、自明と思われていたことが自明でなくなり明晰と思われた概念が内容を失うのだそうだ。

M・モースの贈与論、およびA・Я・グレーヴィチのマクロコスモス・ミクロコスモス論に依拠しつつも、自己の内奥から発する要請としての社会史を唱道する阿部の独自な視点と方法の原点は、いわば自分探しにあり、「答えは私自身の生活の中にあった」ということになる。自分の生い立ちに重ね合わせて、民衆の生活、賤民や子供に優しい眼差しを注ぎながら物語られる歴史から、読者は中世の舞台にスッと潜り込んだ阿部の言葉を聞くのであり、ノスタルジックな世界に入り込んだかのような「空気感」は、こうして醸し出される。そこにこそ、阿部社会史の魅力——と、もしかしたら限界——があるのだろう。

日本史における「社会史」ブームの火付け役はなんといっても網野善彦である。網野の社会史は、阿部のものとはまったく異なり、より鋭い方法的意識と従来の研究史への違和感が際立っている。たとえば一九七四年の『蒙古襲来』では、蒙古襲来の時期（鎌倉時代中後期、十三世紀半ばから十四世紀初め）以前には、まだ社会のいたるところに野性が横溢しており、非農業民（海の民、山の民、遍歴・浮浪の民）は超自然的、神秘的世界の力を信じて、飛礫・博奕や殺生にまでそうした力を感じていたが、一方農業民（とその幕府・権力者）はそれとは対照的に、もはやそうしたことを信じずに罪悪として禁止し、それを業とする人々を「悪党」として社会の外に追い出そうとした。その後十三世紀後半に農業民と非農業民の世界は衝突・交流して民族の体質が形成されていき、以後の社会のあり方を大きく決定していく、と主張した〔網野 2000〕。

一九七八年の『無縁・公界・楽』も話題を攫った著作で、日本人の生活の中に生き続けてきた無縁——世俗権力とは異質な自由と平和——のはかりしれない影響の大きさを明らかにした。戦国時代の無縁所や公界所、自治都市や一揆・惣、遍歴漂泊の旅人や芸能民、聖、さらに遡り南北朝時代から鎌倉時代の市と宿、関・渡・津・泊、橋、墓所なども吟味して、自由と平和の隠れた伝統を探り、天皇との繋がりにも注目している〔網野 1996〕。

彼の全仕事は一にかかって、均質な「単一民族」「単一国家」、海から隔てられた孤立した「島国論」、そして「稲作一元論」などをイデオロギーとして退け、そうした日本史像を覆すことに狙いが定められていた。日本人は皆が皆農民だったのではなく、民衆の中にはきわめて多様な非農業民が多くいたとし、非農業民らの生活のフィールド、生業や振る舞いを研究し、その民俗・習俗に着目しながら、日本列島の歴史が多様な時間的まとまり・諸次元から成り、独自の変化の相を有することを繰り返し説いた。

網野にとってはいわゆる「社会史」は、「(社会）生活史」「民衆史」ととくに区別されず、日本の社会を成り立たせてきた多様な人々を、その生きた姿で捉える必要があると力説した。一見些細なところから捉え返すことで、（単一）民族とか、（単一）国家像を相対化し、斬新な歴史像を樹立した網野の迫力ある社会史は、欧米にも類例がないだろう。

現在、一九七〇―八〇年代のような社会史ブームは去っているが、日本史では、網野の業績はすでに共通遺産として受容され、それを消化した上で多様な研究が進められていると受け止めてよいだろう。社会史と並行ないし先立って新たな法史学が行われたことに窺われるように、日本では社会史といっても政治の展開する場や政治意識の問題と切り離さない傾向がもともとあり、日本の社会史は、政治史を否定するものではない〔保立 1991〕。網野史学も――とくに『蒙古襲来』などでは――、見方によっては権力闘争、諸制度の構築、法令の制定、政治を担った人々（武家と社寺・公家）の間の協力・対立を討究する政治史そのものだが、支配者の傍らに、彼らにも劣らぬ存在感のある図太くしたたかな百姓＝「職人」たちが登場し、社会の大きな転換を主役として担っていくという点で、その政治史は同時に民衆史にして社会史でもあるのだ。

もう一つ注意したいのは、日本にはじつはそれ以前から「社会史」が存在したことである〔夏目 2012-13；中村 1988〕。社会史の名を冠したまとまった歴史書は、大正中期から昭和初期にかけてすでにかなりあり、その名は冠せられなくても同様なテーマを扱ったものはより早くから存在した。古代の氏族制、中世の荘園制や農村史、近世の封建制などが対象とされ、それらは戦後、中村吉治によって共同体に着目しつつ体系化されていった。もちろん一九七〇年代から盛んになった社会史とは違い、社会経済史、社会制度史といった趣である。それでも国家を相対化し、社会ないし民衆を主体に歴史の全体像を捉え直そうとした志向は、後の社会史と共通している。

新たな方法の開発

ヨーロッパでも日本でも、かようにさまざまな形で「社会史」が試みられてきたが、社会史にはそれ固有の、そして共通の方法というものがはたしてあるのだろうか。二宮の言葉を借りれば、社会史が「もと もと、自己限定的な概念ではなく、はみ出していく概念」であり、権威を振りかざす伝統的歴史学への異議申し立てだとするならば、それは、それぞれの研究者が独自にやればよいのであり、特定の方法論や形式を強要するようなことは、逆に自由な発想を失わせ社会史を駄目にしてしまうのかもしれない。

だがそれにもかかわらず、社会史の基本的な方法的構えは存在するし、共有されるべきだと思う。たんに「異議申し立て」「はみ出していく」「それぞれ自由」というのでは、「パン屑と化した歴史」（F・ドス）と嗤われる些末なテーマの百花繚乱となって、社会史は衰退してしまうだろうから。

社会史の「方法」としてまず最初に思い浮かぶのは、〈数量史・系の歴史学〉であるが、これについてはすでに第四章で詳しく論じたので、以下、それ以外で新たに開発されてきた社会史の手法についてごく簡単に解説しよう。

〈歴史人類学〉

歴史人類学（民族学的歴史学とも呼ばれる）は、およそ一九六〇年代以降、アナール派の社会史の大いなる支えとなっている〔ルゴフ 1976; ルゴフほか 1992〕。この方法に依拠した作品では、人類学や民俗学・

民族学のテーマ系が、ふんだんに取り入れられただけではなくて、それらの概念や分析方法も学ばれ利用された。また歴史の時間の重層性を際立たせるとともに、ゆっくりとしか変わらない心性を重視し、歴史を深層において捉えようとした点が共通している。

歴史人類学のカバーする領域は広く、食物や住居・衣類などの物質文明史や、身体・性・家族親族の歴史、子供の歴史、死の歴史など、アナール派の社会史・心性史のテーマの多くがその傘下にあると見ることもできよう。そして文化人類学的な方法の活用の結果、しばしば目を見開かれるような素晴らしい成果を生んできた。中世史の例を挙げれば、J・ルゴフの中世文学の構造分析や臣従礼の儀礼の分析さらには夢解釈や妖精メリュジーヌの考察、E・ルロワ・ラデュリの『モンタイユー』（原著、一九七五年）などが著名だ〔ルゴフ 1992; ル・ゴフ 2006; ル・ロワ・ラデュリ 1990–91〕。

私としては、それら以上に、J－C・シュミットの仕事に注目したい。前章で「イマジネールの歴史学」の代表作として『中世の幽霊』と『身体・祭儀・夢幻・時間』を挙げたが、後者の第二部は「民俗伝統と知的文化」と題され、舞踏や仮面と死者などをめぐる象徴の分析と歴史的展望を調和させた興味深い論考、まさに歴史人類学のマニフェストともいえる論考が、四本収録されている〔シュミット 2008〕。V・プロップ、C・レヴィ＝ストロースやM・バフチーンの仕事がたえず参照対象として引き合いに出され、構造分析の手つきも鮮やかである。シュミットの『中世の身ぶり』（原著、一九九〇年）〔原題は『西洋中世における身ぶりの条理』〕も、M・モースが「身体技法」についての著名論文で先鞭をつけた方法を使い、中世固有の文化・社会の特性が炙り出されている〔シュミット 1996〕。

ほかに、近年欧米各国で盛んな中近世の王権儀礼研究も、未開社会の対応事例をモデルにしており、歴史人類学の成果に含められよう。

〈ミクロストリア〉

社会史は広い空間を長期間にわたって対象とするマクロストリア（マクロヒストリー）ではなく、単独性で捉えられた個人、しかも活動的個人、意識的アクターに着目する「ミクロストリア（マイクロヒストリー）」であるべきだ、という立場もある〔Magnússon & Szijártó 2013; バーク 1996: 107-130〕。これは一九七〇年代後半から急進的世俗主義の政治的立場に同調する歴史家らにより、主にイタリアで展開した社会史の方法であり、C・ギンズブルグとG・レーヴィが代表者として知られている。他のヨーロッパ諸国、およびアメリカにもその分析方法・観点は伝わり、一九九〇年代に人気は頂点に達した。

イタリアのミクロストリアは、反復的で時系列化可能なものを対象とするフランスで盛行していた数量分析とは対照的に、一見些細な物事にこだわり、また「典型」例に注視する替わりに、むしろ「アノマリー（変則・異常）」なものに着眼するのが特徴的である。あらゆる社会的布置関係は無数の個人的戦略の相互作用の結果であると捉えて、そこに顕微鏡的に接近して観察する手法であり、その小さな次元とより広いコンテクスト的次元の関係が、語りを組織する原理に転化している。

ミクロストリアでもっとも著名な成果は、ギンズブルグの『チーズとうじ虫』（原著、一九七六年）だろう〔ギンズブルグ 1995〕。彼は本作において、十六世紀北イタリアのフリウリ地方の粉挽きで、異端とされ処刑されたメノッキオの世界観――神とは空気、土、火、水以外の何物でもない――を、異端審問記録から再構成している。そしてそれはマージナルであり典型とはいえないが、それでも民衆文化の抑圧と消滅が始まろうとする時代における、農民の一貫した主観世界、農民文化の潜在的可能性を象徴するものでありうると説いた。また彼が、ミクロストリアは周縁的で根本的な理論性を持たない役割しか果たさないのではなく、グローバルな諸仮説——たとえば何がヨーロッパによる世界征服を可能にしたのか——へと道を開きうる、という考え方で研究を進めている点にはとくに注意したい〔ギンズブルグ 2016: 1–27, 154–194〕。

一方レーヴィの『無形の遺産』は、十七世紀末北イタリアはピエモンテ地方のサンテーナ村の助任司祭にしてポデスタ、公証人さらには祓魔師でもあった人物の行動を通じて、土地売買額と人間関係（血縁・地縁）の遠近との関わりの背景にある社会経済的現実と家族の威信戦略、および拡大家族の枠内での協力、個人にも集団にも取り憑いた未来の不確実性への不安などを炙り出している〔Levi 1985〕。本書は、構造主義や機能主義的な説明を排し、社会構造は多くの個人的戦略と行動、および大小諸スケールのアクターの相互作用の結果であり、その構造は綿密な観察によってのみ再構成できるとの考えでアプローチしている。またやはり顕微鏡的な次元（教会での上席権争い、去勢雄鶏での賦課租の支払い……）とより大きな文脈（ヨーロッパの戦争、中央集権国家の確立、大貴族家門同士の争い……）の次元との関係が、語りの組織化原理になっている。

E・グレンディとO・ラッジョのそれぞれジェノヴァ近郊の村（チェルヴォとフォンターナブオーナ）についての研究は、血讐や盗賊行為、ローカルな政治、および中央権力と地域社会の相互関係に注視することで、まったく新たな近代国家出現の姿を描いた〔Grendi 1993; Raggio 1990〕。これもミクロストリアの手法ではじめて可能になった成果だろう。

ミクロストリアは、小さなスケールだからこそ決定論的還元に陥らず、信仰・価値システムおよび表象と、社会的所属・提携との関係が理解できる。要するにそれは社会史と文化史を繋ぐ位置にいるし、独特な仕方で「全体」への通路が穿たれていて、それが魅力になっている。マクロストリアでは捉え難いヨーロッパ諸国における近代国家形成の違いの由来が、家族の中の男女の役割、社会における女性の地位を決める教会の役割などを微細に観察すると判明するなど、マクロストリアとミクロストリアの協働の成果も現れている〔Schlumbohm（ed.）1998〕。

〈社会層／生活・文化水準〉

もともと早くから前産業文明における社会・職業の層序化・社会対立問題に直面した経済史や社会史（社会経済史）は、マルクス主義の分析モデルに養われて、いたるところに「階級」ヒエラルキーを見出した。しかし近年では、階級というのは社会層の一種で、それは、資本主義的生産関係が勝利する市場経済に限定して使うべきだ、とする考えが優勢になってきた。

また、それぞれの時代に「身分」をもとに政治や社会を論じる研究動向も古くからあった。身分は、家系が伝統的に持っている慣行や権利、名誉や地位による区分で、法的な資格となることもある。ヨーロッパ中世なら「三身分」（「祈る人」「戦う人」「働く人」）であり、近世ドイツならば、「帝国諸身分」「自由身分」「不自由身分」「貴族」「平民」などである。ところがよく知られているように、こうした「身分」は、権力者・権威者にとって都合のよいイデオロギーとしては長い生命を保ったとしても、時代の進展とともに現実と対応しなくなっていった。

こうしたことから「階級」「身分」に替わる別様のアプローチが模索されるようになったのである。近年の社会史においては、しばしば多層的にして複合的な相互関係を探ろうと、さまざまな基準での社会層／社会集団に着目している。フランス語で、strate や couche（いずれも層・階層）、niveau（レベル・水準）と表現される概念である。こうした概念の活用とともに、社会的移動性の割合と変化、また移動の様式とその障害についても研究が始まっている。社会層は社会的分業から由来するのであり（階級のようには）生産手段の所有とは関係がない。各社会層は、そのメンバーが引き受ける社会的労働＝職業の形態や社会における役割、さらに血統・教養・名誉・威信、あるいは他の社会層の社会的労働を意のままに扱う能力によっても特徴づけられる。

アナール派の歴史家は、このような社会層／社会集団に積極的にアプローチしている。そもそもE・ラブルースやG・ルフェーヴルは、もともと社会集団や社会階級のあり方と相互関係の歴史こそが「社会史」だと考えていたのだが、それを中心主題として論じ始めたのは、次の世代の歴史家たちであった。

とくにR・ムーニエは、アンシャン・レジーム期のフランス社会について、それは市場経済に随伴する階級社会でも世襲的社会階級（castes）社会でもなく、――法的・社会的に、また心性面で身分社会（société d'ordres et d'états）であったとしても――、社会で果たす役割に与えられる評価、名誉、威信によって区別される階層社会が基本だとした〔Mousnier 1970; Mousnier, Labatut & Durand 1965〕。第四章の系の歴史学のところでも紹介したA・ドマールやF・フュレも、同様な概念を用いて十八・十九世紀のパリの実業家ブルジョワジーや社会関係について明らかにしている〔Cf. Koposov 2009〕。ドイツでも社会史の検討の中で、フランスと同様な社会層への分化が注目を集めているが、社会学的な階層論の適用の困難と限定された枠組みでの使用可能性――とくに中世社会で――も指摘されている〔Cf. Mitterauer 1977〕。

新たな概念の「社会層」の判別には、「生活水準」niveaux de vieや「文化水準」niveaux de cultureが重要になってくる。つまり財産・富自体でなく家族が達しうる充足感の程度（＝生活水準）や、活動、収入、所属団体のあり方におうじた知的装備、感情、嗜好（＝文化水準）であり、それらの水準の維持・向上ないし下落により、個人、家族、集団が――一世代でなくとも、何世代かを経れば――上下の社会層へ移動しうるのである。これをたとえば、家具調度の目録（inventaires）の分析により明らかにしようとする試みがある〔*Niveaux de culture*…1967; Bougard, Iogna-Prat & Le Jan (eds.) 2008; バーク 2009: 93-96〕。

〈ソシアビリテ論〉

ソシアビリテ（社会的結合関係）は一九七〇年代から九〇年代にかけて、それまで社会を捉えるための中心的な概念であった「身分」「階級」や「民族」に替わり、フランス史学で鍵となるコンセプトになった歴史概念である。その意味で、前項で紹介した「社会層」（および社会集団）への注目と軌を一にしている。

「ソシアビリテ」概念を歴史学に導入したのはM・アギュロンで、東部プロヴァンス地方の兄弟会と多様なアソシアシオン（結社・自発的団体）を扱い、アンシャン・レジーム期から十九世紀半ばまでの、南フランスの濃密なる人間関係、大革命や十九世紀の諸革命を通じて民衆運動の拠り所となった関係をこの語で把握しようとした〔Agulhon 1966; cf. Vovelle 1982: 185–198〕。

アギュロンのソシアビリテ概念は、南仏気質と密接不可分であったのだが、後にそれは、多くの研究者の使用によって一般概念へと拡大され、南仏をはるかに越え、ヨーロッパばかりか非ヨーロッパ諸国の歴史においても使われるようになった。

そうした中で明らかになってきたのは、ソシアビリテは、家族と国家の中間にあるもろもろの社会実践の場であって、時代・地域により無数のヴァリエーションがあること、都市のソシアビリテと農村のソシアビリテはかなり違うし、都市でも民衆的ソシアビリテとブルジョワ的ソシアビリテは異なること、さらにそれらには、ギルドや兄弟会・若者組など制度化されたもの（コルポラシオン）と、固定した形を持たない、より自発的なもの（サロン、サークル、思想団体、居酒屋、カフェ、社交クラブ、スポーツクラブなど）とがあることである。

今やソシアビリテという言葉はすっかり定着したが、多くの研究が、研究の効率化とやりやすさのために、ある一つの形態のソシアビリテのみに着目して、一人の人間が実際は巻き込まれている社会内でのもろもろの社会的結合関係とその干渉・もつれ合いを見ない、との問題点が指摘されている。そこでより限定された社会――一つの村とか、一つの街区とか、否、一つの家族さえ――であっても、それを構造化する作用のあるすべての社会関係・コミュニケーション・諸権力（隣組、若者組、住民集会、村総代、小教区、領主所領、周辺都市）を悉皆調査したほうがよいという意見もある〔Cf. Castan 1974; Gutton 1979; Agulhon 1976: 81〕。

また人間を身体と心性の両面から捉えてはじめて、人々の間に生まれる社会的結合関係の絆がたどられるという二宮の主張はすでに紹介したが、ソシアビリテが所与の固定したものでなくそれぞれの場での出会い・相互交渉により創り出されるもの、一種の表象でもあることから、ネットワーク論とも接続すべきだと唱えられている〔Cf. 二宮編 1995; 二宮 1994: 42–58〕。

〈プロソポグラフィー〉

フランス史において、社会史の方法論の一つとして一九七〇―八〇年代から脚光を浴びてきたのは「プロソポグラフィー」（集団的伝記研究）である〔Didier 2017; Charle 2013: 94-108; 長井 2010〕。

プロソポグラフィーは、少なくとも一つの共通特徴を持つ複数の個人の伝記的データを系列的に研究する方法であり、これらのデータ収集は、あらかじめ目標とするものに向けて作られた基準に沿った質問とリストにおうじて行われる。だから総合的伝記ではなくて、人物の一連の側面／特徴（profils）ないし生活記録（biogrammes）の集合の研究である。

集めるデータは、研究対象によって変わるのは当然だが、多くの場合、当事者に加えて父母ないし祖父母の世代までの戸籍・経歴・婚姻関係、収入・資産、また公務員や他の職業人ならその職歴、政治家なら当選歴・政治活動・信条などを収集する。こうして網羅的に収集されたデータを統計的に処理して、集団の全体的特徴を探るが、それは、図表、グラフ、地図、ソシオグラムなどとして表現されて、もともとの個人的特徴を集団に関する統計的なデータとして使うことができるようになる。

プロソポグラフィーの方法は、遡れば、十九世紀にドイツの国家史家たちが、ラテン碑文集成を補うべく、一種の補助学として諸個人リストを発掘収集することから始まった。だがより本格的なものは、両大戦間のイギリスでまず行われるようになった。すなわち、一九二九年に、ジョージ三世治世初頭の国会議員の研究をしたL・ネイミアの業績が重要である〔Namier 1929〕。

またドイツでも、一九三九年に、G・テレンバハが初期中世ドイツ王国の貴族研究でこの方法を用いた

〔Tellenbach 1939〕。この頃より中世史関係のプロソポグラフィーを活用した研究が、主要国の行政官や君主側近の者たちを対象に盛んになってきた。フランスではやや遅れ、一九六〇年にF・ブリュシュが、パリ高等法院の司法官研究に使って財産の諸形態、出世・昇進のメカニズムや優越感・劣等感・平等感などの意識まで探っているし〔Bluche 1960〕、一九六六年にはC・ニコレがローマの騎士身分についての研究を世に問うた〔Nicolet 1966〕。その後七〇年代にかけて多くの研究者がこの手法を採用し、アンシャン・レジーム期からナポレオン期さらには第二・第三共和政期の、国務院評定官、財務監察官、エリート（実業家、大学教師、高級官僚ら）、名望家やブルジョワジー、大臣、議員（国会議員から県議会議員、そして市町村議会議員まで）などについての研究が量産された。

そして一九八〇年代になるとますますこの方法の利用領域は多様化し、数が増えていき、史料が残りやすい政治的・経済的・知的エリート層だけでなく、より従属的な公務員職種（郵便局員、地方の初等教員、徴税吏など）や政治家の支持者の構成、行動パターンの調査も盛んになってきた。さらに二十世紀初頭のトリノにおける労働者家族の、移住してきた街区での同化と昇進戦略を研究したM・グリバウディの仕事が示しているように、都市労働者も対象になってきている〔Gribaudi 1987〕。九〇年代にかけて、コンピュータ利用により大量データを迅速・簡単に処理できるようになったことも、研究の進展を後押ししている。

ついでながら、おなじ頃より「伝記」も復権してきた。アナール派は、事件史を軽蔑するとともに、当初から、伝記を文学的で曖昧な事実しか明かせない、科学性に乏しい下位ジャンルとして貶めてきた。ところが社会システムの歴史はまるごと、個人の歴史（行動、作品、夢、妄想……）に独特な仕方で含まれているものだし〔Ferrarotti 1981: 35-64〕、伝記はその雑種形成、公と私の混在、領域横断性という欠点があるが、個人のロジックを構造ロジックにはめ込むプラグマティックにして解釈学的読解方法を用いれば、それが逆に長所になりうることがわかってきた。加えて後段、第一〇章で説明する「甦る政治史」の動向とも相まって、伝記的研究が増えてきたのである。

さらに一九九〇年代以降、新たな史料として注目されているものに「エゴ・ドキュメント（自己語り史料）」がある。日記、手記、手紙、自伝など、自分自身についての記述を含む史料を総称している。これらは従来も使われてきた史料ではあるが、独自の史料類型として今後新生面を開いていくとすれば、一方で関係論的に構成された個人＝主体の複雑な社会的・歴史的背景を探る素材としての利用、他方で「オーラル・ヒストリー」や「現在史」との協働が考えられよう〔Cf. 長谷川貴彦編 2020〕。

社会史を構成する諸分野・対象

社会史がはみ出ていく運動であるからには、社会史はつねに刷新され、そこには新たなテーマが次々と入ってくる。これはこれまでに紹介した「方法」についても同様で、今後もおそらく新たな方法が編み出され、あるいは借り受けられるであろう。

実際、社会史誕生の当初から、まさに古い政治史や制度史などから取りこぼされたありとあらゆるものがその対象となってきた。それは、国家と個人の間、政治と経済の間の「社会」に生きる人々の日常生活や庶民生活の諸次元に関わるテーマである。人間の一生に着目して、嬰児、子供、若者、老人、結婚、夫婦・親子関係、人口動向などに注目が集まったし、都市、街区、広場、仕事場、学校、病院、住居、食卓など、社会生活や職業生活の基本をなす場もテーマとなっている。さらに、近代的価値観やその男性・エリート中心の歴史学によって抑え込まれていた、女性、身体、死、犯罪、病、暴力、魔術、植民地人、被差別民、少数言語集団なども主題となった。

歴史は長い間、人間の真面目な仕事、努力の結晶たるテーマを扱ってきて、娯楽や遊び・祭りは看過され、民俗学・民族学や文学、ないし好事家の関心対象としてのみ取り上げられていたが、そうしたものにも社会史の触手は伸びていった。歴史人類学／民族学的歴史学が要請されるのは、まさにこのようなテーマを扱うためだった。

こうした新しいテーマは、それまであまり活用されなかった史料を駆使する。異端審問記録、エクセンプラ、教区簿冊、警察文書、赦免状、租税台帳などが、ヨーロッパ中世や近代の社会史の代表的史料だが、現代史ならばそれこそ、雑誌、広告、写真、映像など無限に広がっていこう。

しかし社会史家は、トリビアルなものを研究して喜んでいるのではない。これは、最初に述べたように、全体史への近道なのであり、これまでの政治史・制度史とは別のルートを通って、天下国家を論じるための基礎分野なのである。したがって、社会史で取り上げられるテーマは、いくら些細なものでも、望むらくは、時代・社会全体の構造と相互連関させてみる必要があるし、全体を見通すパースペクティブ、道筋をつねに押さえておかねばならない。

＊

前章で「心性史」について、本章で「社会史」について論じてきた。これら二つの分野は曖昧で何でもありに見えること、また方法的に緩いなどと批判されてきたが、私は、この二分野を歴史学の中心に今一度おいてみることが必要だと感じている。心性と社会は、同一現実の二つの様相であるが、左右のペダルのように、ズレながら進んでいく。考え方・感じ方が社会的なるものを生み、今度は社会的なものが、経済・技術の諸構造を変容させるとともにこころのあり方を変えていく。さらにその有効性への集合的な信頼なしには、いかなる制度もなきに等しい……。ブロックが『封建社会』で行ったように、社会と心性の一種の弁証法的関係を想定すると、歴史のダイナミックな構造転換、時代の変遷をうまく把握できるだろう。

第七章　無告の民の歴史

社会史には、抽象的な人間ではなく「生きた人間」の姿を甦らせねばならない、との使命がある。そしてそこでは、かつて――そして今も――主流をなしてきた政治史や制度史から漏れてしまった無名の「民衆」たちこそ、歴史の真の主人公だと信じられている。「民衆」は、自身で歴史の史料となりうるような言葉を公の場で発することができず、まさに無告の民である。どうしたらその姿を摑めるのだろうか。

十九世紀までは、歴史はもっぱら勝者の歴史として描かれてきた。しかし歴史の原動力は――しばしば「正史」を残した支配者・勝利者によって抑圧され敗者とされる――「民衆」のところにある。歴史の基盤には、いつでも民衆たちの生活があり、その生活の総和が歴史なのだから。

だとすれば、勝者の凱歌と敗者のルサンチマン双方を飲み込んだ民衆たちの奥深い歴史を甦らせてこそ、過去の諸価値が今日の生きた文化のために取り戻されるのではないだろうか。そしてドイツの歴史家R・コゼレックの言うように、歴史家というのは、いつも「敗者の視点」を内在化しながら歴史を見透さなければならないのだろう〔Koselleck 1997: 238-247〕。あるいはW・ベンヤミン（一八九二―一九四〇年）が「歴史哲学テーゼ」で説くように、歴史家は支配者たちの凱歌の行列に加わり一緒になって地に倒れている人々を踏みにじる替わりに、文化のドキュメントは同時に野蛮のドキュメントでもあることを被抑圧者の伝統から教わり、それにおうじた歴史概念を形成する必要があろう〔今村 2000: 60-63, 112-122〕。「社会史」や「心性史」が重要な理由は、ここにもある。

本章では、社会史の領域の中で大きな分野を構成している重要なテーマ、すなわち民衆史、マルジノー（周縁人）の歴史、女性史、子供史の課題について検討してみよう。

民衆史の守備範囲

エリートたちの物的・精神的営造物の下に隠れてしまった微かな声を聴き取って、歴史の奥底から生き生きと甦らせる。これを最初に模範的に行ったのは、自分を「民衆の子」と位置づけた十九世紀フランスの歴史家、J・ミシュレであった。

ミシュレにとっての「民衆」peupleとは、呻き苦しんでいる、生命を渇望する人々のことである。フランスの歴史において、圧倒的多数の民衆たちが紡いできた口頭での伝承が国民伝承にほかならないと彼は捉えている。というのも彼ら民衆こそが「皆」であり、彼らのみが人間の内部から語る声を持ち、それは政治的・司法的な権威の言葉とは対照的に、苦悩とともに沈黙の中に抑圧された魂の言葉、大きな意味のある言葉だからである。

こうして彼は『民衆』『学生』のほか、大部の『フランス史』『フランス革命史』などにおいても民衆を主人公として叙述している〔大野 2011〕。

ミシュレの「民衆」は魅力的で、今後のあるべき「民衆史」の方向性を探るためにも、汲み尽くせぬヒントに満ちているが、現代の歴史学における「民衆史」に直接影響を与えたのは、一九三〇年代以降の歴史家たちの試みであった。フランスではG・ルフェーヴルが「下からの歴史」の大切さを先駆的に唱えた意義が大きい。彼の『一七八九年の大恐怖』における農民＝民衆は、烏合の衆、まとまりのない群衆ないし受動に徹した者たちではなく、しばしば能動的で政治的感覚や行動方針も有していた。民衆は、サン・キュロット、ブルジョワ、貴族とともに政治的行為者で、その反封建・反独占運動＝騒擾は、パリにおける政治交渉を左右する力を備えていた、と説かれている〔Lefebvre 1932〕。ルフェーヴルは都市における独立の手工業者・小店主に職人や労働者を併せた人たちを「民衆」と呼び、「農民」とは分けて議論することもあった〔Cf. ルフェーヴル 1998〕。前章で名を挙げたG・リューデの『フランス革命と群衆』も、ルフェーヴル同様「底辺からの歴史」で、サン・キュロットと群衆に焦点を当て、フランス革命史研究に新たな境地をもたらした〔リューデ 1996〕。

そして六〇―七〇年代がいわばフランスにおける「民衆史」の全盛期で、それまでほとんどもっぱらエリートばかりが登場していた歴史を片落ちとして、民衆の反抗運動、そしてとりわけ「民衆文化」（これについては後段で解説）に着目して歴史が語り直されたのである。

もちろん、農民や職人、平信徒、下層民、貧者、プロレタリアート……といった「民衆」の下位概念をテーマにした「民衆史」も多いが、まさに「民衆」という枠組みで論じた研究も、ぽつぽつと出されるようになった。民衆史が困難な理由は、搾取や反抗や弾圧についてはそれを記録した史料があるものの、日常生活についてはは僅かしか情報がなく、なかなか再現できない点にあろう。

これに挑戦しようとした仕事としては、たとえば、第四章でも挙げたD・ロッシュの『パリの民衆』がある〔Roche 1998〕。同書は十八世紀のパリの民衆の衣食住、財産規模、読書・娯楽の様などを掘り起こしている。ただし、一方でギルドの親方や独立の小売店主は調査対象から除外し、他方では乞食やごろつきも排除され、その結果、「民衆」として扱われているのは賃金労働者と召使い、そして諸産業の職人にかぎられていて、この恣意的な限定が批判の的となっている。

民衆史研究は、フランスが一大センターであったように見えるが、ヨーロッパの各国そしてアメリカで、それぞれ特色豊かな民衆史が行われてきた。ただし欧米の民衆史は、「民衆」概念の曖昧さが災いして、それを主題にしたまとまった研究はあまりなく、後段で見るように、貧者とか乞食、下層民・マルジノーとか職人といった下位概念の集団をテーマとするか、もしくは「民衆文化」史研究へと逸れていくか、というケースが多かった。

日本でも「民衆史」研究は一時非常に盛んであった。一九四八年に『民衆生活史研究』を公刊した西岡虎之助は、荘園研究を専門としていたが、一九三〇年代にすでに古文書に加えて、文学作品や荘園絵図なども史料として活用した「民衆史」を唱えていた。これはとくに早い段階での仕事である。その後、安保闘争の影響、さらには公害など日本経済の高度経済成長がもたらした歪みの克服という実践的な関心にも迫られてのことだろう、一九六〇年代に入って民衆史・底辺史・庶民史という研究領域が脚光を浴びた。そのモチーフには、戦後歴史学の主流そして「日本近代化論」への異議申し立ても含まれていた〔色川 1991; 佐々木 2006; 芳賀 1974〕。

日本の民衆史には一九七〇年代までは勢いがあり、まとまった叢書（『日本民衆の歴史』三省堂、全一一巻）が出され、専門雑誌（『民衆史研究』や『大阪民衆史研究』）も刊行された。ところが八〇年代に社会史が盛り上がると――欧米とは対照的に――徐々に力を失っていった。

こうして流行り廃りはあれ、民衆史は、欧米でも日本でも歴史学の一分野として市民権を得るようになった。しかしその範囲や方法については、研究者らの見解はなかなかまとまらなかった。奇妙なことに、「民衆」とは何か、それを定義してから議論を始める研究者はほとんどいない。欧米では、民衆（peuple, people）とか民衆的（populaire, popular）とかの用語は、ある土地に生まれた人すべてを指したり、あるいは法の効力のおよぶ市民・住民全体を示したり、さらには貴族ではない平民を指示することもある。宗教的・文化的には、聖職者に対する俗人、あるいは無学な文盲者を表すケースもある。農民をとくに指す場合と、都市の下層民にかぎられる場合もある。それぞれの論者によって千差万別なのである。日本では、「生活の専門家」とか「被支配者」「非支配者」とされたりし、また民俗学畑の人たちは「常民」と言い換えている。

曖昧なままでよい、という立場もあろうが、やはり、農民とか職人とか下層民とか、あるいは乞食とか召使いとか放浪者とかを主題にするのではなく、あえて「民衆」と名付けて論を構成するのならば、それぞれの時代・地域のコンテクストにおいて、歴史概念としての「民衆」を定義づけしてから出発すべきだろう。実際はほぼ農民のことであっても、彼らを農民として捉えるときとは別の諸契機を備えた「民衆」の定義を要する、ということである。

貧者とマルジノー

ここで、支配社会にとってネガティブな意味で特権的な民衆として脚光を浴びてきたアモルフな集団について、一言しておこう。共同体の価値体系からの逸脱具合と社会関係の主たる構成からの疎遠、集団形成の指標の法規範からの乖離……などによって否定的に規定される、いわゆる「マルジノー」（アウトサイダー、周縁人、境界人、余所者、周辺的存在、マイノリティー・グループ）である。ヨーロッパ中近世史では、貧者、病者、放浪者、ユダヤ人、ロマ（ジプシー）、ユグノー、少数言語集団、盗人、娼婦、遊び人、乞食、異端者、同性愛者、穢れた職業の人などが、この概念の中に含まれた。

もう一つ、マルジノーの一部ともいえるが、見方によってははるかに大きな概念である「貧者」研究も旺盛である。ここでは「貧者」と「マルジノー」に分けて考察してみよう。

まずは「貧者」から。ヨーロッパでは、長きにわたって人口のごく一握りのみが生活に余裕のある富者であったので、ヨーロッパ史とは、二十世紀にいたるまで貧者の大集団の歴史だと考えてもよいほどだ。ただ、彼らを捉える史料が少ないという問題はある。

ヨーロッパの貧者については、フランスのM・モラが代表的研究者である。彼は長年にわたりソルボンヌ大学で講じたこのテーマに関して、一九七四年に二巻本の編著で、ついでより広い読者のために数年後単著にまとめて出版した〔Mollat (ed.) 1974; Mollat 1978〕。そもそも「貧者」とは何か、その概念自体が時代・地域によって変わっていったが、モラによるとその変遷は以下のようであった。

中世においては、貧者・貧困概念にはつねにキリスト教的な霊的意味合いがまとわりついていた。十一・十二世紀の隠修士らの清貧運動以前には、窮乏者は、富者が自らの贖罪の手段とすべく、慈善の対象になった。しかしそれは貧者をpotens（強者）に対する弱者と位置づける捉え方や、彼らを軽蔑する流れと併存しえた。

だが、隠修士運動が始まり、その精神の一部が十三世紀の托鉢修道士にも引き継がれると、貧者はそのものとしてキリストの似姿であり聖なる存在となった。かくて貧者が大層尊敬されることになり、施療院の住人は「我らが主、貧者さま」と言及されることもあったという。ところが十四世紀末からは放浪乞食が急増し、彼ら貧者は「危険な階級」と軽蔑されたり、実際に抑圧措置も講じられた。そこで伝統的な慈善行為は疑問に付され、貧者法制が作られて取締が強化されたのである。

この後期中世の都市においては、商業の衰退、疫病、税負担増加や他の災厄により、負債を抱えてひどい不公平に苦しむ労働者=貧者という境涯の者が増え——人口の一〇%の乞食、四〇%の貧者——、とりわけ十五世紀末になると彼らは「無用者」として無慈悲に遇され「キリストの貧者」のアウラが剝がされていくことは、N・ゴンティエが都市や施療院の会計史料や遺言書を使って明らかにした〔Gonthier 1978〕。

さらに近代史においては、霊的次元の浸透していた中世風の貧者への視線が衰微したため、もっぱら経済的・社会的な指標によって貧者研究が行われたが、社会がいかにしてさまざまな種類の貧者を生み出すか、そしてこれらの貧者に社会がいかなるイメージを作って順応していったか、との問いも発せられた〔Gutton 1974〕。また一九六〇年代から七〇年代にかけて、資本主義社会の犠牲者としての「労働者階級」の悲惨な生活振りやその原因が流行の研究テーマとなり、それを救済するための国や市町村当局による施策、法整備、慈善団体や近隣・親族の活動も俎上に載せられた。

ドイツについても見ておこう。この国では、さまざまなアプローチの「貧困」研究があるのだが〔Cf. Oexle 2004〕、「貧者」Armen というよりも「下層民」das niedere Volk／Unterschichte という捉え方をすることが多い〔シュルツ 1969〕。たとえば、中世史のE・マシュケらが、後期中世都市における市民の階層分化をめぐる社会経済史的研究で下層民を正面から取り上げているし、K・ボーズルは貴族的支配層以外の貧困者ならざる非自由民を下層民として、内部の階層分化とその変移を探究している〔Maschke & Sydow (eds.) 1967; Bosl 1964: 180-203〕。

史料が少ない上に、「下層」の基準が法的・身分的地位なのか、社会的地位なのか、経済的地位なのか、論者によってアプローチに違いがある。また何に着目するか、さらにどんな時間的・空間的枠組みで考えるかによっても研究のあり方は大きく異なってこよう。K・シュルツによると、都市の下層民は財産状態と市民権の有無で判断できるし、そのためのかなり確実な史料もあって研究しやすいようだ。具体的には、手工業者（職人・徒弟）、商人の手代、ツンフト非加入の独立生業者・賃労働者・日雇い、賤しい職業の職人、貧者・乞食などがその範疇に属する。

ところで、近年の近代史における貧困研究が強調するのは、貧困状態がライフサイクルに規定されていることである。そして裁判所での宣誓証書、あるいは救貧法当局や教区委員に提出した書簡などに窺われる貧者自身の「声」「語り」からは、たとえば慈善の「受け手」としての彼らではなく、公的な救済や慈善団体の援助を、家族・親族ネットワークによる支援、近隣関係からの助け、道路掃除やマッチ売り・バラッド歌いなどの卑しい仕事、犯罪（窃盗、浮浪、強請、売春、捨て子、子殺し、老人放棄、不具者搾取）などとならぶ「生存戦略」の一つとして利用する主体的な姿が見えてくるという。その観点では、借金は貧窮化の原因であると同時にそこからの保護手段でもあるのであり、質屋などの非公式経済に新たな光が当てられている〔Cf. Hitchcock 2004; Hitchcock, King & Sharpe (eds.) 1997; Hufton 1974; Fontaine 2008〕。

「貧者」「下層民」という視角のほかに、上述のように「マルジノー」＝周縁者という捉え方もある〔Kawahara 1991〕。一九七〇年代より、従来の放浪者や犯罪人の法的・統計的研究のように、たんなる「数」として――秩序維持の責任を負う権力者側の眼で――マルジノーを扱うのではなく、政治・社会の仕組みを必然的に屈折させる推進者、陰の立て役者たる「生きた人間」としてのマルジノーが、研究の俎上に載るようになった。

ヨーロッパ史では、後期中世の都市社会が主な舞台で、B・ゲレメクがアナール派の影響を受けつつ、マルジノーの本格的研究を進め、パリの下層民、乞食、浮浪者、娼婦、排除者（exclus）らを素材に、都市の抑圧・排除の仕組みと、その反対の慈善・慈愛のあり方を吟味している〔Geremek 1976〕。ゲレメクによると、上述した一般の「貧者」とは異なり、マルジノーや排除者は法的な権利の多くを失い、ときに隔離され公的空間から放逐される。彼らは社会的な価値基準に照らして否定的にのみ定義され、いかなる身分階級にも属さず、経済・社会生活において何らの恒常的役割も果たさない。彼らと一般市民との間には目に見えない超えがたい壁が創られるのだ……。

フランス近代史では、絶対王政の統治の仕組みからはみ出たマルジノー、とくにギルドに所属しない雑多な未熟練労働者らを、当局がいかに監視・包摂、あるいは排除して治安維持および秩序の実現をしようとしたかという問題設定の研究が目立つ。ほかに注目すべきは、A・ファルジュとG・ジャクメの研究である。

暴力、犯罪、虐待、遺棄、自殺などの不幸な事件に飽くことを知らない探求心を向けるファルジュは、十八世紀パリにおいて　社会の最下層・最周縁に吹き寄せられ水中や道端に斃れた薄幸の女性、子供、徒弟・職人、古物商、詐欺師ら、まさに公的な物語から消された無告の民の苦悩と痛苦の声を聴き取るために、「警察史料」archives judiciaires に残された些細な言葉、身体に記された痕跡に着眼している〔Farge

1979, 1986, 1994, 2003; cf. 長谷川まゆ帆 2019: 98-100〕。また彼女は多様でしばしば攻撃的なソシアビリテの場であった街路をめぐる当局の規制強化と、街路を生活の舞台とする民衆たちの対抗戦略も探り出している。

一方ジャクメは、十九世紀パリの一街区（ベルヴィル）の民衆層を賃労働者、下請職人、小商店主、独立自営職人等に区別しながら、その経歴・家族・家系さらには性情（喧嘩っ早いなど）を再構成するため、多様な史料から情報を引き出して照合する見事な手法を編み出した。そしてその分析結果を「自律的な農村」が大都市パリへと統合されていく過程に位置づけている〔Jacquemet 1984〕。

ドイツでは、フランスのマルジノーをAußenseiter（アウトサイダー）のほかRandgruppen（周縁グループ）と表現し、研究が進められた。この周縁グループには、ユダヤ人、ジプシー（ロマ）、（偽）乞食、娼婦、そのポン引き、さまざまなごろつき、いかさま師、大道芸人、犯罪者、浮浪者、異端、ハンセン病患者、精神病者、刑吏、浴場主人・理髪師……などが属する。F・グラウスは、人は自分の身分境遇を他人との関係でしか知ることができないという認識にもとづいて、後期中世の都市社会におけるさまざまな集団の周縁グループに対する行動、儀式張った行為による不名誉の烙印押しと社会形成のメカニズム全般を調査した〔Graus 1981; cf. イルジーグラー／ラゾッタ 1992〕。

中世のマルジノーの中でも、ユダヤ人、娼婦、異端、ハンセン病患者は、悪魔と結びつけられた上に性的逸脱の嫌疑をかけられ、中世末から近世にかけては、都市当局による規律化・統制の厳格化が進み、一層賤視・差別された。

イタリアではG・トデスキーニの新たなアプローチがある〔Todeschini 2007〕。彼が対象としているのは、中世から近代にかけての不信心者、盗人、ギャング、ユダヤ人、異端、高利貸しのほか、不名誉な穢れた職業を営んでいる人々（刑吏、娼婦、召使い）であり、またより広く外国人、女性、そして奇形者、貧者らである。時代が進むにつれ、彼らに対しては猜疑と警戒がますます強まり、名誉を欠いた「不名誉」な人と類別され、「キリストの国」において十分な権利を持ちえなくなる。このカタログは過度にふくらみ、やがては全人口を包括するほどになる。ヨーロッパではどのような実践や言説によって排除の社会的コードが形を整えたか、誰がその輪郭を描いたのか、トデスキーニはテクストを繊細に分析しながら問いを発し、「教会の言説の社会的効力」を明らかにしている。日本の阿部謹也の被差別民、不名誉人（ユダヤ人、刑吏、娼婦、革鞣し職人、染色業者……）の捉え方にも相通ずる視点だろう〔阿部 1978, 1987〕。娼婦、ハンセン病患者、乞食など、マルジノーの内部の個々の集団についても、社会史の盛り上がりとともに多くの研究者が調査研究に乗り出し、成果を上げていることはもちろんである。

民衆文化の方へ

このマルジノー研究の趨勢からも窺われるように、「民衆」という定義しがたい実体を探る代わりに、「民衆文化」（および「民衆宗教」）をテーマとする動きが、やはり一九七〇年代から流行した〔Cf. バーク 1988〕。民衆文化とは、いつと年代を定めがたい古い時代から、主に作者不明の口頭伝承によって素材・形態・制作技術・享受者が準備された文化現象であるが、いくら緩慢な変化であれ、そこにもたしかに歴史があると考えられるようになった。日常の民衆の生活の中には、時代・時期ごとにさまざまな権力とその支配が複合的に体系となって作用しており、民衆はそれに絡め取られ、あるいは抑圧されながらも、生活の知恵を絞って独自の文化を下から創っていったからである。

まさに広大で魅惑的な分野であるが、民衆文化について語っている史料がことごとくエリートが作ったものであってみれば、そこから民衆文化の実態、民衆の心意を探るのはきわめて困難な作業になる。中世ヨーロッパにおいては、(文化的) エリートというべきは、公的な権力に保護されつつ知識を独占した聖職者あるいは修道士のことであった。それに対して、民衆文化の担い手は、かならずしも社会経済的に下層の者たちだけではなく、王侯貴族がそこに含まれる場合もありえた。だから「俗人文化」と同一視されることもあった。しかしたとえば識字率の高まった都市民が俗語を使用しつつ高度の文化的達成を手に入れることもあったし、宮廷で知的エリートらと接する王侯貴族が、エリート文化に接近することもあったので、境界は流動的である。

また、エリートらが独占した文字・記述行為を介して、口頭でのみ伝えられてきた民衆文化の記録化が行われたのだが、口頭伝承を文字で書き留めることによって、民衆文化にエリート側からのイデオロギー統制が行われたことを見落としてはなるまい。迷信や逸脱行為の破壊・禁止・処罰の措置のみではなく、たとえば説教やエクセンプラ、あるいは幻視譚・奇跡譚などを介して、上層社会 (エリート) のために構成された文化モデルが、次第に他の社会階層に深く浸透し、ある面でエリートが民衆をイデオロギー的に統制しつつ、民衆文化を豊かにしていったのである。

ところがじつは、上層から下層への影響のみでなく、貴族文化や聖職者文化の中にも民衆的要素を取り込もうという密かな欲求があり、その接触・混入によって、あるいは下からの圧力を感じて、エリート文化――たとえば煉獄教義や死者崇拝――も変更を余儀なくされるのである〔Cf. Boglioni (ed.) 1979; マンセッリ 2002; Gurevich 1983; グレーヴィチ 1995〕。十二世紀半ば頃には民衆文化がエリート文化の中に大きく侵入したが、それは新たに台頭した社会層すなわち中小貴族＝騎士層が独自の文化を持ちたいと望んだものの、それをゼロから創ることができないために、すでにあり、彼らもたえず接触していた農民たちの文化・口頭伝承の中に見つけようとしたからだった。

近世のフランスやイギリス、イタリアにおいても、民衆（文化）とエリート（文化）の流動性、相互浸透・影響が見られる。たとえばイタリア近世の民間療法師（香具師）の研究では、さまざまなレベルの治療活動を通過する医学知と実践の循環があり、エリート医者と民間療法師は、敵対ではなく共生し、その活動には重なる部分もあって、民間療法＝民衆文化はそれだけで独立して存在していたわけではなかったことが示された〔Gentilcore 2006〕。また妖精物語、聖人伝、英雄譚、暦、実用書など、廉価な民衆本（フランスの「青本」）が行商によって広められ、文盲者も「夜の集い」での朗読に耳を傾けて楽しんだ。これらは民衆が書いたものではなかったし、読者（聴衆）も民衆にとどまらない。民衆の間での口頭伝承として広まっていたものをエリートが採録して文字にしたり、それを翻案したりするケースも多かったのである〔マンドルー 1988; Bollème 1969; Soriano 1968〕。

そこに含まれる価値観や思想にしても、エリートと民衆の駆け引き、協同の結果で、それを求め受容した民衆たちでさえ字義どおり受け取ったわけではなかった。立場、状況、慣習などによって、受容するメッセージは偏向したのである。民衆本にエリート文化の堕落形態としての民衆文化が現れているとするだけでは、解釈としてナイーブすぎよう。かくて共通の文化的素材を、各身分・階層・団体がいかに領有し、利用し、表象したか、というような問題設定――表象の歴史学――に、研究者の関心が集まることになる。

ヨーロッパ近代については、R・ミュシャンブレが一五〇〇年から一七〇〇年の民衆文化のあり方を解明した〔ミュシャンブレッド 1992; cf. Mandrou 1974〕。彼によると、中世にはアニミズム的・魔術的世界観が行き渡っており、自然の脅威を呪術的手段を使ってなんとかコントロールし、極度の精神不安を鎮め、安心と秩序を保とうとした。しかしその「民衆文化」が近世になると都市のキリスト教文化およびルネサンス文化の攻勢で撲滅されていった。そして十六世紀半ばから十七世紀初頭に、絶対王政の中央集権化とカトリック改革が推し進められたときに、この民衆文化破壊という巨大な文化変容の企図は最高潮に達し、替わりに権力・エリートに無害な、むしろ支配者らのモデルと価値観を課し広めることになる「大衆文化」の領野が切り開かれたのだという。

中世から近代初頭に関して、大半の研究者たちは、民衆文化を「伝統的な民俗文化」のことだと捉えたが、はたしてそう考えてしまってよいのかは、疑問も残る。古代末期の教父アウグスティヌス以来、民衆の宗教は異教的で迷信的、反復的で因習的だと貶められ、それは手を変え品を変え近代までつづいたが、その迷信を民衆文化と言い換えて、現代の歴史家も後追いする必要はないのである〔Cf. Clark 1983〕。

生と死、自然・空間と労働にとりわけ関わるテーマが民衆文化の基本で、宗教面では奇跡的雰囲気に浸り、抽象的議論より具体的物質に直に感応し、喜び悲しみなど感情を露わにして神との直接接触を求める傾向がある。だがこれをアルカイックな前論理で、異教・呪術・魔術・迷妄に沈淪していると否定的に評価する必要はなかろう。先に指摘したように、民衆文化にも創造性・革新性があり、民衆の望みや考え方が逆にエリートらに影響をおよぼして、時代を率いる文化になることもあるからだ。民衆文化とエリート文化といっても、G・デュビーが言うようにそれらは幾多の層序を擁しているのだし、亀裂、断層、結節など多くの不安定ゾーンを抱えて、たえず地滑りし相互に移行し干渉し合っているのである。だから両者の関係は単純化しない方がよい〔Duby 1982〕。

日常生活史とドイツ学界

「民衆史」は、一方で「民衆文化」研究に流れるとともに、他方では「日常生活史」という形のジャンルを生み出した。フランスでは、古代から現代まで、さまざまな地域あるいは集団に関する「日常生活史」la vie quotidienne シリーズが一九三八年より Hachette 社から出されて、すでに夥しい数に上っているし、イギリスでも Daily Life とか Everyday Life とタイトルのついた歴史書が多数出版されてきた。だがとりわけ注目すべきは、ドイツでの動向である。

ドイツではこの分野の研究は Alltagsgeschichte（日常生活史／日常史）との看板を掲げて登場した〔Lüdtke 2003〕。この流派は一九八〇年代にA・リュトケの周りに集まり、その拠点となる最初の歴史の作業場（アトリエ／歴史研究工房）は一九八一年にベルリンに創設された。しかしその一方で大学の周縁にいる歴史家たち、あるいはアマチュアが同種のアトリエを自分たちでも創り、それらは八〇年代に増加して八三年には連合体となった。

彼らの主張によれば、歴史学として大切なのは、過去の歴史のアクターとして、まさに庶民を据えてその動向を捉える「普通の人々の歴史」である。伝統的な社会史の貢献を認めつつも、政治史と関連する構造やプロセスを課題の中心におくのではなく、より平凡なこと、また小さき者たち（die kleinen Leute）に注目すべきだとする。なぜなら小さき者たちとその活動こそが歴史過程の中心にあって大きな制度やプロセスに生命を与え、意味を付与すると彼らは考えるからである。したがって研究の焦点を個人の特殊な体験やその日々の生活実践に当て、しかもそれを当事者の内部から観察されるものとして扱った。これはドイツの伝統的な社会史が、社会集団、階級、構造などを特権化したのに対抗する立場である。彼ら日常生活史家の活動は、新たな社会運動、エコロジー、平和、フェミニズムなどの運動と絡んでいた。

制度的にマージナルな位置にいた彼らの運動は、国と大学の大きな後ろ盾に支えられてきたディシプリンとしての歴史学と一種のツンフトとしての歴史家たちを批判し、両者の間にはときに激しい討論が行われた。そしてこの新来の「日常生活史」グループを迎え撃ったのは、前章で紹介した「社会史」Gesellschaftsgeschichte を旗印とする歴史家たちだった。彼ら自身、一九六〇年代末に、既存の大学の抵抗に遭いつつビーレフェルトやボーフムに新たな大学を作った歴史家たちだったのに、この立場の移動は皮肉である。

ここで「日常生活史」の代表者の作品を紹介してみよう。H・メディックである。一九八〇年代から日常生活史の代弁者として活躍した彼は、歴史の主体自身の行為や生活、経験や知覚を、内側から解釈学的に再構成しようとしている。一九九六年の著作では、ミクロストリアの手法を援用して、十八・十九世紀の南ドイツのライヒンゲンという亜麻布織りで知られる村における産業の政治的・社会経済的条件や生死・服飾・読書をめぐる社会的実践と自己認識を検討しているし〔Medick 1996〕、より最近では、関係者の証言や当時のマスメディアをも活用しながら、「三十年戦争」中のあらゆる社会層における暴力の体験と記憶に焦点を当てて、国家中心の政治史・軍事史とはまったく異質の戦時生活を描き出した〔Medick 2018〕。また彼の「こぎ船の伝道師たち」は、主観的モメントと客観的モメントを折り合わせる方法、文化的意味・社会的実践による構造（社会的・経済的・政治的諸関係）の産出と変容、人類学と歴史学の対話などをめぐる、方法論的に重要な論考である〔Medick 1987〕。

結局、ドイツの「日常生活史」は、底辺の人々に顕微鏡的な視線を注ぐので、教区や村落、家族といった小さな空間ないし集団を対象とすることが多くなり、イタリアのミクロストリアとも親近性がある。さらに口承史料や画像史料など新たな種類の史料も活用し、アナール派的な人類学への志向もあるが、最終的には下から見たローカルな地方史の構築が目指された。

女性史の変遷

巨大なるマルジノーたる女性を中心主題とする女性史は、E・パウアやA・クラークらの先駆的研究を別にすれば、フェミニスト運動の再生と絡み、政治・イデオロギー論争と結びついて一九六〇年代アメリカとイギリスで開始し、フランスにおいては一九七〇年代前半に研究が本格化して、その後他のヨーロッパ諸国にも広がっていった。

初期の女性史研究者の関心の中心は労働運動で、男性労働と女性労働を対比させたが、やがて女性独自の職業領域（繊維、衣服、食料部門など）にまで対象を広げるようになった。こうした中、犠牲者としての大多数の女性とごく一部の反乱女性や女性の英雄、との図式はもちろん、男性の独占してきた諸分野への女性進出といった形で女性の歴史を捉えるやり方も、次第に時代遅れになり、一九七〇年代後半からは、方法論・概念の練り直しとともに、むしろ人口史や家族史としての女性史研究、とりわけ親族組織の人類学的研究が盛んになる。ほかにも女性性を構築する慣習・仕草・モノ・言葉、あるいは女性の身体や出産・育児、家事労働・召使いとしての女性労働の重要な役割、宗教運動や慈善活動への女性の参加形態、あるいは女性の教育……などが検討の対象になった〔Klapisch-Zuber 1990; Tilly & Scott 1978; McBride 1976; Davidson 1982; Stock 1978〕。

こうして一九八〇年代からは、女性史研究は大きな収穫時期を迎え、女性たちの生活の真実、女性や性差のイマジネールなどがかなり明らかになった。近年の主要な研究をいくつか紹介しよう。

フランスを代表する女性史研究者のM・ペローは、その重要な論集を『女性たちあるいは歴史の沈黙』〔邦題は『歴史の沈黙――語られなかった女たちの記録』〕と名付け、沈黙を強いられてきた近代の女性たちが、多様な反抗手段で言葉の禁止に立ち向かったことを示している〔ペロー 2003〕。無意識の戦略が振る舞いの慣例になり、たとえば毎日の日記を記すことで、少なくともエリート女性は、女性にのしかかる社会的権威、信用の失墜ないし忘却、性差別の構造化に抗い、それらがもたらす苦痛を軽減しようとしたのだという。

やはりフランスで、総合的な女性史研究としてG・デュビーとペロー編の『西洋における女性の歴史』（全五巻）が一九九一―九二年に出版されたのが注目される〔Duby & Perrot（eds.）1991-92〕。また『女性の政治・歴史百科事典』が一九九七年に出され（二〇一〇年に新版）〔Fauré（ed.）1997, 2010〕、雑誌『クリオ――女性、ジェンダー、歴史』*Clio, Femmes, Genre, Histoire* が一九九五年に発刊された。さらに先鋭な意識の研究集会も周期的に開かれた〔ペロー編 1992; Sohn & Thélamon（eds.）1998〕。

英語圏では、一九八〇年にイギリスで上梓されたJ・ウォーコウィッツの『売春とヴィクトリア朝社会』が女性史への重要な貢献であった〔ウォーコウィッツ 2009〕。本書は、一八六四年、一八六六年、一八六九年に、性感染症から軍隊の兵士を保護することを目的としてイギリス議会で制定された売春システムにまつわる三法令（伝染病法）とその廃止運動をテーマとしている。著者は、医療を通じて女性を管理・検査し、彼女らの品位を落とすことで自分たちが保護されようとする男性＝国家秩序の二重基準、性的イデオロギーと社会構造の関連を指摘し、それがいかに法令に組み込まれているか、さらに社会の支配的な力に対する女性の抵抗が全国婦人協会のリーダーらの努力（階級とジェンダー闘争）によりどのように高まったかを、繊細・正確でかつ洞察力溢れるやり方で調査し解明した。

それから、一九八八年（一九九九年増補改版）にはB・S・アンダーソンとJ・P・ジンサーによる『彼女たち自身の歴史』の浩瀚な二巻本が出された。本書では先史時代から現代まで、伝統的な時代区分を崩し、女性史独自の時代区分を提示して、それぞれの時代における各身分・階層の女性の位置や役割、女性の扱われ方を検討し、男性や国家にはポジティブなルネサンス・啓蒙主義・工業化時代にこそ女性差別、家庭への封じ込めがなされたとする〔Anderson & Zinsser 1988〕。

だが女性史は、ジェンダー史・男女関係史の登場により、さらなる展開を見せる。ジェンダー史は、アメリカのJ・W・スコットを最初の理論的唱道者とし〔スコット 2004〕、一九八〇年代後半にはフランスに伝達された。そして一九九五年頃以降、盛況を迎える〔Thébaud 2007; ローズ 2016; 弓削 2021; Riot-Sarcey 1994〕。

ジェンダーとは、性差を自然な生物学的なものと捉える代わりに、文化的・社会的形成物として捉える概念で、それにもとづいて社会関係が構成され、女性の表象が打ち出されるのだとする。ジェンダーへの注目こそ、支配・権力関係を露わにする第一のやり方であり、その際、それまで自明として疑われなかった性別役割、家族メンバーの関係性、公私領域の設定などはことごとく疑問視される。また市民（権）や民主主義的制度に組み込まれている女性従属の社会的構築プロセスや、性別の潜んだイマジネールを剔抉し分析しようとしている研究者もおり、大いに注目される。そして従前の歴史叙述が、不平等な男女の関係性の維持・再生産に手を貸してきたことも告発された。

だが他方では、ジェンダーを言語・テクストが構築する意味の体系に限定するのは現実と乖離しているのではないか、ジェンダーへの注視で再び「女性」を忘れ始めているのではないか、ジェンダー史とは白人中産階級異性愛者のヘゲモニーの下にあり、男性中心主義の新バージョンでは……と危惧・批判する向きもある〔バーク 1996: 70–72〕。

さて、日本でも女性史研究は、欧米にさほど遅れずに脚光を浴びた。一九八〇年代には多くの論集、叢書、文献目録が出され始め、まもなくジェンダー概念も受容・活用されるようになった。二〇〇〇年代以降、関連学会の創設・活動や専門雑誌の創刊もあり、研究は活発化しているようだ。二〇〇九―一一年にかけての『ジェンダー史叢書』（1―8、明石書店刊行）も大きな成果である。

ジェンダー史の進捗は、男性の歴史の見直しにも繋がった。女性史がその不幸にまず切り込むとすれば、男性史は男性の苦悩の次元を引き受ける。これまでの歴史は、たしかに男性の目から見られたもの、いわば人間＝男性とする観点からの歴史であった。しかし子細に眺めると、それは一握りの男性の歴史を超越への憧れを込めた総称的な人類史とみなし、その一方でそれぞれ特殊性と具体性を備えた多様な男性の姿をのっぺり平準化して、普遍的で非時間的なジェンダーなしのスクリーンに投影してしまっている。

だから男性（性）Masculinity あるいは男らしさ Virility――これは社会層により曖昧さ、両義性、曲折に満ち、評価者が女性ではなく仲間の男性であるところも特異なのだが――の歴史は、女性史や女性性の歴史とおなじくまだ未開拓だというのである。じつは男性の大多数も「無告の民」だったのだろう。そうした観点からさまざまな点に着目した男性史研究も始まっている〔Sohn & Thélamon 1998: 251-308; 西川／荻野編 1999; 阿部恒久／大日方／天野編 2006; コルバン／クルティーヌ／ヴィガレロ監修 2016-17〕。

子供・若者・老人

さて、女性と切っても切り離せないのが子供である。大人の男たちも、かつては母の胸に抱かれる嬰児であり、長い年月、母親に守られてのみ生きていけたのだから。その彼は、少年期を経て青春を迎え、一人前の大人になり、やがて老いて死を待つ。だから、自分たちのみを中心に歴史を書いてきた成年男子は、一つの性であるばかりか、一つの世代にすぎないのであり、他の世代に即し身をおいた歴史も書かれるべきだ、という考え方は、至極まっとうであろう。

子供史の人気は、一九六〇年に出版されたPh・アリエスのパイオニア的な研究『アンシャン・レジーム期の子供と家族生活』（邦題『〈子供〉の誕生』）で火が点き、本書は、今日なお大きな影響力を有している〔アリエス 1980〕。

アリエスによれば、中世においては子供は匿名状態にとどまり、その世代固有の必要や能力、感受性の存在は認められず、いわば「小さな大人」にすぎなかった。また乳幼児死亡率が高く親はその死をたいして気に病まなかった。だが十七―十八世紀になって、子供の教育の手段として学校が徒弟修行（と家庭奉公）に取って代わり、子供が大人から分離された状態を持つようになり、と同時に、家族のまなざしが子供に集中するようになった。そのときはじめて、子供は家族の「王様」に変じ、子供時代は無邪気で幸せな、かけがえのない時代として愛惜の対象となり、画題として子供が選択されるようにもなったというのである。

フランスはもちろん、他のヨーロッパ諸国（ドイツ、イタリア、イギリスなど）でも、またアメリカにおいても、アリエス以後「子供史」は社会史ブームと並行して注目を集め、中世から現代まで、関連書籍・論文がたくさん出された。日本史でも、社会史の一翼を担うのみならず、心性史へのアプローチの好個の題材として取り上げられている〔Cf. 斉藤 2003〕。

欧米の研究は主にアリエス説の修正を軸に進んでいった〔Arnold 1980; Alexandre-Bidon & Lett 1997; Becchi & Julia (eds.) 1998; Winter 1984; Riché 2010; Orme 2001〕。すなわち、キリスト教の子供への態度や、家族・工房・城・修道院・宮廷・学校での子供の教育、父母をはじめとする大人と子供の関係の検討、おもちゃ・遺骨・埋葬方法の考古学的調査などを深めた結果、中世においても親や大人の子供への愛情は、けっして小さくなく、多くの親（大人）が子供を可愛がり大切にしていた証拠が多数挙げられている。また子供時代が大人と区別される特別な時期とみなされていたのみならず、新生児から青年期まで、子供時代をいくつかのステージに分け、それぞれに大人たちの期待があり、またその特性や活動、与えられるべき世話と注意も別々だと考えられていたことがわかってきた。

近代史の研究者からもアリエス説には異論が出された。たとえばイングランドの十六世紀から十九世紀の子供研究をしたL・A・ポロクは、十六世紀にはすでに子供期という概念が存在していたとして、あまりにはっきりした断絶説を否定している〔ポロク 1988〕。そして書簡や日記・自叙伝を研究すると、どの時代でも残忍な仕打ちを受けていた子供は例外的で、両親による子供の扱いについては、近代に入っても、それ以前の時代との断絶よりも連続性の方が目立つという。

またイタリアやイギリスの都市史や家族史の中で、乳幼児死亡率ならびに子殺しや捨て子、さらには捨て子養育院などについての研究もしばしばなされていて、その身分階級・財産状況との関連性や男女差などが詳らかにされている〔Boswell 1988; 高橋 2000〕。

さて、子供は大人になる前に、過渡期としての青年期を経過する。一九六〇年代末から七〇年代初めに見られた激しい若者の政治的運動を背景に、「若者史」への関心が高まった。だが若者ほど定義しにくい世代はない。この世代は他の年齢層以上に、社会的・文化的構築物である。この世代には、多くの点で境界的性格がある。脆弱さとともに強い潜在力や象徴的意味を秘めている。しかし彼らは曖昧でありながら、それぞれの社会で認められた年齢集団・階梯として、独自の文化や社会的結合関係を有している。

こうして若者については、都市化・工業化、結婚・相続、家族形態、労働・職業団体、祝祭・遊びなど、多くの領域で研究がなされることになった〔ギリス 1985; Mitterauer 1986;「歴史のなかの若者たち」1986-87〕。彼らは都市での集団的暴行・凌辱、中傷や冒瀆言辞、居酒屋での喧嘩などを繰り返す秩序紊乱要因になったが、中世末から近代初めにかけて横行した、共同体の伝統的な掟を破った者への太鼓・鍋釜を打ち鳴らすどんちゃんさわぎ＝私的制裁であるシャリヴァリや、都市の祝祭の監視、外国貴顕の歓迎式典への参加などで一定の役割を担った「若者組」という組織は、若者文化の特異な役割を示す典型例で、多くの社会史研究者の目が向いた〔Le Goff & Schmitt (eds.) 1981; Rossiaud 1976〕。

一九九〇年代になって、イタリアやフランスで「若者史」のまとまった論集が出された意義は大きい（同内容のものがイタリアの二年後フランスで出された）〔Levi & Schmitt 1994〕。ドイツでも、中世から近代にかけての若者史研究があるし、とりわけ現代史では、ナチス・ドイツ期の「ヒトラー・ユーゲント」

をめぐる研究、すなわち何百万という若者へのプロパガンダとナチス思想への取り込み、それに関連する学校教育、娯楽・スポーツ活動、さらにはヒトラー・ユーゲントの前史としての青年運動（ワンダーフォーゲルやブント）が俎上に載せられている〔ラカー 1985〕。

おなじく、アメリカでも一九三〇―四〇年代の若者についての研究が目立っている。当時、アメリカ文明も若者も危機に陥り、それを救うのは正しい宗教信仰だけだということで、ＹＭＣＡ（キリスト教青年会）その他の団体の活動が盛んになっていったが、こうした動きが研究者の注目を集めているのである〔Bergler 2014〕。

ところが八〇年代以降、若者たちのパワフルな政治・市民運動が静まり、国家に飼い慣らされて存在感が薄れたためか、どの国の歴史学界でも、若者史は壁に突き当たったかのように停滞する。

最後に、ライフサイクル最終段階にいる「老人」研究もある〔ミノワ 1996; セイン 2009〕。しかし何歳から老人、ということはけっしていえないし、それだからこそ、成人全体の中に取り込まれてしまう。また子供史同様、老人についての史料も多くない。近代以降には、さまざまな統計資料や医療・介護資料、老人自身の書いたものや口述記録……があるだろうが、前近代では、しばしば文学作品に頼らざるをえないことになる〔*Vieillesse*...1987〕。

耄碌しひ弱で軽蔑・排除される呪われた存在か、経験を積んだ知恵者で家庭でも社会でも権威を帯びた尊敬すべき存在か、いずれにせよそれぞれの社会にふさわしい老人がいる。これら「老人」の意味・役割の多くは、それぞれの時代の文化や社会の価値観や仕組み、世代間関係で決まってきて、逆に老人の姿から文化や社会の様子が見えてくる。人口老齢化が一大問題になっている現代、老人史はより注目を集めることだろう。

＊

「社会史」の誕生により、歴史学はその研究対象を飛躍的に拡大させた。そこでは民衆の生活の諸次元が取り上げられるとともに、近代的価値観によって押さえ込まれていた諸テーマが主題化された。最初にも述べたように、社会史を志す歴史家は、無名の者・抑圧されてきた者・無告の民の歴史、その生き生きした生活ぶりと心模様を甦らせることを自らの務めとする。というのも、政治史として語られると、民衆はもっぱら命令を受け統制される弱くて従属的な存在、もっと悪ければ陰に隠れて見えない存在となってしまうからであり、それにもかかわらず、実際の歴史というのは、こうした人口の大半を占める民衆とともに動くことは自明なのだから。

注意すべきことは、民衆やマルジノー、あるいは女性を主題にするといっても、憐憫史観とか抵抗史観に導かれているわけではないし、そうあるべきではない、ということだ。言葉を奪われた民は、それぞれの時代に、かならずしも迫害され、苦しめられ、あらゆる権利を奪われた犠牲者とはかぎらない。むしろ正当な歴史の作り手としての実質を評価されてこず、そのために発言をする権利を奪われてきた、そうした者たちなのである。知識人の同情から発する民衆史は、しばしば差別感・優越感の裏返しでしかない。さらに社会史・民衆史には、国境、世代、階級、民族の別を越えられる、という大きなメリットがある。

こうしたことからも、社会史を刷新させて再び歴史学の中心に据える必要があろう。

第八章　文化史の課題

一九六〇―七〇年代、フランスで生まれた社会史や心性史は、いわば全体史を目指して編み出された分野だが、伝統的には「文化史」がその課題を担っていた。すなわちヨーロッパ各国、とりわけドイツでは、十八世紀から十九世紀前半にかけて「文化史」Kulturgeschichte の名の下に、個別領域の歴史を越えようとする総合的な歴史学への道が拓かれたのである。

ところが実証史学、そしてそれに支えられた国民史学が各国で発展していく十九世紀末から二十世紀初頭になると、文化史は再び狭い分野と手法に限定・矮小化されてしまう。現在ではこの逆流に抗して、その乗り越えの方途を探ろうといくつかの試みがなされている。それどころか文化史は社会史をも飲み込み、以前にましてその守備範囲を拡大しつつある〔Cf. Rioux & Sirinelli (eds.) 1997〕。

まずは古典的な文化史から検討していこう。

古典的な文化史

文化史には、じつは長い歴史がある。フランスの啓蒙主義時代に、ヴォルテール（一六九四―一七七八年）は『諸国民の習俗と精神について』（一七五六年）で、それまでの史書のような人物事績の羅列ではなく、主要な国民の精神・習俗・慣習の探求を主要目標に掲げた〔Voltaire 1775〕。この姿勢は、次の世紀のF・ギゾーによって引き継がれ、諸民族の生全体の表現たる文明こそが歴史学のもっとも重要なテーマだとする彼は、宗教思想や国民精神の形成に着眼し、単一の古代文明から多様な近代文明までを物語る『ヨーロッパ文明史』（一八二八年）と『フランス文明史』（一八三二年）を上梓している〔ギゾー 2014; Guizot 1830〕。

またドイツでも、十九世紀から文化史は行われている。「文化史」Kulturgeschichte というより「精神史」Geistesgeschichte と名付けられることが多いが、それは精神的表象（理念）の潮流、あるいは出現・形成・伝達・影響――文化的産物におけるそれらの現れも含む――を扱う科学であり、とくにドイツのロマン主義に属するJ・G・ヘルダーにおいては、無意識の創造物はすべて文化史の対象とみなされ、そこに「民族の精神」の表現があると認識されていた〔Cf. バーリン 1981: 279–405〕。

これらの先駆的な試みを受けて、近代歴史学誕生期に本格的な「文化史」を生み出したのは、スイスの歴史家J・ブルクハルト（一八一八―一八九七年）である。ブルクハルトによれば、「文化」というのは、それぞれの時代・地域の人間の生の物質的要求および精神的要求に対応する形成物であり、いわゆる文学、芸術、哲学、社交といった狭い範囲に限定されることなく、国家や教会の制度、経済体制なども含むものと考えられている。ただし文化の構成要素としては、芸術に特別な創造的役割をあてがっている。そして芸術の各分野はそれぞれ秘密に満ちた「振動」Schwingungen に脈打っているが、その「振動」には魂が宿り、そこから生まれるのはもはや個人や時代に囚われない象徴的で不朽のものだという。

彼にとっては、不確実で外的な出来事――政治史の対象――とは対照的に、文化史は持続し反復する確実性の高いものを目指す。しかも国家と宗教が強権を振るう固定的な生の組織であるのに反し、自由な社交にもとづく文化は、そうした強権組織をたえず修正・分解する方向に働くと信じていた〔レーヴィット 1977: 225-234; Gil 1993: 137-204〕。

そして彼は、『イタリア・ルネサンスの文化』（一八六〇年）において「文化史」を模範的に実践した〔ブルクハルト 1974〕。さらに後年の作『ギリシア文化史』（原著、一八九八―一九〇二年）では、可能なかぎりの広い領域をカバーしてギリシャの偉大な歴史的生命を描き出し、神話によって、また神話とともに生きていたギリシャ人の精神世界が滔々とした文章の流れに乗って表現されている〔ブルクハルト 1998-99〕。

もう一人の先駆的な文化史家は、オランダのJ・ホイジンガ（一八七二―一九四五年）である。彼は一九二九年、「文化史の課題」という論文で以下のように述べている。

文化史が政治及び経済史から区別されるのは、より深遠なもの、より普遍的なものへの指向を意識しつづけているからこそ、その限りにおいて文化史の名にふさわしい、という理由からだ。国家や経済は全体としても、また同時に個々の現象としても存在する。ただ全体としてのみ成立するのが文化である。文化史の細目は道徳と慣習、民俗学、古物蒐集の領域に属し、いともやすやすと骨董学になってしまう。（……）文化史を自然の区分にしたがって分けようと思えば、宗教史、教会史、芸術史、文学史、哲学史、科学史、技術史と分けることが出来る。これらすべての分野で細かい事象を追求する課題が生ずるのは当然である。対象の確認はなお十分な研究を望んでいる。しかし、この歴史的個別研究の結果が、たとえ綜合と意義づけを導いたとしても、まだそれは文化史を表現したとはいえない。同様に、様式の歴史も精神史も言葉の完璧な意味では文化史と言いきれない。ただそれらが、生活形式、創作形式、そして思惟形式を浮き彫りにするよう協力して働くようになる時、始めて現実的に文化史について語ることが出来る〔ホイジンガ 1965: 15-16〕。

こうした、普遍を指向しつつ全体を深みから捉える文化史は、ホイジンガ自身が中世末期のブルゴーニユ公国の爛熟した宮廷生活を時代の雰囲気とともに活写した『中世の秋』（一九一九年）において実践しているし〔ホイジンガ 1976〕、ブルクハルトの作品もそう評価できよう。だが、これらの名著に窺われる、通時的な歴史の流れに沿って物語を語っていく替わりに少数の文学作品や図像を時代を映し出す鏡とみなすようなやり方や、逸話をクローズアップして印象づけようとするような手法、恒常的類型的なパターンを突き止めることに注力する反面、個別の差異を隠して表に出さないやり方には批判があった。

たとえばドイツ政治史を国家と社会の相互作用で考えようとしたH・フォン・トライチュケ（一八三四―一八九六年）は、ブルクハルトの文化史（『イタリア・ルネサンスの文化』）について、「すべての人は、ここに何か欠けているという感じを持つ。まことにそこには行為する人物が欠けているのだ」と非難している〔Treitschke 1911–13, I: 65〕。さらにマルクス主義歴史家にとっては、こうした古典的文化史は宙に浮いていて、経済的・社会的基盤との繋がりがまったく考慮されていない欠陥品と見えた。

これらの批判には一理あろう。しかし文化史の使命がホイジンガの言うとおりならば、差異や闘争を超えて、時代主導的な色調を生き生きと甦らせることにも大きな意味があろうし、またブルクハルトがあえてクロノロジーに沿った論述を放棄したのは、時間の先後と因果関係を特権視して、事物の形成をもっとも主要な「原因」に帰すというやり口に陥ると、ある時代の全体像を見出せなくなってしまうからだろう。因果関係による「説明」よりも、構造や文脈の中での意味の「理解」、意味とイメージによって生の連関が結び合わされ、そこに歴史の深層が浮上してくる点が重視されたのである。

新しい文化史へ

もう一つ古典的文化史への注目すべき異議申し立てないし修正意見の声が、先にも言及した「民衆文化」へ熱い視線を注ぐ歴史家たちから上がった。とりわけイギリスのE・P・トムスンは、――ブルクハルトやホイジンガの――差異を隠して等質の一枚岩の文化像を打ち出し、輪郭を無理にはっきりさせた全体論的な時代像に読者の極端な共感を強いるようなやり方は承服できないとし、そのような文化史は世代、階級、身分ごとに異なるはずの文化的アイデンティティの違いを無視していると、批判している。

そしてトムスンが一九六三年に上梓した『イングランド労働者階級の形成』は、社会史の傑作でもあるが、同時に階級形成プロセスにおけるさまざまな民衆文化――労働組合・友愛組合の相互扶助の儀礼、職人の加入儀礼、祝祭、メソジストの信仰復興運動、食べ物の象徴主義、多様な性格の暴動、農村の活気ある伝統――を考察しつつ抵抗が発生する文化的脈絡にも着目した「下からの文化史」になっており、この庶民に軸足をおいた新たな文化史は、多くの学者たちの受け容れるところとなった〔トムスン 2003〕。

ほかにフランスでも一九七〇年代から「民衆文化史」が、社会のごく一部の者たちが創ってきたエリート文化特別視への批判として登場してきたことは、すでに前章で述べたとおりである。

ホイジンガやブルクハルトの作品は古典として残ったが、文化史はその後、欧米ではより成功した分野、社会史や心性史の影に隠れてしまった。だがどういうわけか、一九七〇年代に文化史が再発見される。文化史は、近年多くの国で持ち上げられている多文化主義に適合的な分野だし、文化史の枠内で議論すれば、特殊な個物を扱っても、他の事項との関連・共通性を探せるというメリットがあるからだろう。

一九六〇年代末以降に出版された書物や論文のタイトルを見ても、文化史はまさに何でもありの状態である。何でもありなのはテーマだけでなく、文化史ではすべてが史料だ、という言葉もあるように、それまで史料の地位を認められなかったようなもの、雑誌広告とかパンフレットとか、日記・書簡、落書きなどまで史料として普通に使われる。かつての高踏さは影を潜め、今では「文化」が低級なもの、日常的なもの、風俗的なものをも指しうるのは、民衆文化論の貢献——あるいは弊害——であろう。

さらに人間は性別や身分階級・年齢だけでなく、職業、社会集団、宗派、イデオロギーなどでもさまざまに区別されうる。だからある人間の行為や作品を、一つの観点からのみ統一的に解釈するのでは不十分だと「新しい文化史」は考え、しかもその人間が所属する範疇・カテゴリー自体、歴史的形成物だということも忘れないのである。

この「新しい文化史」の台頭には、英米での一九六〇年代の「カルチュラル・スタディーズ」の隆盛が影響していよう。カルチュラル・スタディーズは、フランス流のポスト構造主義をマルクス主義や民衆文化論と交流・対話させたところに生まれ、マルクス主義の経済的範疇に代わる、文化を前面に押し出させることになった。

この流れの中で歴史家の扱う文化は、人類学的な広い意味での文化となり、ある社会に固有の集合的表象と言い換えられる。文化史はいわば社会史の一様式になるのだが、同時に、階級の歴史のような従来の社会史とは一線を画し、表象とそれを構築する個人や集団の諸実践・慣習行動および形態に注目した「表象の社会史」としての文化史が登場する、といった経緯を考えればよいだろう。社会集団を切り出し浮き立たせるのが文化であり、意味深い差異の全体だが、社会集団を所与のものと思い込んでそこから出発しないことが大切である。文化史は、経験から経験についてのディスクールへと、またその逆へと、たえず行き来せねばならない。

「新しい文化史」＝表象の社会史が推進されたフランスでは、同時に、人類学の影響も著しく、七〇年代から九〇年代にかけて「歴史人類学」と呼ばれる学問分野が誕生したことも既述のとおりである。フランスのほか英米圏でも、歴史人類学に関心を寄せる歴史家（文化史家）が増加した。文化とは独自の自立した領域だ、という古典的捉え方に対するアンチテーゼは、文化は社会の関数（あるいはその逆）という考え方であって、文化と社会の関連づけの究明のために、人類学的方法に白羽の矢が立てられたのである。

この点でもっとも影響力が著しかったのが、アメリカの文化人類学者C・ギアツの考え方である。彼の主著『ヌガラ』では、十九世紀バリ島の華美豪奢をきわめた国家儀礼は、権威を正当化するための政治的比喩のパターンを演劇と装飾を通じて創り出す企てであり、国政術とはとりもなおさず演劇術であった、と説かれる〔ギアツ 1990〕。そこでのシヴァ神の神々に対する関係、神々の国王に対する関係、国王の貴族に対する関係、貴族のプルブクル（村長）に対する関係、プルブクルの民衆に対する関係、これら五種の関係はことごとく相同であり、同一の現実の異なった表現にほかならないことが示される。さらに王宮の建築パターン・区画配置とその意味が明らかにされ、中央支配の象徴論が解明されていく。

儀礼と象徴の歴史

アメリカの歴史学界でのギアツの影響力は、絶大だったようだ。一九八〇年代以後の歴史学界では、この『ヌガラ』のインパクトにより、儀礼・象徴研究が大流行した。

しかし、こうしたギアツ流の方法がそのまま墨守されたわけではなかった。それに対する批判を約言すれば、ギアツの方法は、歴史的現実をテクストと見立てた記号論的分析であり、政治的なものと象徴的なもの、現実と象徴を同一レベルの別々の機能と捉えていて、分析対象の複数の文化的テクストが、相互にどう関連し、また経済・社会の全体プロセスといかに関わるかについてはほとんど触れていない、というものである。そもそも遂行された行為・儀礼や語られた話を、「テクスト」とか「読む」とかのメタファーで論じて一緒にするのはどうか。さらに象徴体系というテクストは、それぞれの読者（個々人・諸集団）によって異なった読まれ方をし、影響をおよぼすはずなのに、文化的諸形式の所有・使用・解釈における差異を消去してしまっている、と不満が述べられた。こうして現在では、ギアツの歴史家への影響力は衰えている。

ギアツの影響力の後退と入れ違うように、従来からあったE・P・トムスンのような社会史的アプローチで民衆とその暴力をめぐる儀礼や象徴行為を考察したり、表象の歴史学としてそれらを研究するものが多くなった。そして一九七〇年代からの「民衆文化」への関心の高まりとともに、祭り、シャリヴァリ、カーニヴァルなどが恰好のテーマになった。カーニヴァルをめぐるM・バフチーンの古典的研究以外に、アメリカのZ・デーヴィスやフランスのA・ビュルギエール、N・ゴンティエ、Y-M・ベルセらの研究が重要である〔バフチーン 1995; ベルセ 1980; ビュルギエール 1986; ゴンティエ 1999; デーヴィス 1987; cf. ハント編 1993: 69–107〕。

これらの研究では、人類学や社会学の成果が取り入れられ、民衆の無法な暴力に見えるものも合理性を欠いてはおらず、一種の儀礼ないし劇場化された行為で、何らかの道徳的確信と正当性についての共通の感覚を持って行われていると捉えた。さらに、それは本当に象徴自体の性質や意味を変容させることで成功した儀礼になっているのか、そうではなく形だけの失敗儀礼なのか、聖書や典礼の慣習、異教的要素、神話学と突き合わせた象徴の検討とともに、あくまで歴史的文脈の中で解釈するべく注意が払われている。民衆の集団的暴力や非日常的行動以外に、とくにフランスで儀礼・象徴文化史の対象になったのは「フランス革命」と「国王儀礼」であった。

フランス革命のもたらした政体も、その統治の正当性を伝え再確認するための儀礼やシンボルを必要とし、衣服やその着こなし、日常の振る舞い、印章のデザイン、貨幣、画像、そして祭典など、いずれも政治闘争の場をなしたことが諸研究により確認された。これについては、第一〇章の「政治の文化史へ」の節で詳しく記すことにしよう。

もう一つの「国王儀礼」については、一九八〇年代以降、中世および絶対王政期の儀礼研究の中で多くの歴史家の関心を集めた。とくに成聖式、葬儀、親裁座、入市式、瘰癧治癒など観衆を前に執行される儀礼が研究の中心であり、フランスのアナール派や英米の歴史家たちが追究した。

しかしドイツ語圏では、より古い時代に、基本的な研究がすでに行われており、それが後に見直されている。たとえば、P・E・シュラムによる皇帝・王の権標研究や、諸著者による君主と都市の間の法的・政治的関係の明確化およびその駆け引きの儀礼としての「入市式」Adventus研究が目立っているが〔Schramm 1958; Willmes 1976; Schenk 2003〕、とりわけE・カントロヴィッチ（一八九五―一九六三年）の『王の二つの身体』が決定的に重要である〔カントーロヴィチ 1992〕。

カントロヴィッチは言う。王は自然身体と政治身体の二つを持っており、前者は自然・偶然に定められたあらゆる虚弱さを抱え、また幼年・老年の痴愚にも服する。だが後者の政治身体は、見たり触ったりできない政体と統治（機構）から成る。それは人民の統治と公共の福利・繁栄のために制定され、幼年・老年や他の自然の欠陥・痴愚からは免れているため、王がこの政治身体において行うことは自然身体の廃疾・無能により無効になったり挫折させられたりはしない、と。しかしこの見通しには一部批判もある〔Cf. Boureau 1988〕。なお王の身体の問題と密接に絡んだ葬送儀礼も、最近多くの歴史家が取り上げている。

一方、聖界の頂点に坐るローマ教皇の「身体」についても、十一―十五世紀にわたる教皇の人間的・身体的な面と制度的な面の間の緊張を「身体の脆さと儚さ、そして自己屈辱のテーマ」で再構成するA・パラヴィチーニ・バッリアーニらの優れた研究があることを付記しておこう〔Paravicini Bagliani 1997〕。

「儀礼」は日本の西洋中世史研究者も注目し出しているテーマであり、たとえば服部良久は、G・アルトホフを中心とするドイツの研究潮流にも棹さしながら、とりわけ十―十三世紀に、中世ドイツ王（皇帝）が自分と諸侯、そして諸侯間で繰り返される紛争の解決のため、コミュニケーション空間の中枢たる王宮廷での儀礼（身振り、象徴）を利用して、和解と妥協の産物たる政治秩序を樹立・維持しようとしたプロセスに着目している〔服部 2020; Althoff 2003, 2014; cf. 池上 2008〕。

インテレクチュアル・ヒストリーの利用法

以上、見てきたように、一九七〇年代以降の社会史の急速な台頭の中でも、文化史は古典的な姿を脱皮して、一方で「民衆文化史」に方向転換し、他方では「表象の社会史」として生き延びた。しかしよりハイブロウな「知（性）の歴史」の学者たちは、自らの専門分野に本質的な危機が訪れていると感じていた。「知の歴史」の歴史家たちは、物質的条件以上に観念の力を重んじ、それが人々を促して時代が転換すると考えてきた。それで彼らは、観念・思想が時代を閲して、一種の原理として歴史のさまざまな領域（哲学、科学、文学、芸術、宗教、政治）においていかに受け継がれていくか、知的エリートのみならずより大きな集団の集合的思想の中にも、その観念形態（configurations idéelles）を追跡することに力を注いだのである。A・O・ラヴジョイ（一八七三―一九六二年）の『存在の大いなる連鎖』はそうしたジャンルの研究の代表作である〔ラヴジョイ 1975〕。

E・カッシーラー（一八七四―一九四五年）の、テクストから目当ての原理や理念を抜粋・抽出し、包括的で形式化された言説様式や象徴的形式（哲学・文学・神話・歴史・宗教）に関係づけようとするやり方もラヴジョイと大きくは異ならない〔カッシーラー 1989-97, 2021〕。またヨーロッパ中世思想史の業績を眺めても、大半は主要観念ないし概念（無限、時間、運動、場所、自然、恩寵）や魂と身体の関係、三位一体の理解などが、代表的な著作家によっていかに論じられ、また受け継がれていったか、ユダヤ思想やプラトンやアリストテレスの思想はスコラ哲学にどう影響を与えたか、といった形の問題設定である。

伝統的な知の歴史ないし思想史においては、いずれも思想家による観念／概念（の再構成）の他の思想家のそれとの比較にとどまったり、複雑なはずのテクストをめぐって、ある同一観点から分析される還元的方法が取られたり、また観念や意識構造が諸テクストから抽象され、様式ないし象徴形式に関連づけられてそこに収まるだけになってしまったり、さらにはもろもろの観念やテーマがいかに生まれてほかのものと結ばれ、そして他領域へと移るかというクロノロジカルな歴史発展の再構成に終始してしまったりする。こうしたアプローチは「地に足の着いていない観念史」として、社会的な志向のパースペクティブを採用する者たちからの非難を浴びた。

ところが、D・ラカプラが『思想史再考』でいみじくも指摘しているように、観念の「社会史」も、じつはそれが批判する地に足の着いていない観念史と前提を共有しているのではないだろうか〔ラカプラ 1993: 32-33〕。というのも、観念の社会史も観念とか意識構造とか心性を、比較的問題のない実体と捉えており、それらがテクストの中でいかに機能するか、あるいは言語の実際の使用の中でいかに機能するかと問うことなく、観念を生み出した社会的原因や起源、そしてそれらが同時代の歴史の中でどんなインパクト・効果・結果をもたらしたかの考察に傾注しているのだから。

こうした、ラカプラの指摘・要請をクリアすべく、一九八〇年、とくにその半ばから甦った文化史の一形態が、「インテレクチュアル・ヒストリー」である〔Dosse 2003: 199-278; Harlan 1989; Boucher 1985〕。これは、ある思想の、創始者の存在からの系譜的な探求とは袂を分かち、コンテクスト的アプローチ、つまりテクストを理解するためにそれが作成されたコンテクストを十分理解しようとする方法を採用する。だがそれだけではなく、この方法は、作品全体、その著者、またそれらを生み出したコンテクストの三つを調和させようと努めるのであり、テクスト内だけで修辞やパラドクスにより表現された矛盾や緊張を尋ね当てるような作品の内在的読解と、社会関係だけを特権化する外在的アプローチの二者択一という貧しいやり方を拒むのだ〔ラカプラ 1993: 21-70; cf. LaCapra 1992〕。そしてこの流派の学者たちは、まずは研究対象の時代に流通していた言語およびそれと関連する思考カテゴリーから出発し、その際、言語と社会は相互に依存し合い形成し合うのであって、テクストの読み書き行為というのは、歴史によって決定されるとともに歴史を決定する文化的営為だと捉えられている。

「インテレクチュアル・ヒストリー」が誕生・発展したアメリカおよびイギリスでは、まさに多士済々が、それぞれ工夫をこらした方法によって近代政治思想やルネサンス思想の根本的な見直しを行っている。

しかし、イギリスの哲学者Ｊ・Ｌ・オースティンの「言語行為論」を支えとし、テクストを検討することで、何よりも著者の本来の「意図」を再構成しようとするＱ・スキナー、テクストから著者の意図や動機を引き出すことではなく、著者が使用する範型的言語、また思想・意識の特定の持続的な型そのものに関心したＪ・Ｇ・Ａ・ポーコック、テクストの象徴構造とその著者の経歴や社会に見られる象徴構造との間の相互作用の解釈を通して、権力の取る一形態が人間的表現におよぼす結果を具体的に把握しようとする新歴史主義の代表者Ｓ・グリーンブラット、といったように論者により方法には相違もある〔Skinner 1978, 1996, 2002; スキナー 1990; ポーコック 1993, 2008; グリーンブラット 1992〕。またアメリカでは一九九〇年代から、Ａ・グラフトンやＰ・フィンドレンによるルネサンス期から近代ヨーロッパにかけての文献学・聖書解釈学や人文主義・科学文化への斬新なアプローチが登場し、波紋を広げた〔グラフトン 2015; フィンドレン 2005〕。

インテレクチュアル・ヒストリーの成果の中には、読んでいてじつにスリリングなものも多い。しかし、議論自体が散漫で回りくどいレトリックになっていて、かならずしも論理的に議論が前に進んでいないとの印象を受けることもある。文化の全体的見取り図が見えてこないとか、Ｔ・ホッブズとかＪ・ロックとかの思想家個人の固有性が消し去られてしまうのも、欠陥といえば欠陥だろう。

テクストを他の象徴的・表象的・表現的なメディアである音楽、絵画、ダンス、身振りなどと関連づける試みは、異なるメディアを介しての実践の間での相互作用や翻訳——意味の喪失と獲得——の難しい問題を提起するし、個人であれ社会であれ、現実世界がさまざまなしかたでテクスト化されているとの捉え方も、はたしてそれでよいものなのか、ギアツへの批判がここでも当てはまるのではないだろうか。

文化史・社会史・宗教史

これまで見てきたように、「文化史」の守備範囲と方法は近年では大きく変容しつつあり、また他の諸分野と重なり交差する部分が非常に大きい。これは「文化史」だけでなく「社会史」もまたそうであった。だから文化史と社会史は近づき、融合・一体化しつつあると評されるのである〔Poirrier 2004: 265–274; Eley 2005〕。

かつて国家（＝政治や制度）が歴史を構造として総合的に捉えるもっとも強力な枠組みであったとすれば、今度は文化や社会や心性がそうなるべきだ、と私は信じている。つまり社会史も文化史も（心性史と並んで）全体史の道具だと考えているのだが、では、社会史と文化史はいかなる関係にあるのだろうか。現在、社会史が文化史を吸収合併しつつあるのか。あるいはその反対なのか。一九七〇年代には、社会史が歴史学の首位を占めようと油然と版図を広げていったが、今ではより折衷主義的なアプローチとテーマのレパートリーを持つにいたった文化史に取って代わられつつあるようにも見える。

両者はほとんど差がなくなりつつある、ともいえるかもしれない。文化史が社会史に近づいているのは、文化史が文学や絵画のみを相手にするのではなく、技術や経済的ないし政治的な出来事、さらには庶民的で卑近な産物をも考慮するようになったから、あるいはそうした領域との関係こそが文化現象の表象を可能にし、その解釈が可能になるからであろう。また文化は、かならずある集団の文化――その集団のアイデンティティを構成する――だと考えられるようになり、集団間での相違や隔たりが問題にされると必然的に社会史的な議論になるし、固定した特徴を備えた集団が先在して文化はそれを反映するのではなくて、文化的プラティークが集団間の社会的相違を構築すると捉えると、表象の社会史としての文化史になるからでもある。

それでも別々の用語で表現するメリットがあるならば、文化史と社会史の相互関係はどう考えたらよいのか、この点について私の立場を提示しておかねばなるまい。

古い書物だがいまだ示唆に富む中井信彦の『歴史学的方法の基準』に従えば、生活の日常性次元で生きる人間の時空を超えた創造的行為の果実が「文化形象」であり、それが独自の次元を成し、固有の歴史を持つ〔中井 1973: 251-259〕。その形象は、それを生み出した日常性次元領域にとって「聖なるもの」であり、それ自身が自己完結への志向性を持ち、ゆえに一義的な「合理化」への志向性とエネルギーを有する。そこには、音楽、絵画、彫刻、文学、演劇、あるいは思想、哲学、科学のほか、宗教が含まれる。この形象の自律性は、だから自らの母体たる特定社会の特定領域を越えて自己実現しようとし、かつ母体を離れても自己実現しようとする。だからそうした形象は、時間と空間を超えて回生し、新たな形象のための素材や刺激となるところにその特性がある……このように論じている。

もう一人、石田一良もこれに通ずる主張をしている〔石田 1990: 1-134〕。すなわち、文化史は歴史を「間柄」=文化の展開として捉えようとするが、文化は歴史的世界と超歴史的世界の交錯するところ、言い換えれば両世界の対立がそこにおいて止揚されるところに成立する、第三の世界に属している。文化史学は、目に見える人間の一切の営為およびその所産には、その目に見える姿に即して方法・様式が存在していると考え、さらにその方法・様式のうちにはまったく目に見えない文化が働いている、と考える、文化史学は歴史を「永遠の相の下に」示すのだ。それは特殊史でありつつ普遍史であり、国民史でありつつ人間史である……と。

以上紹介した二人の文化史観は、大時代の古めかしいものにも見えるし、古典的な文化史ならともかく、「民衆文化史」や「表象の社会史」としての文化史が十分に捉えきれない恐れがあるが、社会史との区別を言う場合には役立つように思われる。

すなわち、私の言葉でパラフレーズすれば、文化史は具体的な作品――高級な文化にかぎらず民衆文化の産物も含む――に結実した心性の現れを対象とし、その時代・地域の歴史的なコンテクストの中で理解することを目標とするが、その価値は、時代を超えて引き継がれ、ときに新たな文化作品の素材ないし刺激になるところにある、つまり歴史を「超える」ところにあると解される。

これに対して、社会史においては、ある時代の人々の性向と人と人との関係のもたらす諸現象・産物が対象となるが、それは先行する、また後につづく社会との間に布置の変更がありつつも、ともに日常として地続きなのであり、歴史を「超える」ことはなく、つねにそこに「内在」している。また社会史で明かされる解釈は、文化的な業績の意味や価値を、時代の構造に位置づけて評価するときにも役立つ。

もちろん文化と社会は無関係ではなく、文化史が稔り豊かになるには、社会史との適切な協力関係がなければなるまい。すでにドイツのG・リッターは、人間精神の最高の創作で生み出された文化は不滅で歴史的な領域を越えるが、それでも「その形式は、時代に制約されており、またその成立は、まったく一定の、一回的な、かつ歴史によって研究されうる条件のもとでのみ可能となったものである」としている〔リッター 1968: 10-11〕。民衆文化史や表象の社会史は、文化史と社会史両者の間の接着剤として役立とう。

さて、ここでこれまで主題としてこなかった歴史の分野について触れておかねばならない。「宗教史」である。中井が「文化形象」の中に「宗教」をも含めているように、宗教史は文化史の一環としても扱えそうである。しかしながら宗教史には宗教史ならではの特殊性もあろう。中井と石田は、文化史には永遠の相とか聖なる性格があると特徴づけていて、歴史を超越した価値が生まれ残っていくとするが、それでも、文化はその生まれる土壌が社会の内部であり、文化的産物がその生まれた社会の刻印をいつまでもとどめていることは間違いない。

ところが宗教現象には永遠の相、聖なる性格があるだけでなく、その生まれる経緯も、非日常というか、その価値体系は社会のそれと倒立しているのであって、他の文化現象とは性格が異なるし、それらとは別様のしかたで、歴史を創っている。

一般に、宗教史は日本の仏教史でもヨーロッパのキリスト教史でも、宗派を築いた宗祖らの伝記的研究や教義、神学者・高僧の思想、聖職者・僧の存在様態、典礼・儀式、教会・教団の組織や制度・法などを俎上に載せてきたし、近年は一般民衆の日常の信仰・礼拝や女性信心、宗教的表象、説教活動や布教の広がりなどにも焦点が当てられている。宗教史とはいえ、大半は制度史や社会史とうまく接合させることが可能であろう。日本の寺社もヨーロッパの教会や修道院も、政治的・経済的に大きな力を持っていたので、政治史や経済史との連携ももちろん可能である。さらに宗教史を文化史の一部門であるかのように扱った書物・論考もあり、宗教と文化変容や都市生活との関わりが人気のテーマとなっている。

だが、宗教現象の本質たる神秘体験、霊性、宗教感情などに沈潜して探求していくと、政治・経済・社会などと関連づけて、そのコンテクストの中に宗教現象を位置づけよう、その意味を探ろうとしてもうまくいかないことがある。永遠の神への信仰を揚言する超越的な宗教は、そもそも歴史の時間の外にあるからだ。

ここに一つのパラドクスがある。宗教を科学的用語で説明すること自体、宗教が社会に根拠を与える（設立する）と考えるのをやめることに繋がる。そして宗教は表象の一つにすぎず、他のものと比して別段特権性のない、一文化的産物と捉えることになる。しかしそうなると、ヨーロッパ中近世、あるいは他の文明圏でも前近代（一部は現在でも）の世界を秩序立てたコード化を逆転することになってしまうのである。

歴史研究者は一般に、宗教現象（聖職者のあり方、神学、信心業、新たな宗派、神秘主義、異端運動……）の真実性の位置づけではなくて、それらの現象が、それらを説明するべき社会や文化の諸タイプとどんな関係を結んでいるのか、という点に興味を抱く。だから宗教現象は、一種の症候、他の解明すべきものの徴になる。しかしたとえばヨーロッパ中世においては、神学はまさに同時代人らにとって社会を深く根拠づけていたことを忘れてはならない。もともと説明対象であったもの（＝社会）が、中世人にとっての説明根拠（＝神学、信心業）を現代の私たちにわかるものにしてくれる、という逆説。この対象と根拠の逆転に割り切れなさがつねに残るのである。

このあたりの微妙な点を考慮しつつ仕事をしたのが、フランスの宗教史家A・デュプロンであり、またその師のP・アルファンデリだろう〔Dupront 1997, 2015; Alphandéry & Dupront 1954-59; Iogna-Prat 1998〕。彼らは、日常の中に聖なるものが入り込んでくる奇跡的インパクトを否定せずに、歴史を語ろうとしているからである。

アルファンデリの著作『キリスト教世界と十字軍の理念』は、十字軍遠征と戦争の外的事実を語っているのではなく、この驚くべき遠征の内的歴史、奇跡の心理学である。現実生活が驚異と二重化していた時代、十字軍という非日常的出来事に「俗人」が入り込み、そこにおいて終末論の歴史を実際に体験していたことを顕にした集合心理・宗教的感性の研究である。

デュプロンの超大作、二〇〇〇頁を超える『十字軍の神話』はどうだろうか。これも集合心理学ともいえるが、ここに描かれているのは、混乱しパニックに陥った、生きることに酔い、神を表現するディオニュソス的な人間のあり方である。教会の組織を超えて働く存在のダイナミズムすなわち集合的魂の中の不合理な生を、「聖なるもの」がその衝動の高みへと到達させてくれている。

デュプロンはまた、十字軍以外を扱った他の論考においても、キリストの人間存在への受肉（人となった神）、聖なる場所（教会、巡礼地）、聖なるモノ（聖遺物）といった、キリスト教の中心にある擬人観（神人同形説）や聖性の具体化を評価する。長期持続のタイムスパンで、時代の集合的な生命を深層で摑まえるのだが、問題となる時間は線的な時間のみでなく、予言、終末、待望の感情的＝聖なる時間でもある。キリスト教におけるさまざまな神話の創造が興味深いのは、西欧の長い歴史の中での「一種の超社会の創造への集合的欲求」、すなわちつねに奥深くに隠れているが、周期的に表面に現れる衝動の存在を示しているからである。

H・ホワイトは、「奇蹟的な出来事は、自然の外部や、それ以上に歴史の外部にある力の発現なので、奇蹟的な出来事は歴史的事実としてけっして扱うことのできない唯一の出来事なのである」と述べるが〔ホワイト 2017b: 71〕、E・トレルチやF・マイネッケらの歴史主義も、宗教を道徳的相対主義の克服のための最終的希望としつつ、宗教と歴史的世界を折り合わせることには成功していない。宗教現象を歴史学に取り込むには、あるいは他の領域と関連づけるにはどう位置づけたらよいのか、難しい課題である。

第九章　土台としての自然と身体

自然が歴史学に関わってくるのは、気候、土地柄、植物・動物相などが、人間とその社会に影響を与えたり逆に与えられたりして、互いに密接な関係を結ぶ「環境」となるときにかぎられる、というのが伝統的な歴史学の立場だろう。しかし近年では、自然災害に世界の関心が集まっていることもあり、多くの歴史家たちは人間と直接の相互作用のない自然現象にも目を向け始めている。

「人間のいない歴史」宣言

アナール派の第三世代を代表する歴史家の一人であるE・ルロワ・ラデュリは、『歴史家の領域』（一九七三、七八年）に収められた「気候」に関する論文で、「人間のいない歴史」宣言によって耳目を驚かせた〔ル・ロワ・ラデュリ 1980: 99-141; cf. ル＝ロワ＝ラデュリ 2000; Alexandre 1987〕。

ルロワ・ラデュリが強調しているのは、気候学は人間の歴史を説明するためにあるのではなく、あくまでも気候変動を知ること自体が目的だということである。そして大量移住や文明・社会の衰退を大きな気候変動に求める抽象的で思弁的なやり方は是非とも避けねばならず、ひとえに精確な気候条件・気象上の変遷を、歴史家は自然科学者と手に手を取って詳らかにすべきだというのだ。

十八世紀ないし十九世紀初頭から、気温データはかなり揃っているし、雨や気圧についても――信用性はやや劣るものの――十八世紀から天文台の文書やアカデミー・学会の資料としてデータが存在しているという。こうした統計的データが見込めない十八世紀以前については、年輪年代学が大きな武器になり、植物季節学、雪氷学、花粉学や放射性炭素年代測定などを組み合わせると、何世紀にもわたる氷河変動がわかり、気候も想定できるそうである。

とくに歴史家にふさわしくその貢献が期待できるのは、古文書を用いた気候研究である。古文書館には長期にわたる葡萄収穫時期の日付が保存されていて、三月から九月の暖冷の貴重な記録になっているのだから。しかも葡萄収穫時期だけが気候史料になるのではなく、ワインの質の記録も使える。より古い時代、中世についても、歴史家なら書簡、年代記、覚書、教区簿冊から気候に関わる出来事を抽出し解読できるのである。

気候変動にとどまらない。「人間のいない歴史」の対象としては、彗星・日食月食などの天体現象、地震・噴火、地殻変動、川の流れの変化などが考えられるし、実際に研究されてもいる。しかも一見「人間のいない歴史」に見えても、人類誕生以後は、手つかずの原始的自然と見えるものさえ、じつは直接・間接に人間により加工されたものが多いし、野生種として残っている動植物は、人間が手を出す時間や労力をかけずにそのまま放置しただけであり、その意味で人間との関係の下に存在しているのである。結句、いわゆる「人新世」には自然のままの生態系も地質もなく、人間は自然との複雑な関係の中、牧畜と飼料栽培、荒地の灌漑農業、堤防・運河建設、斜面の段丘化などを行い、動植物相の均衡、気候、海岸・川岸の地形や水利を変えていった。さらに気候変動、地震・洪水・噴火などは、目撃者・証人・分析者としての人間がいたからこそその存在が知られるのである〔Chesneaux 1976: 120-127〕。

ただし、人類誕生以前の宇宙時間の出来事については「歴史」と呼ぶのは難しく、生物学や生態学、地質学や宇宙物理学などの自然科学分野の「自然史」研究の受け持ちだろう。

地理学との対話

「人間のいない歴史」で歴史家が自然科学者と協力するのも悪くないが、むしろ私たちとしては、かねてより「地理学」との対話が必要とされていたことに思いをいたさねばなるまい。たとえばフランスでは、ナショナリズムの意識が高まってきた十七世紀には、フランスという「人格」の「身体」に相当するのが「地理」であり、それが「歴史」と協力することで、国民への教育効果が高まると考えられた。そして十八世紀になると、地理的条件が人間の生活のあり方、つまり歴史に大きな影響を与える、との指摘が頻繁になされるようになった。

第一章でも触れたが、モンテスキューは、主著『法の精神』（一七四八年）の第三部で、有名な風土決定論的な議論を繰り広げている。とりわけ気候が身体の外側の繊維に作用することにより、弛緩させたり収縮させたり、血中の水分を発散させたりさせなかったりするが、その結果として精神の性格や心の諸情念、美徳や悪徳が風土ごとに極端に違ってくる。そのことを彼は、中国・インド・アラブ世界ほかアジア各地、アメリカ、古代諸国、ゲルマン諸民族、ヨーロッパの南北・各国などを例に示した。そして法律（たとえば私有奴隷制、家内奴隷制に関するもの）や政治体制も、こうした情念や性格の差異と相関的にならざるをえないと説明している〔モンテスキュー 1989, 中: 27-197〕。

またヴォルテールも歴史に作用する気候に着目し、たとえば前章で言及した『諸国民の習俗と精神について』（一七五六年）の第三章では、アレクサンドロス大王以来のインド人と北方の民（ヨーロッパ人）の性質の違いを、気候の差とそれに規定される食事に帰している〔Voltaire 1775, I: 39-40〕。

こうした先駆者の後、十九世紀末―二十世紀初頭になると、より学問的に洗練された地理学、そして歴史学とタッグを組むことが可能な地理学が生まれてきた。自然地理学から分かれた近代の人文地理学の創始者といえば、ドイツのF・ラッツェル（一八四四―一九〇四年）とフランスのP・ヴィダル・ド・ラ・ブラーシュ（一八四五―一九一八年）の名が挙げられる。

前者の主著は二巻の『人類地理学』*Anthropogeographie*（一八七二―九九年）で、とくにその第一巻では、人類の文化と社会が、さまざまな自然環境にいかに規定されているかという地理的決定論を説いている〔ラッツェル 2006〕。

一方後者は、一九〇三年に『フランス地理のタブロー』を刊行した〔Vidal de La Blache 1903; cf. ヴィダル・ドゥ・ラ・ブラーシュ 1940〕。同書では、フランスの地域、地方、国家はそれぞれ長期にわたる人間と自然環境および人間相互の関係によって形成されていった文化的産物であり、フランスという国は、地理的な多様性が糾合して個性的な歴史的統一が出来上がったものだと考えられている。ヴィダル・ド・ラ・ブラーシュは地理学の中心にあるべきものを地域・郷（pays）の景観や生活様式に関する知識・理解だとし、それを人間と自然環境が相互に働き掛けた結果だと捉えた。同書に含まれる国土とくに農村風景への愛着は、アナール派にも多大の影響をおよぼした。

フランスやドイツばかりではない。二十世紀初頭、イギリスでもアメリカでも、地理は歴史の必須の土台であって、それぞれの国の発展や対他関係などいずれもその国の気候や土地柄、産物などの知識がないとわからない、歴史は地理なしでは理解できない、と説かれたことも付け加えておこう。

これら人文地理学の古典的成果を受けて、歴史家であるL・フェーヴルが渾身の力で研究・考察した成果が、一九二二年に出版された『大地と人類の進化』である〔フェーヴル 1971-72〕。フェーヴルはヴィダル派に依拠しつつ、地理が歴史を全体的に規定する必然性はないが、可能性はいたるところにあって、それをどう使うかを決めるのは人間だ、と主張する。たとえば、都市の発生と発達について、形成要因となる特定の位置——たとえば湖の端——にあることが共通でも、それだけで諸都市が同一類型に属するわけではなく、他のより重要な要因によって発達の仕方が違ってくる。あるいはトスカーナ地方の景観は、自然というより人間が作ったものであり、丘陵地帯のオリーブ、葡萄、桑が卓越しているのは人間とその文明の仕業であって、自然的秩序・地理的秩序には属しない……といった例を挙げている。

フェーヴルの盟友M・ブロックも当初より地理への強い関心を示し、初期の『フランス農村史の基本性格』（一九三一年）では、フランスの地理風土を広く全般的に眺めてはじめて各地に固有の発展を知ることができるのだとした〔ブロック 1959〕。また比較対照することで共通の性格と特殊性が明らかになると考え、地籍図や村落絵図をも活用して、ローマ時代から近代までのフランス各地域の耕作システムや領主制とともに農村景観と農業生活を再現している。アナール派誕生時の、旧弊な「方法論学派」による素朴実証主義、政治史ないし事件史重視への批判には、地理軽視への不満も含まれていたことを思い出そう。

アナール派第二世代の大立者ブローデルは、ヴィダル・ド・ラ・ブラーシュやフェーヴルが力説する地理と歴史の対話の重要性を信じ、有名な歴史の三層構造プランの第一層（『地中海』の第一巻）に、ほとんど動かず変容しない歴史の層＝自然環境の層を想定して、それが住民の活動や生活の形、リズムを決めるのだとした〔ブローデル 2004, I〕。

ヴィダル派の地理学における「地域」についての考え方は、ブローデルに影響をおよぼしただけではなく、一九六〇―七〇年代の多くの歴史研究者に有効な歴史記述の枠組みを与えた。そして観察可能な風景、限定された空間（地方、地域、都市、県など）を枠組みに据え、その中で活動する人間諸集団を対象にした全体的関連の下での歴史考察を促した。とりわけ「地域の枠組み」cadre régional が、多くの歴史のモノグラフ・博士論文（たとえば領主制、封建制、農民、貴族……の研究）の枠組みとなり、そこにおける集落形成、支配・被支配の様子が解明されていった。こうしたモノグラフの冒頭には、たいてい「地理的枠組み」とか「自然環境」についての前置きがある。歴史的な社会関係分析に地理学を合体させることで、法制史的な構成が幅を利かせていた研究動向から脱出できるというメリットが歓迎されたのだろう。

また「地方／地域」は、歴史的に伯領とか公領とか、領邦とか教区とかと重なり、そのため地方の文書館にさまざまな種類の古文書が系統的に収集・分類されていて悉皆調査が可能である。それを時間をかけて行えば当該分野での第一人者になれる、だから学位論文の枠組みにふさわしい……という事情もあったのだろう。

さらに景観史・歴史地理学も並行して発展した。フランスでは二十世紀前半のG・ループネルによる地理とその枠組み、土地とそこに生きる人々への関心から発した仕事が重要である〔Roupnel 1932〕。より最近ではJ–R・ピット、ついでX・ド・プラノールが先行する地理学、歴史学、考古学の諸研究を引き継いで、多様かつ統一されたフランスの景観の歴史を総合的にまとめている〔ピット 1998; プラノール 2005〕。

フランスのみならず、イギリス、スペイン、イタリアなどヨーロッパ各国にベストセラーにもなった景観史の代表的著作があることを言い落してはなるまい〔ホスキンズ 2008; Vilá Valentí & Capel 1970; Sereni 1961〕。

次にフランスのA・コルバンに代表される「風景の歴史学」は、おなじ景観でも、自然・環境としてよりも、まさに心的・感性的なイメージになった景観を対象にしている点が新機軸である〔コルバン 1992, 2007〕。彼によると「風景」とは、海にせよ空にせよ、川にせよ泉にせよ、視線による凝視、情動、快楽、憎悪などの対象となる空間であって、これは一定の空間に身をおきそこを通過する人間の身体や欲望と結びついており、新たな経験や享受の場の誕生とも関わっている。風景はまた、社会的慣習や芸術作品のテーマとして現れ展開していく。同時代人はそれぞれの風景を、時代の信仰のあり方、科学的言語の構築、作家たちが依拠する美的コードなどにもとづいて解釈する。そうして価値体系が刷新されて、情動の豊かさが拡大する……と述べている。

したがって「風景の歴史学」とは、一種の「感性の歴史学」でもあり、情動の歴史、身体の歴史、イマジネールの歴史などと自然史との交点に位置づけられる。

またより近年では、グローバル・ヒストリーの新たな研究の展開の中で、従来の国民国家の枠組みに囚われないで、人間の移動、交易圏、疫病、資源分布、その他の問題を扱い、さらにそれぞれの問題同士がいかに関連づけられるかを総合的に見ていこうとする動向があるが、その際、新たな空間の区切り方が模索された。そこに「歴史空間学」と称しうる学問が生まれてきた。これも「地理（学）」と「歴史学」の新たな関係を示そう。そして欧米でもアジアでも、「歴史空間学」を支援するデータベースがIT技術を活用して精力的に構築されている。

環境史と災害史

最近は、地球温暖化、自然破壊、原発問題など、環境問題が世界的に注目を集めているためか、「環境史」が非常なブームを迎えている。一九七〇年代にアメリカで関連学会と雑誌創刊があったが、その後この領域はたちまち世界を席巻し、環境史(環境歴史学)を謳う著作や雑誌特集、シンポジウムなどが欧米でも日本でも目白押しである。一九九〇年代からは研究の国際化も進んでいった。

環境史では、それぞれの時代・地域において、どんな地質・地形が住民の環境を作り上げており、また気候や動植物相が産業や生活をいかに規定していったかを解明しようとしている。だがそれだけではない。自然科学系の「自然史」とは異なり、環境史は、人間の歴史の要因になった、あるいはその一部になった自然現象のみを対象とする。環境史が扱う大地震は、たんに自然現象ではなく、歴史的現象なのであり、人間の諸行動に影響をおよぼすものにかぎられる〔Cf. Worster (ed.) 1988〕。ところが他方で、環境はつねに人間の知覚を介して捉えられるとはいえ、環境史では、人間的なカテゴリーについてのみ問題にするのではなく、自然の物質的潜在力と限界、アクターとしての動植物、大気、水、土壌、細菌などにも注目する。

また環境史には、学際的な協力を得ているという特徴がある。とくに先史学とおなじく、年輪年代学、土壌学、古気候学、動物考古学、古植物学、堆積学、微量元素分析、ＤＮＡ調査などの助けを借りて、研究に新たな窓を開いており、歴史学の一分野というより文理融合の大きな学問へと成長しつつあるようだ。また環境史の成果がいくつもの社会現象および近代世界出現の諸条件の理解に変更を迫っていることも、注目に値する。

主要な研究成果を眺めてみよう。一九九〇年代にイギリスのI・G・シモンズが学生向け概論を執筆している。同書では一万年以上前から人間が地球をゆっくりと変容させていった様、すなわち自然と人間の文化の相互作用を歴史と地理のコンテクストの中で追い、かつてずっと自然科学分野（考古学、人類学、生態学など）に任されてきたテーマを、人文学が引き受けるというマニフェストとなった〔Simmons 1993〕。

また二〇〇〇年には、ドイツのJ・ラートカウが『自然と権力』という表題で、環境史を「人間と自然との異種混合的な諸結合における組織化、自己組織化、そして解体の諸過程」を扱うものだと定義して、世界各地の先史時代から現代まで、土壌崩壊、森林伐採、灌漑、大気や水質汚染の問題への地域住民や中央政府の対応などさまざまなテーマを取り上げながら論述しているし、その翌年にはフランスのR・ドロールとF・ワルテルが、ヨーロッパ全体に視野を広げた総合的な環境史をまとめている〔ラートカウ 2012; ドロール／ワルテル 2007; cf. Hoffmann 2014; Quenet 2014〕。

自然環境といっても、森・林、海・川、池・沼・湿地、荒野、それらの場所にいる動植物相などさまざまである。こうしたおのおのについて、環境史は、歴史考古学（あるいは環境考古学）とも協力しながら、個別の地域・時代のマクロ／ミクロな環境とエコシステム、それらと農業をはじめとする人間の経済活動、都市・村落の集落立地や社会関係との関わり、さらにはその保護管理、利用と紛争、領域支配・周辺地政策との関係、立法措置などの解明に努めている。

ところで、近年の世界的な異常気象や噴火の多発などによる災害への関心の高まりから、「災害史」と呼ぶべきジャンルが環境史の一環として急浮上しているようである。ヨーロッパでは一九七〇年代から、疫病、地震、旱魃、風水害、火災、害虫・害獣などによる被害とその対策のほかに、それらが人間にどう作用し、政治・経済・社会をいかに変えたか、あるいは社会の連帯性へのインパクトはどうか、文化的な反響はどの程度か、さらにその原因の説明——宗教的ないし科学的な——はいかになされ受容されたか、などがテーマとされている。

災害は環境変化の一環だが、人間が逃れることのできない暴力的な環境変化であり、人間の歴史が大地の歴史の一齣にすぎないことを露わにする。それは人間を日常から引き離してしまうが、同時に復興への努力もただちに始まる。すぐ忘れてしまう、というケースもあるとはいえ、災害が農民にとって日常的経験になり、それが不安心理を醸成して心性に影響することも看過してはなるまい。

ヨーロッパでは、ドイツのA・ボルストが一九七〇年代から、自然と人間の間の極限状況を生み出す災厄——とりわけ、アルプス地方の地震——研究で先鞭を付けていたが〔Borst 1981〕、その後、多くの研究者が追随していった。そして二十一世紀に入って、学際的な災害研究や個別事例研究が急増している。その結果、ローマ帝国の興亡は、細菌、ウィルス、火山そして太陽周期の環境変化の一大ドラマの中で理解すべきだとされ、ヨーロッパ社会の中世末の大転換も、ヨーロッパだけでなくユーラシア大陸全体の気候変動や火山活動、生態学的変動を見渡さないと駄目だ……というように、慣習的な歴史（学）の境界を超えた空間規模での研究が始まった〔フーケー／ツァイリンガー 2015; Delumeau & Lequin (eds.) 1987; *Les catastrophes naturelles*... 1996; Berlioz 1998; Labbé 2017; 石 2012; Campbell 2016; Harper 2017; Preiser-Kapeller 2021〕。

火山列島、地震列島である日本では「災害史」が盛況であるようだ。地震や噴火に加え、津波、台風、洪水、高潮、さらに飢饉や疫病などの被害、それらの災害への対応と生活復旧、あるいは被害を拡大させた紛争や社会のあり方、災害に対応する権力の消長と社会や家族の変化、天災の意味づけから読み取れる心性……などがテーマとされている。これらの問題を明らかにするため、理系・工学系の諸専門家（地震学、気象学、火山灰考古学、土木史）と、荘園・寺社関連の文書などの文献史料を扱う歴史学者が共同で取り組んでいる〔峰岸 2001; 水野 2021; 北原編 2006; 加納他 2021〕。

また宇佐美龍夫を中心に一九八〇年代から地震史料シリーズが刊行され、地震津波については史料データベースを作成・公開している〔宇佐美他 2013; 石橋 2009〕。さらに二〇一七年には、東京大学地震研究所と史料編纂所との連携の下、東京大学地震火山史料研究機構が設立され、前近代の地震史料の収集・調査が行われている。

ところで現代の環境問題・災害には国境がなくなり、だからグローバル・ヒストリーとも相性が良い。一九五〇・六〇年代からそうした研究潮流は兆していた。A・クロスビーは初期の著作『コロンブス交換』で、医学・生態学を歴史学と組み合わせたグローバルな環境史を実践している。そして、ヨーロッパ人とその土地の動植物および病気——彼らはそれに耐性がある——が、アメリカ原住民におよぼしたインパクトを証明し、ヨーロッパ人は、生態学的帝国主義と言うべく、自分たちになじみの生物相をアメリカ大陸に持ち込んで原住民を壊滅させるとともに、故郷と似た環境に変容して住みやすくなった土地でヨーロッパ人の人口を増やしていったというのである〔Crosby 1972; cf. 山本紀夫 2017〕。一方、W・クロノンは、ヨーロッパ人の渡来によるニュー・イングランド植民地の生態変容を明らかにした〔クロノン 1995〕。

より最近では、C・ポンティングや、J・ダイアモンド、そしてJ・R・マクニールやW・H・マクニールも、ヨーロッパの帝国主義的世界支配や現代の世界の富・権力の不均衡、資源枯渇・環境破壊問題の起源を、ミクロ寄生——病原菌、ウィルスその他の微生物が新たな環境に入り込んで免疫がない住民たちに壊滅的な被害をおよぼす——あるいは十七・十八世紀の大西洋奴隷貿易や奴隷制プランテーションなどを俎上に載せつつ、多様な自然科学分野の知見を動員しながらグローバルな視野で論じている。また、二十世紀の環境上の大混乱を、人類を取り巻くすべての圏（岩石圏、土壌圏、大気圏、水圏、生物圏）におよぼした人間側の要因とともに検討しており、大変刺激的である〔ポンティング 1994; ダイアモンド 2012; マクニール、W・H 2007; マクニール、J・R 2011; Richards 2003〕。

風土論の射程

十八世紀末に『人類の歴史哲学のための諸理念』を書いたドイツのJ・G・ヘルダーは、それまで人間の歴史に影響を与える環境としてもっぱら気候に注目が集まっていたのを大幅に拡大し、人と関係する自然・人工物を広く射程に収めて哲学的に考察した〔ヘルダー 1948-49〕。そして彼は自然環境の変化とともに、同時代・地域の生活様式・慣習や社会構造ばかりか、言葉そして詩やイディオム、さらには文化・宗教のあり方が変わるとも説いた。風土論の先駆けとみなせよう。

風土に関しては、日本の哲学者も深い思索を重ねてきた。ドイツ哲学の影響を受けた高坂正顕は、風土を「環境的自然」との関連で考察する。環境的自然とは無限ではなく有限でまとまった地域をなして現れる自然だが、その閉鎖性はけっして厳密ではなく相対的なもので、何らかの道で異なる地域と結ばれてその内に浸透するのだという〔高坂2002b: 152-175〕。そして彼によれば、その「地域」の概念の本来の場所は外的環境たる「風土」で、類と個の間の中間的な種的性格を持つ。しかもこれは人間の内なる環境すなわち血族と種族、さらには文化的共同体としての民族においてすら当てはまる。だが内的環境と外的環境はつねに矛盾なく融合するのではなく、互いの統一を破り歴史的世界の否定的契機になる。血は土に対して動的であり、種族に媒介されて地域も運動し、それにより風土も主体的になる。地域＝環境的自然は、外的自然と内的自然の動的統一をなしている……このように述べている。

一方、高山《こうやま》岩男は、地理的決定論はもとより地理的可能論も不十分だとして、人間による可能性の体系の選択利用は恣意的・偶然的なものではなく、地理的環境と精神的主体との間に呼応的合致（天人合一）とも称すべき関係が存するのだとする。この関係により可能性が現実性に転じるのであり、時代・地域ごとに異なる風土景観の特殊性におうじて生活様式、建築・美術の理想美、さらに広く文化の様式が決まってくるのだという〔高山 2001: 96–165〕。

風土をより本格的に論じたのが和辻哲郎である。和辻の『風土』（一九三五年）によれば、「風土」とは、ある土地の気候、気象、地質、地味、景観などの総称であるが、それは歴史と密接に絡みつき一体化している〔和辻 1979〕。というのも和辻によれば、人間がそれぞれの生活圏で衣食住に使用するもののあり方・様式は、風土の諸現象において自身を見て自己了解する、その了解の先祖代々の長年の堆積をわれわれのものとしたところに出来たのであり、いわば風土的自己了解だからだ。しかもそれは、日常の道具類にとどまらず、文芸、美術、宗教、風習などのあらゆる文化表現にも見出せる。自然環境と人間との間には、二つの別々のものとして影響関係があるのではなく、歴史性と風土性の合一において、はじめて歴史は肉体を獲得し、人間存在の空間的・時間的構造が風土性・歴史性として己を現すのだという。そこでは歴史は風土的歴史であり、他方で風土は歴史的風土であるのだ。このように述べている。

要するに和辻によれば、風土は人間の生活世界の中に組み込まれた自然、そして空間であり、人間と交渉し対話する、そして感受し合うような自然なのである。それは自然環境そのものではなく、人間とその歴史の経糸によって縫い取られた緯糸としての自然であり、したがって文化のあり方と切り離しえない文化的環境なのである。

最後に、和辻の著作に感化されて考察を進めたA・ベルクによれば、人間の環境（ミリュー）の条件の全体が風土であって、人間の人間らしさはそこにある。風土とは、人間が地球の広がりに対して生態学的・技術的・象徴的に持つ関係なのであり、風土性を備えた人間の身体は、技術と象徴によって環境の内に組み込まれ（風物身体）、また同時に生理学的な身体（動物身体）でもある〔ベルク 2002: 22–23, 223–224〕。

以上、紹介してきた風土についての諸論者の思想は、ほぼおなじ方向を向いている。すなわち風土とは、人間の文化と歴史の内に組み込まれて、物理的かつ象徴的な形成因となる自然環境だと捉えられている。こうした考え方を歴史家たちもより真剣に受け止め、自らの仕事に積極的に生かしていくべきではないだろうか。地形、気候、高度、土壌の性質などは人間にさまざまな影響を与え、社会発展の仕方を左右するが、そうした条件に適応しあるいは対抗して、人間は働き掛け、作り換えて物質的・精神的な世界を身の回りに築いていく。つまり風土との相互作用により歴史は作られていき、それは人間の生活・社会形態のみならず、意識にも作用して文化を創造していくのだろう。土地はたんに荒涼たる、あるいは肥沃な大地であるだけでなく、それは住民の生への態度を投影された風景になることで、人間の社会や文化の形を決めていくのである。

前節では「環境史」を紹介したが、文化・社会とより深く統合された環境こそが風土であろう。さらにいえば、先に言及した「地理学との対話」を一歩超えて、自然世界を隠喩や換喩など譬喩的な形象へと捉え返すための「風土論との対話」が必要なのではあるまいか。地形や気候といった自然条件によって左右・制約される部分と、人間集団の意志や感情、さらには諸制度によって作り変えられる部分との積分として、都市や農村、牧場や耕地、道路や広場、さらにはもろもろの建築物が創られる。そこに着目することで、政治的権力や宗教的権威、社会の組織のあり方のイメージが浮かび上がってくるのである。

その点で、十九世紀フランスの歴史家J・ミシュレの自然や地理についての考え方は、以上の和辻らの「風土論」と合わせてみると意味深い〔Cf. Petitier 1997〕。ミシュレは、人種や地理の決定論に反対して、フランスは地理的条件によって決定されているわけではなく、そこにおける自身の運動の産物であり、人間の歴史は自然的法則に対する解放の歴史であるし、また発展するフランス史の運動を支えるのが、「地方」le local の「国」le national への解消であるとした。だが同時に彼は、「歴史とはまず第一に、まったく地理的なものである」とも述べて、歴史の地理的な土台の枢要性を訴え、食べ物や気候その他を通じて、地理が歴史に幾重にも影響をおよぼしていることを力説する。

ミシュレにとってのフランスの大地は「情念の束」と捉えられ、したがってその地理は、いわば「情動的地理」géographie affective（P・プティティエの表現）なのである。それは形態や線を媒介としながら、象徴的言語を用いて諸領域へと波紋を広げ、おなじ情動の内へと手繰り込んでいく。大地・自然景観の形態や線と、人間たちの生活の舞台は、まず建築を介して接合するのだが、その建築の形態・線は、やがて衣服や道具といった、よりささやかで卑近なものへと繋がり、時代と地域の情念をいたるところに宿していく。歴史家は自己の主観の働きによって、情動的地理を読み解いて、歴史にその展開への息吹を与えていく……まさにミシュレの面目躍如たる地理と歴史の関係の捉え方であるが、ベルクなどの風土論とも類縁性があろうし、多木浩二の、未だ明瞭に言語化されない無意識の視線や身体に着目した歴史文化論（「視線論」「隠喩論」）とも通じ合うだろう〔多木 1988, 2008〕。

さまざまなアプローチが自然の歴史にはありうるが――自然科学的ではなく人文科学的な――、自然史を全体史の底面として捉えるためには、たとえば政治や経済、文化や社会の基礎に自然や地理学的な条件があって、それが歴史的展開に可能性の条件を提供するとだけ考えるのではなく、本節で論じてきた風土論的なアプローチをうまく応用できれば、「文化史」や「社会史」とより適正に接合させられるのではないだろうか。

身体史の革新

人間の中の自然、人間にとって一番身近な自然とは、己の「身体」であろう。しかしユダヤ・キリスト教的伝統では長らく霊肉二元論が奉じられ、精神と身体を対立させて後者を蔑んできたためか、身体の歴史についての議論は少なかった。

ところがフランスでは、ミシュレ以来、歴史にその血と肉を返してやろう、人間のいる歴史学を回復しよう、というスローガンが度々打ち出された。そうした中、一九二〇年代からは、アナール派を中心に人間とその身体に直接・間接に関係する生死、食糧、職業などを数え上げ、系列化し、図表にする、つまり系の歴史学（数量史）としての身体史が一時盛んになった。

しかしこうした方法だと、生まれ働き死んでいく人間を、一般的な特性の抽象的媒体にするだけで、生きた人間を甦らせるという目標にはとても近づけなかった。たとえば、そこでは性愛も生殖との関係でのみ取り上げられて「人口学」になり、別のテーマを掲げるとしても、数量史家が古文書から引き出して相手にするのは「沈黙の身体」のみであった。

より生き生きとした身体を歴史に返す動きは、M・ブロックの働き掛けによって始まった。『封建社会』（一九三九―四〇年）では「より歴史の名に値する歴史が書かれるとすれば、それは、人々の身体が蒙った転変に然るべき地位を与えるであろう」と述べている〔ブロック 1995: 96〕。また『奇跡をなす国王』（一九二四年）も、一種の先駆的な身体史の達成とみなせるだろう。これはブロックが活躍した時期を前後する時代の、精神分析学（S・フロイト）、人類学（M・モース）、哲学（M・メルロ＝ポンティ）における身体の復権とも相呼応している。それまでの物心二元論、身体と精神（理性）の対立、前者の後者への従属……が批判され克服されたことが、歴史家の身体への注視を促したのである。

そして一九六〇年代から、とりわけ一九八〇年代初頭以降、身体史に関わる著作・論文が陸続と登場し始めた。ここではM・フーコーが一九七五年に刊行した『監獄の誕生』のインパクトもあるが〔フーコー 1977〕、ほかに人類学の影響がきわめて大きい。アナール派主流が歴史人類学へとシフトして、「こころ」の問題が重視されてきたのと同時に、それとペアになって「からだ」の問題が浮上したのである。すでに第八章で紹介した「王の身体」や「教皇の身体」の政治神学や象徴人類学的研究が好例である。ほかに、切り刻まれたり、解剖されたり、身体刑に処されたり、矯正や暴行・陵辱を受けたりした受苦の身体、伝統社会の身体、象徴としての身体、さらには身体技法から見た労働の場、性的な身体や身振りの研究にも、人類学の影響が濃厚である。

一九七〇年代末以降、G・ヴィガレロは新たな身体史としての医療史・衛生史を創始して、身体の清潔・不潔や、健康・不健康、矯正・文化順応などをめぐって研究を重ねてきた〔Vigarello 1993; ヴィガレロ 1994〕。民衆文化の研究の中にも、エリートによる民衆の身体統制、器官や体液の魔術的力やディオニュソス的発散を監視・抑圧する権力者の諸手段（告解）およびモラル（結婚道徳）を扱った研究がある〔ミュシャンブレッド 1992〕。軍隊の募兵記録・徴兵検査記録や諸学校や孤児院などの入学・入院記録が大量に手に入る近代については、統計的な手法で数世代にわたる青少年の身長・体格・健康状態が知られ、地域差や職業分布との関連が明らかにされている〔Cf. Aron, Dumont & Le Roy Ladurie 1972; Heyberger 2005〕。

二十世紀末以降には、フランス、イギリスを中心に、身体史に関する数多くの書物や論文が、個別の時代・テーマをめぐって書かれている。身体の「部分」についても同様に注目が集まって、イメージ、象徴、儀礼の歴史の中で捉えられているのが目につく。ここでは、C・W・バイナムとP・カンポレージの独特な研究に触れておこう。

バイナムは、いくつもの著作・論文において中世の身体――とくに女性の――とそのイメージ、食物・モノと聖性との関係や、血をめぐるキリスト教信仰の特異な現れなどについて研究している。その際、思想史、宗教史、美術史、ジェンダー史など幅広い領域を視野に入れ、エリートの教義上の論議、神秘主義者の観想、民衆的信心などが交差する地点に身をおいている〔Bynum 1986, 1995, 2007〕。

カンポレージは、歴史は対照的な二つの流れが鏡のように見合って進行してきた、と考え、とりわけ身体における対となる対立要素に注目して、不受苦・不壊の身体と腐敗した身体、飢えと飽食、カーニヴァルと四旬節など、前産業社会における身体のイマジネールを独特な視点から追究している〔Camporesi 1978, 1983, 1985; カンポレージ 1991〕。時代の中心は十六・十七世紀で、その時代の文学、神秘家の著作、自然科学・医学、聖人伝・奇跡譚などを史料として、多彩で香り高い豊穣なバロック的世界に近づくことを目指している。その特徴的文体もあり、読者も死、血、腐敗、怪物、悪魔、瘴気の満ちるおどろおどろしい世界に入り込み、幻覚に襲われそうになる。

二十世紀末から二十一世紀初頭になると、身体をめぐるそれまでのさまざまな議論を総括しようという機運が高まり、総合的な書物・論集がいくつも登場した〔Feher, Naddaff & Tazi (eds.) 1989; コルバン／クルティーヌ／ヴィガレロ監修 2010〕。もちろん、時代によって身体観は大きく変動したゆえに、扱われるテーマもさまざまだが、医学の対象としての身体、性的身体、そして絵画や彫刻をはじめとする諸芸術によって表象される身体、矯正される身体、鍛錬されパフォーマンス化される身体などが目立っている。

この「身体史」は、まさに領域横断的な分野であって、史料についてもありとあらゆるジャンルの史料（医学、神学、文学、哲学などに関わる書物、儀礼定式書、芸術作品や風刺画、日記・書簡など）を駆使していて、もっともスリリングな「新しい文化史」とも評せよう。

物質文明の歴史

最後にもう一つ、物質文化ないし物質文明の歴史についても触れておこう。これは自然の物質を使って作られたモノを対象とする歴史学分野で、「自然史」と「文化史」の交点に位置づけられる。

モノの歴史は、好事家的な関心を惹くこともあって、ドイツやフランスでは十九世紀から、家や家具、城や宮殿とその中の調度品、あるいは武器や服飾・装身具、食物などについて博物学的趣のある研究が行われてきた〔Franklin 1887–1902; Heyne 1899–1903〕。

ついで二十世紀に入ると、第三章で紹介した歴史考古学の進展とともに各地で出土する「モノ」が、この物質文明の歴史学の発展を後押しした。城や一般住居・職人工房・鉱山・水田・墳墓などから出てくるさまざまな建築物のカケラ、仕事の道具、生活用品や動物の骨などを同時代の文献史料と突き合わせて、その年代、使用法、役割、普及などの諸面を明らかにし、それらが使われた社会の様をより具象的に描き出せるようになった。

しかし、近年の物質文明の歴史の盛況は、社会史・文化史や心性史と結びついたモノの社会史、モノの文化史である。ここにはやはりアナール派の影響が大きい。すでにアナール派の創始者の一人フェーヴルが、一九三〇年代に、家屋や衣服の身体保護の直接的機能のほか、それらの階級ごとの社会的・象徴的役割と変化、食物と料理内容の地理的分布、村の鍛冶屋や労働者の道具などにも注視すべきだと説いていた〔Febvre 1962: 605–685〕。加えて、一九六七年から出版され始め改版が一九七九年に完結したブローデルの大著『物質文明・経済・資本主義、十五—十八世紀』が、十五—十八世紀の世界における、物質文明と日常生活（食料品・衣服・住居・技術・貨幣など）を、生産・流通・消費場面に着目して雄大に論じたことも刺激になった〔ブローデル 1985–99〕。

関連する研究文献はそれこそ無数にあって、主要研究の紹介もままならないのだが、いくつか挙げてみよう。

まず食・料理についてである。十九世紀末から食糧消費についての研究、とくに労働者階級の消費とその生活レベルを調査して経済的景況との関係を解明する（数量）経済史的研究はあったが、モノの文化史・社会史の性格を帯びた食の研究が始まったのは、二十世紀後半からである。そして食文化の地域類型や、社会層ごとの栄養状態の測定が盛んに行われた。ほかに、砂糖や塩や茶などの生産・消費が、国家・商人・生産者間の複雑な内部関係やグローバルな政治・経済体制と絡んでおり、身分・階級の差異化のための象徴的権力がそこに宿っていることを示すような研究もあれば〔ミンツ 2021; Hocquet 1978-79; 角山 1980〕、食べる人・料理人双方の側に着目した食文化史研究も活況を呈してきた〔モンタナーリ／フランドラン編 2006〕。

服飾については、D・ロッシュの仕事に着目してみよう。一九八九年出版の『外見の文化』である〔Roche 1989〕。服飾といえばそれまでは生産に焦点が当てられており、生産者の世界と市場や需要の世界とは隔離されていた。本書はそうした旧来の服飾の扱い方とは異なり、伝統的な技術＝経済万能では捉えられない物質文明の歴史として、十七世紀から十九世紀初頭のフランスの服飾を調査研究している。ロッシュは、エリートらの服飾形態とモードの変化を追跡するだけではなく、大衆レベルでも服飾の変化と生活習慣との関わりを見ることが大切だと考える。そして彼は、衣服の入手、所有、使用などの場面場面での社会的ヒエラルキー支持もしくは攪乱の表象としてのその性格、記号の再配分における差異化競争、社会的な演出意識の変化や道徳的意味の変遷をたどる。さらに、フランス革命と結びつき、貴族から都市民衆そして農村にも広まっていった「自由、平等、軽薄」Liberté, égalité, frivolité の衣服革命の意義を明かしている。

衣服や布地に関連した物質文明史は、近年、フランスやイタリアの歴史学の人気テーマにもなっている。たとえばイタリアでは中世史家M・G・ムッツァレッリが『中世の衣装部屋』において、中世の人々の衣服の生産・流通・販売、また染色業・絹織物業・革鞣し業・革商人・靴屋・仕立て屋などの仕事の内容、さらに衣服の諸タイプが社会集団ごとに持っていた社会的・文化的意味などを、財産目録、出納簿、書簡集などの史料から探っている〔Muzzarelli 1999〕。このテーマは、女性／男性史、ジェンダー史の格好の狩り場にもなっていることを付け加えておこう。

衣服との関連で、その素材としての毛皮、羊毛、綿などもきわめて重要なテーマである。アジア・ヨーロッパ・アメリカ・アフリカを股にかけたイスラーム商人やイタリアをはじめとするヨーロッパ商人、またイギリス東インド会社などの活躍による原材料の入手、本国での紡績や織物生産と世界への販売（綿織物・毛織物）、さまざまな仲介・小売、身分・階級ごとの購入と所有（毛皮・衣服）などが中世から現代までグローバルなスケールで詳細に追跡され、奴隷労働や低賃金重労働での労働者搾取のほか、「国際的債務奴隷制」など掠奪システムとの結びつきにもメスが入れられている〔Delort 1978; 木村 2004; 西村 2003; 下山 2005; Beckert 2014; Riello 2013〕。

ルネサンス期の「モノの文化」についての研究も興味深い。一九七〇年代から高級な文化としてのルネサンスの意義が相対化されて、ルネサンスのマテリアリズムが美術史、経済史、文化史の専門家らの間で注目を集めるようになった。そうした潮流の中、L・ジャーディンが示したのは、十四世紀からヨーロッパのエリートたちが、博物館に収められるような美術品のみでなく、写本、古物、工芸品、オスマンの織物などさまざまな珍品を収集し賛美するようになり、また同時にそれらが資産とみなされるようになったことである〔Jardine 1996〕。十六世紀半ばまでにイタリアの都市貴族らはますますこれらのモノに熱中して、保管のための特別な部屋を設けた。古物が自由市場から姿を消して一握りのエリート家族の持ち物になると、次には必然的により新しい芸術品に関心が集まることになる。

もう一人挙げよう。R・A・ゴルズウェイトは、貴族・都市貴族らの購買習慣を綿密に検討し、十五・十六世紀の都市邸館建設数の際立った伸びと、エリートの家における私有芸術作品の増加を明らかにしている〔Golthwaite 1980, 1993; cf. Findlen 1998〕。彼によると、一般的なモノへの欲望とそれを手に入れる資本が、ルネサンスの消費者を定義づけるのだという。また遺言書を史料に使ったS・K・コーンの研究では、エリートばかりでなく、商店主、職人、労働者、農民のモノの所有とその物質文明史的な意義、および黒死病前後での変化が跡づけられている〔Cohn 2012〕。

北欧のスウェーデンについても、この分野で評判を取った作品がある。民俗学／民族学と歴史学を融合させた、J・フリクマンとO・レフグレンの『文化建設者』である〔Frykman & Lögren 1987〕。同書はスウェーデンの国家形成の時期（一八八〇―一九一〇年）における文化建設の物質的基礎を解明しようと、民俗学的な伝承・インタビュー史料のほか、私的史料として覚書、伝記、書簡、日記、さらには新聞や礼儀作法書、健康や教育についてのパンフレットなども用いている。当時、人類進化の先端を走っていると自己規定していたスウェーデンのブルジョワたちは、時間、自然、家族への態度を変えたが、それだけではなく、農民と労働者（プロレタリアート）を他者とみなすとともに不滅のブルジョワ価値を具体化するべく、食卓、育児、寝室、トイレに細心の注意を払った。そのためその室内の様子には、ブルジョワ的世界観と生活様式が表れているのだという。

もう一つ、先に風土論との関連で名を挙げた多木浩二の『「もの」の詩学』のアプローチも参考になる〔多木 2006; cf. Auslander 1996〕。多木は同書で「身体の空間」という概念を持ち出す。そしてたとえば十七世紀から十八世紀にかけての椅子やテーブルなどの家具の小さな変化が、身体についての考え方の巨大な変化をあたかも小型模型のように示しているという。生活の仕立て方を通じて同時代の社会秩序や人々の振る舞いの様式、人間関係、共有された感情が変化し、新たな価値が形成されるが、それが家具など人々の日常使用するモノの変化に表れるのである。彼は記号論を駆使し、文化人類学的な身体技法や階級間の表象の領有争いにも着目している。

こうした身体と接する小さなモノだけでなく、もちろん家の構造や部屋の利用法、都市空間の配置、街路などに、住民の対人感覚、家族のあり方、社交、都市指導層の政治的な意図、より深層の神話的・宗教的ビジョンなどが象徴されているのだろう。

以上、主要動向を紹介してきた近年の物質文明史ないし物質文化史は、かつて経済史の対象であったモノが、文化史・社会史の一環として組み入れられてきたところに生まれたジャンルであり、方法的にも多彩で楽しい研究分野になっている。

本章の主張をまとめてみれば、「自然」と「身体」そして「モノ」はいずれも人間とその歴史を外から規定し条件づけ、また人間の活動にとっての手段になり、したがって歴史（学）の「土台」として無視できない。加えて「自然」「身体」「モノ」には、人間（集団）の活動の、ひいては活動が行われる社会の刻印が深く記されるので、風土論やモノの詩学の視角や方法を借りてそれを読み取ることにより、歴史のより深い解釈へと繋げられるのである。

第一〇章　甦る政治史

「政治史」は、ある時代・地域における権力をめぐる政治過程がそのテーマである。政治の手段としては、議会や法律制定、行政や司法の仕組み、さらに軍事行動や外交政策などがあり、政治史ではそれぞれをめぐって議論が進められるが、とりわけ個人や党派あるいは社会集団に着眼し、因果関係を追究するという特徴があろう。

だから政治史では、おのずと「事件史」が中心になる。そしてクロノロジカルに歴史をたどっていく政治史は、追いやすく、他の事象をそれぞれの時代に据えるメルクマールになるという利点がある。ゆえに第一章で見たように、政治史は歴史学の王道である、との考え方がきわめて古くからあるのだが、それに対する批判が二十世紀に入ってから顕著になってきた。

アナール派の政治史批判

フランスの社会学者・経済学者F・シミアンが自分の時代（二十世紀初頭）の歴史の非科学性を批判したのが、最初に上がった政治史批判の大きな狼煙であろう〔Simiand 1903〕。彼は、歴史家——政治史家——には三つの偶像がある、と指摘する。それは1．政治の偶像（Idole politique）、2．個人の偶像（Idole individuelle)、3.年代の偶像（Idole chronologique）であり、彼らには社会現象や社会関係への着目がない、と非難している。また一九一一年には、フランスの哲学者H・ベールが、政治的・軍事的事実に関心を集中させていた当時流行の歴史学――政治史――が、驚くほど滑らかで同質的な時間の糸にもろもろの出来事（戦争、条約、生死、治世、法令……）を縫い取っていく、と批判している。

これら隣接分野からの批判にやや遅れて、歴史学の内部でも政治史が槍玉に挙げられる。すなわちアナール派の創始者たるM・ブロックとL・フェーヴルが、史料の考証を通じて歴史的事実を再現するだけの物語史＝政治史を、悪しき歴史学の代表として糾弾したのである。とりわけ標的にされたのは、二十世紀初頭のフランスにもっとも根付いていた歴史叙述の形態で、具体的にはE・ブルジョワ、Ch－V・ラングロワ、Ch・セニョボス、E・ラヴィスらの作品とその方法であった。そして知的怠慢の事実崇拝がもたらした政治史＝「事件史」の替わりに、「問題史」を据えるべきだと彼らは唱えた。

こうした政治史批判は、アナール派第二世代のF・ブローデルや第三世代のE・ルロワ・ラデュリとJ・ルゴフの時代にはさらに拡大する。たとえばブローデルは、出来事を語る事件史（政治史）を速く移ろい消えていく水面の泡のようなものだと軽蔑し、長期持続を無視したごく短期的な政治史は、諸現象の原因を表層のもっとも明白な行為主体に帰してしまうし、それは権力に縛られた近視眼的な言葉を繰り出すだけで、そこには歴史家としての解釈がない、と手厳しい。ブローデルによれば、本来は、地理的な歴史、長期持続の歴史、深層の歴史を基礎とする「全体史」こそが、あるべき歴史学の姿なのであり、そうであるならば、個々人のイニシャチブよりも、集団的な態度や行動を歴史の主題としなくてはならないのである〔ブローデル 2005: 191–229; cf. Le Goff & Nora（eds.）1974, II: 305–332〕。

さらに、為政者の気質や性格、健康状態などに過度に食指を動かされてきた政治史は視野狭窄であり、名もない民衆の運動や心意に無理解であるが、むしろ後者こそが歴史の大きな流れを決定しているのだとして、心性史・イマジネールの歴史や民衆文化史が発展してきたことは、すでに述べた。また、政治体制や権力者の交替という目を奪う出来事についても、社会的な現実、社会的諸力の関係がそれらの出来事の深い要因になっているのであり、だから表層の政治の動きよりも、社会構造や社会関係を、それらを条件づける生産や労働、交換や流通、技術や文物、そして心性や感性と併せて研究すべきだとする。一握りのエリートではなく、人口の大多数を占め毎日を必死に生きている民衆、労働者・農民たちを主役にしてこそ、歴史の本来の姿が再現できるとされたのである。こうした政治史＝事件史批判は、アナール派が心性史と社会史を旗印に、世界の先進国の歴史学を席巻した一九六〇―八〇年代にはとりわけ痛烈であった。

政治史というのは、まずはたどるのが容易な分野であり、史料収集が系統的にできる利点がある。というのも、法律にせよ議事録にせよ証書にせよ、書かれたテクストに権威と効力を帯びさせてそれをもとに統治を正当化し、人民を統制するべく日々仕事をするのが行政機関の務めだが、そうした文書は規則的に作成・分類保存され、そしてそれはそのまま古文書館に保管されて、後世の歴史家たちが利用できる「史料」になるのだから。

また前述のように、そのときどきの至高の権力・権威がもっとも充実した資料体を残す。そうなると、歴史家たちはあたかも研究対象とする時代の主権者の威光を受けて、それに靡くように研究テーマを決めがちであり、中世半ばまでは封建領主と封建制が、中世後期から絶対王政期には王と王政が、革命以降は共和政や民主主義を目指した政治革命・解放の闘い・党争・内閣の危機などが、興味を惹くものとして選ばれる、という流れにどうしてもなってしまう。過去の権力者と現在の歴史家との共謀が、十九世紀から近年までの、政治史偏重をずっと支えつづけてきたのだろう。

こうした政治史偏重を是正しようとするアナール派の姿勢とそれがもたらした歴史学の革新については、これまで数章にわたって具体的に検討したとおりである。

しぶとい事件史

ところがどうだろう、「政治史」あるいは「事件史」のしぶとさは大変なものである。それはアナール派による厳しい批判の間でさえ、量産されつづけてきた。先に指摘したように、人物（集団）と年代をはっきり確定させて、それを線的な時間の流れに載せられる事件史＝政治史は、ごくわかりやすいということが原因の一つであろう。そして、王や偉人の伝記や華々しい事件が大衆の嗜好に叶い、テレビドラマ・映画・劇画・歴史小説の素材としても好適だという事情がその背景にはあるだろう。

テレビや新聞などのジャーナリズムでトップニュースとして詳しく語られるのは「政治」である。大衆紙は別にして、主要な新聞では政治面が特権化されており、また政治ジャーナリストという存在が重宝されている。国同士の競合、国内の与党と野党の勢力争い、議会での法律の議論、政策の適否、こうしたものは国民生活に直結し、すぐさま影響をおよぼすので、その扱いは当然であろう。だがこの扱いが英雄史観――ないしそれと裏腹の判官贔屓――に乗じた大河ドラマの感化とともに、政治史が歴史学の根幹だという考えを広めているのなら、少し残念である。

しかしもう一つ、学校での歴史教育の指針もここに影響しているのではないだろうか。フランスでは十九世紀後半の第三共和政下で、歴史教育を共和主義的な国民統合の道具として、誇らかな一体感と愛国心を育もうとした。そしてラヴィスとセニョボスの世代の歴史家が、教科書や通史の執筆に励み、それが小学校からアグレガシオン（教授資格試験）までのプログラムを決めてきた。その結果、今日にいたるまで教科書や参考書、一般向けの大きなシリーズ本などでは、相変わらず事件史・政治史が中心で、国民にはごく幼いときから、それに沿った歴史観がたたき込まれることになった。代々の国王の伝記が無数に出版されて今だに多くの読者を獲得しているのも、そうした教育の成果だろうか。日本でも、国による教科書検定制度の存在と、それに合格した主要教科書準拠の問題を出すしかない大学入試の現状では、フランスと大差ないだろう。

ところが、こうした一般大衆や学生の間での事件史＝政治史偏重だけが問題なのではない。現状、欧米でも日本でも、歴史研究者たちの中には、「社会史ブーム」など存在しなかったかのように、政治史を固守する者たちがきわめて多くいるのは、なぜだろうか。彼らは、政治史こそが客観的な歴史の最たるものだと信じているかのようだ。彼らにとっては、国家ないし政治体がすべてを包み込む上位の存在、歴史の主体中の主体とされ、それさえしっかり押さえておけば、歴史プロセスの中心軸から全体を理解できる、だからその時々の権力者が記録した公文書によって歴史を創り出せる……。このように、アナール派以前の古い歴史学のあり方が、まだかなり頑強に残っているのに違いない。

国家・政治体は公平な公共善の担い手ではなく、そうしたポーズを取ってもイデオロギー的な偏向を抱えて特殊な個人や集団、支配階級の利益の代弁者になってきたたし、政府の決定は、その時々の権力関係の現れにすぎない場合が多い。そうしたことが糊塗されてはなるまい。

ただし、私としても政治史の重要性を否定したいわけでは毛頭ない。新たな形態の政治史の特徴については後述するとして、政治現象にはそれ固有の性格・本質があるので、それを無視することはできないからである。すべての政治史が、ブローデルらが批判するような、物事の上辺に浮かぶアブクの記述ではないだろうし、時代ごとの社会における権力をめぐる政治過程、外交・軍事行動の特質、そこにおける個人の役割などはまさに政治史の課題で、歴史全体の推移と切り離せないのだから。

制度史の脱構築

多くの歴史学者の間では、政治史とならんで、否、それ以上に「制度史」への偏愛がずっとあり、現在でもあるように思われる。制度とは、規則と組織化された実践のある程度持続性のある集成で、それは関係する個人が交替したとしても、相対的に意味の不変な構造と資源の中に浸かっており、また変わりゆく外的状況に対しても弾力的に反応して回復力があるもの、と定義されよう。制度は正しい秩序への信仰を作り、社会関係に支持を与え、人々の適切な行動規範を定め、一方的な個人の利害追求の可能性を制限する。また制度には、政治体を組織し、権威と権力の構成・行使・統制・正当化・再配分の方式を命じる力がある。

このように、制度には時間的な耐性があって比較的安定した性質を備えているため、めまぐるしく移り変わる政治的な出来事よりも、歴史の枠組みとして重要だ、とする考え方も納得がいく。しかも国や地域を越える、より普遍的な広がりが制度にはあって――封建制とか議会制とか官僚制とか――、比較史の対象としてもふさわしいとあっては、なおさらである。それは、ある時代の人間関係や社会関係をハ﹅ー﹅ド﹅な局面で明らかにでき、国民と支配者、身分や階級、それぞれの関係やその変遷を見るのに、好適な素材なのである。

ただし、制度史が重要であることは当然だとしても、制度をそれがあったまま再構成してみよう、という立場に立つとすれば、政治的な出来事をそのまま再現しようという場合と、まさにおなじ過ちを犯すことになろう。それぞれの時代・地域における存在理由と意味を問わない政治史と制度史は、そこから巧みに排除・抑圧された被支配者ないし民衆の運動や心性に目を瞑る、イデオロギー的構築物にほかならないからである。制度史家が法律の制定者、制度の作成者の側に立って、政治権力の道具となっている、国家が創った公的な制度・組織や法体系の方面だけから歴史を再構成するのは危険だろう。

無論、制度史研究者は対象とする地域・時代の制度を良いものと礼賛しているわけではない、との反論があるだろう。マルクスやウェーバーに倣って、制度の批判的検証をしているという者も多かろう。だがここで言いたいのは、制度はそのまま実態を表しているわけではなく、それがどんな政策に反映し、実際に適用・運用され、社会の中で機能したかを見極めることが何より重要だということである。それは法令や議事録をいくら調査・分析しても駄目であり、別種の史料類型に当たり、方法を工夫して検討せねばならないのだが、そうした制度の社会的機能に着目した研究は未だ少なく、最近始まったばかりである。

制度を堅固で不動の機構、社会的支配の道具、強制的な規範の産出の審級と見るのではなく、社会的現実の不安定さを免れるためのひとまとまりの装置とする見方が一九八〇―九〇年代に現れた〔Cf. Boltanski 2008〕。こうした観点での制度史は、人々が行為する具体的状況に近づいて、たとえば諸制度の内部での資格化の作業、つまりアクターたちが一致して共通の資格を指示するためのやり方などを解明すべき課題に挙げる。同様に、制度が制度外のさまざまな形態のコミュニケーション（中央と地方、王国と教会、王と有力者層や役人、文書の発給者・受益者・仲介者）の助けを借りてはじめて機能するとする研究動向が、主にヨーロッパ中世史で盛んなようだ〔高山／亀長編 2022: 121-129〕。

またR・ムーニエによれば、制度とは達成すべき公共の福利を目指す指導理念で、それをあらかじめ規定された諸手続きで遂行していく。その理念と手続きが人間集団を制度に変える。だがその人間集団＝社会集団は一見固定しているように見えても、そのうち一定数の家族は、関係する複数の社会的結合関係や経済動向など多様な状況に連動して、少しずつ別の社会層へと移動する。だからいくら詳細でも法律・規則や決議事項の一覧を作るだけでは意味がなく、当該制度により階級や身分の諸関係がいかに規範的に設定されるか、その適用の実際、および統治に関わる集団と個人の社会的ステータス、日常的な人々の現実行動・態度や心性、あるいは経済・財政問題と制度との関わりなどが、制度史において解明されるべき課題だという〔Cf. Mousnier 1974-80〕。

こうした課題を解くには、制度に関わる人員・役人の記録を調査し社会集団の集合化のメカニズムをプロソポグラフィーの手法などを駆使して明らかにしたり、アンシャン・レジーム期の貴族社会研究で行われているように、称号や名誉の印、自らの名乗り方などに着目するのも有力な方法である。

また第八章の「儀礼と象徴の歴史」の節で紹介した新たな文化史の潮流も、口頭伝承と文字文化、メモリア（記憶／記念）と想起、支配空間の構成などの研究領域の登場とともに現れた、権力行使の現場に身をおいた制度史の刷新とも評せるだろう。

ここで都市史研究についても一言。「都市」をめぐっては、もともとその統治形態、諸制度、法や裁判などに研究が集中していたが、近年、地域の中心地機能、商人と商業、製造業のほか、多様な視点で論じられるようになり、そこでは社会的結合関係が大きくクローズアップされている。その成果の多くは「都市社会史」としてまとめられる。しかし同時に、一九九〇年代からは文化史的テーマ（とくに儀礼、象徴、社会的想像力）が花盛りとなり、さらに制度と諸集団の相互関係、諸集団同士また都市とその外部に張り巡らされたネットワークなど「新しい制度史」の実験場にもなっていることに、ここでは注目しておこう。

新しい政治史

一九七〇年代前後、とくに一九八〇年代から政治史はその威信を回復してきた〔竹岡 1993; Dosse 2010〕。アナール派やその影響下にある者たちが非難を浴びせ掛けている間にも、いやその前から政治史は――一部でだが――、変わりつつあったのである。ここに甦り始めた政治史は、近年には奔流となって復活を印象づけている。これは、前項で述べた社会史などなかったかのようなナイーブな政治史（あるいは制度史）ではない。アナール派による痛烈な批判を受けてきた経験の上に考案された、新たな手法の政治史である。

政治史への過剰な批判や等閑視を非難し、新世代の政治史のあり方を示すことでその復興に貢献したのが、フランスの現代史家R・レモンである〔Rémond (ed.) 1988〕。

彼は次のように言う。すなわち、長い間カリカチュアとも思われる政治史へのひどい物言いが、意図的にあるいは無頓着になされてきたが、それは、進展途上の若返った政治史研究の実情を完全に無視している。新世代の政治史家らは自分たちが扱う主題を刷新し、叙述方法も工夫してきた。その結果、彼らの作品は、たんなる表層の出来事の記述＝事件史ではなく概念を提示・分析するスタイルに変わったし、さらに大人物・エリート中心ではなく大衆も考慮に入れるようになった。またそれは、系の歴史学・数量史にもうまく適合しようと努めており、プロソポグラフィーの手法を使って貴族や官吏、県会議員などを研究している。さらにこれまであまり関心を集めなかった圧力団体、選挙における投票行動――棄権も含めて――、世論、メディア研究などもテーマとしているのだ……と。

こうして、政治はもはや表層の物語、事件のみを対象とせず、構造と結びつきうるし、短期持続だけでなく長期持続にも関わる。だから政治史の「回帰」というより「刷新」であり、アナール派に近づいているともみなせよう。

実際、レモンが指摘するように、新しい政治史は、アナール派的な手法（数量史、プロソポグラフィーなど）を大いに活用して成果を上げている。一般化、概念化するには数量化も重要な手段だが、長らく政治史家はこれを政治領域の現象には向かないと避けていた。しかし近年では、出来事、制度の枠組み、規則などについては質の分析が重要との立場はそのままでも、その上で数字・セリーをなす資料を使えば、微妙な変動も判明して漸次的な展開を示せるし、標準と例外ないし新規を区別できると、好意的な研究者が増えてきた。さらにプロソポグラフィーは、現在、政治史においても非常に活用されてきている手法であることは、第六章で紹介した。

一言でいうと、まさに学際的な分野になった政治史がここに出現したのだ。いや政治史は、諸学問分野（たとえば法学、社会学、社会心理学、言語学、数学、情報科学、統計学、地図作成法）の十字路に位置しており、それらの学問から、さまざまな問題設定、概念、方法、モデル、分析・解釈法などを取り入れているので、ほかの歴史分野よりはるかに学際性が進んでいる、と誇ることができるようだ。それは表面的な事件史どころではなく、固有のダイナミズムを備えた諸分野（政治・経済・文化・社会）が、景況に応じた不均衡を抱えつつ互いに影響し合う様を捉えようとしている、まさに「全体史」なのだ……と。

本章冒頭でも述べたが、十九世紀以来、政治史にはそれ固有の形式、つまり、国家、王朝、戦争と平和、権力とそれが結晶した制度などが付着していて、その圧倒的な意義から逃れられなかったが、「新しい政治史」は学際化し、また後段で述べるように文化史や社会史とも混淆してきている。だからそれが特権的な少数者にのみ配慮して、大衆・人民を無視している、との批判はもはや成り立たないのかもしれない。そして問題意識の中心には、たえず実践や作動中の諸力と比較照合された制度的枠組みがある。とすれば、「新しい政治史」とは前節で紹介した、脱構築された「新しい制度史」そのものなのではあるまいか。

だが「社会における権力行使と組織化の様態＝政治のあり方が、諸社会集団の分化・均衡・対抗を生み出す」「政治的なものこそが、社会や経済など歴史諸分野を統括する枠組みとなり、全体性を構築する鍵を提供して歴史の方向性を示すのだ」との信念は依然として、いや従前に増して堅持されている〔Cf. Gauchet 1988〕。

いずれにせよ、この新しい政治史においては、政治的事件はたんに構造や景況が作り出したものにすぎないのではなく、歴史の転換点をもたらすもの、構造の生産者でもある。何世紀も生き延びる堅固な政治的・心的構造を作る政治的事件というものが、たしかに存在するのである（たとえば「フランス革命」など）。ほかのすぐに衰退・溶解してしまう泡のような表層の出来事と区別された、そうした歴史の構造を転換させる政治的出来事は、政治史の特権的対象になろう。

竹岡敬温は、ブローデルの「事件」概念を批判的に論じながら、次のように述べている――「根底にある隠れた大きな流れによって生命をあたえられた「事件」、「構造」を凝縮的にあらわす「事件」というものがあろう。また「事件」は「構造」や「長い景況」によって生みだされるばかりではなく、逆に、「構造」を破る「事件」、あるいは「構造」をつくりだし、新しい「構造」の到来を予知する「事件」が存在するのではなかろうか」と〔竹岡 1990: 103〕。竹岡の言う「事件」こそ、新しい政治史の格好のテーマなのである。

これと関連して「新しい政治史」では、突発的に見える「大事件」――革命、戦争、大暴動など――を、ごく短期間持続する出来事、歴史の表面に現れては消えていく派手な泡立ち、と捉える替わりに、それらは長きにわたる散発的な不満行動の蓄積が限界点に達したもの、平穏時に他の手段によって行われていた政治の別の形での継続で、政治そして社会の深いメカニズムを露出させるものだ、と見直されている。同様に「選挙」も、別のところで決定される断続的で多少とも政治的な力関係を忠実に反映したものだとされる。政治的出来事にも、短期と長期、連続と非連続の両面があるのである〔Chesneaux 1976: 128-137〕。

こうした新しい政治史家たちが登場してきたフランスでは、現在、政治史はもっとも活発で生産的な分野であり、博士論文も量産されている。そしてその多くが、数量史的アプローチを用い、また長期持続の中にアクチュアルな問題を据えて解明しようとしていること、また後段で詳しく述べるように、社会史・文化史とも密接な絆を結んでいることなどが特徴的である。

さて、復活した政治史と絡んで「現代史」あるいは「現在史」Histoire des temps présents/Histoire du temps présent/Histoire immédiate がメディアを席巻しているが、これは今に始まったことではなかろう。しかしメディアだけでなく、大学の歴史学の授業・講座でもまさに「現代」「現在」が中心になってきていて、看過できない。

この現象はフランスはじめ欧米諸国でも、日本でも同様に見られる。先に新しい政治史の旗手として名を挙げたレモンは、一九五七年に第三共和政の最後の一〇年についての総合的研究がないことをある論文で嘆いていたが、時流の変化とともに、一九七〇年代末頃からは、「最近数十年」の現在史／現代史が大学や研究所で公的なプログラムに入って、関連する業績が急増したのである〔Chauveau & Tétart (eds.) 1992; Delacroix 2018; Delacroix, Dosse, Garcia & Offenstadt (eds.) 2010, I: 282-294〕。

「記憶の歴史」で著名なP・ノラが一九七六年に社会科学高等研究院の主任教授となり、また一九七八年には、この第二次世界大戦後の歴史を対象とする「現在史」の研究センターとして、CNRS（フランス国立科学研究センター）が「現在史研究所」Institut d'Histoire du Temps Présent の設立を決めた。さらに雑誌『即時史手帖』*Cahiers d'histoire immédiate*（一九八九年―）が創刊されたことも重要である。脚光を浴び始めたオーラル・ヒストリーとの連携の力も無視できない。

このブームの背景には、一九八〇年代以来、いつまでも去らない過去が記憶となって現在としてつづいている状況、F・アルトーグのいわゆる「現在主義」の瀰漫があるようだ〔アルトーグ 2008〕。そこで「現在史」が登場し、かつてジャーナリズムに任せていたものを歴史家が引き受けるようになったという経緯である。グローバル・ヒストリーの隆盛もこれを後押ししていよう。

ところが現在史登場の背景にある現在への関心の集中が、より古い過去への無関心、その無意味化に繋がっており、さらに過去への無関心は、未来へのビジョンの喪失と表裏の関係にあることに気をつけなくてはならない。一九八〇年代の記憶ブームを引き継ぐ、記念館・美術館の増改築・新設ブームとそこに保管される国民・民族の記念、林立する歴史上の偉人や大事件のモニュメント、そして世界遺産登録への執着、さらにはテレビニュース・映画・ネット・市場……などいたるところに溢れる記憶や遺産……は、古い歴史への知的関心の高まりというより、未来への展望を失った現在を飾って、そこはかとない不安な心性を糊塗してくれる要素――過去の栄光――へのやみくもな執着にすぎないからである。

だが、D・ローウェンタールが言うように、遺産・伝統も知識と行動にとって欠くことができない。多くの欠点にもかかわらず、それは、共同体がアイデンティティ、継続性、さらに歴史そのものを備えて使うために枢要な役割を果たす〔Lowenthal 1996: xi〕。とすれば、肝心なのは「歴史か記憶か」の二者択一ではなく、両者のバランス、現在史/現代史と前近代の歴史のバランスであろう。

現在史が歴史学の本道からはずれがちだと思われるのは、史料批判を行うことがなく、しかも利害関係から距離をおいた客観的な扱いがしにくいために、イデオロギー的・道徳的に対象に肩入れするか、反発してしまうからである。それはつまり、歴史を理解し描くのに必要な距離がないということ、資料の悉皆調査と信頼度の確認ができず、総合的評価のないままに分析・描写しないとならない、という性急さをいつも抱え込んでいるからである。要するに出来事・事件がまだ終わっていない、そのさなか・渦中で書かれる歴史は、「記録」ではあれ「歴史」になりえないのではあるまいか。どうしても現在史がジャーナリスティックになり、いやジャーナリスト的な論者がそこにしばしば関わっているのは、そうした理由からだろう。

政治の文化史へ

前節で、甦った政治史が学際的方法に依拠して、他の歴史分野との連関を重視するようになったと述べた。本節では、私たちにとりわけ関心のある「政治の文化史」に焦点を当てて、どんな手法によりこの「新しい政治史」が遂行されているのか見てみよう。じつは、政治の文化史はまったく新しいわけではなく、すでに古典になった業績もある。その代表的なものの一つは、たとえばアメリカの歴史家C・E・ショースキーの『世紀末ウィーン』（一九七九年）である〔ショースキー 1983〕。

同書では、フランツ・ヨーゼフ皇帝時代のハプスブルク帝国の黄昏において、十九世紀末から二十世紀初頭に隆盛した文学、絵画、音楽の分野で活躍した巨人たちの精神活動を取り上げている。そして皇帝と貴族、高級官僚と軍人によって創られた政治過程を背景に、そのエリートの外部にいた市民階級（ミドル・クラス）が内面に沈潜し、自己の心情生活に没入してそれを表現していった様を跡づけている。文化と社会構造との間の変転する関係を象徴する庭園イメージの分析は卓抜である。

ショースキーのほかにも、アナール派ないしそれに近い英米の歴史家たちによって一九七〇—九〇年代に盛んになされた「政治文化」の歴史学には、ある程度こうした複眼的な見方を導入しようという目的があったのかもしれない。というのも「政治文化」とは、政治的文脈において相互に関係する人々の知覚・認識を形成し、規制するダイナミックな意味のシステムだからである。そしてそこでは「表象の歴史学」や「新しい文化史」の手法が使われた。

これはとくに「フランス革命」の捉え返しの中で行われてきた。政治文化に着目することで、政治的・暴力的なフランス革命が封建制の転覆、資本主義の勝利（ブルジョワ革命）をもたらした、とのそれまでの図式を否定して文化の政治への優位を説き、言語、儀礼、象徴が社会変革の役割を果たしたとするのはF・フュレの『フランス革命を考える』(一九七八年)であった〔フュレ 1989〕。

フュレの著作に刺激を得て、M・アギュロン『闘うマリアンヌ』(邦題は『フランス共和国の肖像』)(一九七九年)、L・ハント『フランス革命における政治・文化・階級』(邦題は『フランス革命の政治文化』)(一九八四年)、M・ヴォヴェル『フランス革命の心性』(一九八五年)、M・オズーフ『革命祭典』(一九八八年)など、きわめて多くの業績がこの分野で相次いで生み出された〔アギュロン 1989; ハント 1989; ヴォヴェル 1992; オズーフ 1988; cf. 松浦 1988〕。

これらの著作は、公的な式典や演説には明確に現れない、革命家たちの意識・無意識に着目している点で共通している。そして、共和国や自由・平等など、正統性を保証する一群の理念と照応しつつもそうした隠れた意識や無意識に通ずる象徴・寓意・標章や儀礼——三色旗、マリアンヌ、自由の木、自由の赤い帽子、革命祭典の場所選択や舞台装置、あるいは仲間への呼びかけ方などの身振り・言葉——が、新たな政治的・社会的・文化的闘争の領域創造の手段としてのレトリックの役割を果たしたこと、言い換えれば政治闘争が通常の政治領域ではなく、きわめて拡張された場で行われたことを示した。ときには、民衆教化のためにエリートが提供したシンボルが民衆の祭式によって横領され、かえって共和主義者の権力が蚕食され、覆される恐れもあったという。

政治史と文化史を繋ごうという態度は、たとえばインドを足場にして、一九八二—二〇〇五年に「サバルタン研究」を展開した英米のサバルタン・グループの研究など、近現代史にも目立っている〔グハ/パーンデー/チャタジー/スピヴァック 1998; チャクラバルティ 1998〕。下からの歴史(トムスン)や批判的マルクス主義（グラムシ）の影響を蒙っているこのグループは、従属的階層・集団（サバルタン）を、歴史過程における行為主体として、国民の歴史に記入することを目指した。そして主導権復権と西洋的諸概念・価値批判を繰り広げたサバルタンのレジスタンスの自律文化を、労働と社会的搾取の体験に根づいたものと捉えて、マルクス主義のように人間をその物質的条件に還元することはしない。彼らは人類学と社会学を動員し、植民地の古文書のみか、地方言語の民衆文学や口頭伝承も使いながら、隠れていた民衆の声を取り戻そうとしている。これらの研究は「民衆文化史」であるとともに、一種の新たな「政治の文化史」とも評価でき、近代インドの歴史学に新風を吹き入れ、その方法は中南米史へも拡張していった。

　ヨーロッパ中世史においても、一九七〇年代くらいから政治の文化史的なアプローチが盛んになり、政治史家の多くは、教皇とか国王、領主・都市などの権力保持者の間の力関係や諸制度を調べ記述するだけでなく、具体的・物理的な権力行使の有り様、奉仕者や被支配者の権力者についての認識、あるいは権力者の周りに展開する儀礼や象徴的表現などを調査している。ここでも政治史が社会史・文化史と重複するものになってきている。さらに近世史では、メディチ家なりフランソワ一世なりの君主の権力の大きさ・偉大さ、あるいは良き趣味の「記号」としての建築物や収集物のあり方・評判に着目した研究が目を惹く。

　ところが、こうしたさまざまな点で刷新した政治史にもなお大変な欠陥があり、従前の古い政治史と同じ穴の狢だ、との批判もある。それはたとえば新世代の政治史においても相変わらず「女性の場所」がない、という点に集約される。政治史も制度史も、その時々の「与えられた政治的枠組み」＝単一性（unicité）支配の政治的ディスクールから免れられず、たとえば、政治的自由拡大の展開をたどる場合でも、その対象はあくまでも、一体化した抽象的な人類あるいは国民＝男たちであったし、そうありつづけている。政治史や制度史の大本が、コントらの実証主義の哲学とその直接の末裔たる十九世紀国民史学に負っているゆえに、いくら対象が多様化しても、あるいは学際化や隣接諸科学との交流が進んでも、政治史・制度史はその起源からある一元論から逃れられないではないか、というのである。これが現代史・女性史研究者M・リオ＝サルセーらの疑念である〔Riot-Sarcey 1993〕。

実際政治史／制度史においては、古いものであれ、新しいものであれ、女性たちはマルジノー（周縁人）らとともに、その男性中心の政治秩序の欄外に、余分な者としてのみ登場する。たとえ大きく扱われるときも、行為者としてではなく対象・イメージとして見られ語られる点のみがクローズアップされる。それは、政治史に本質的に結びついている一元論・単一性に加えて、政治史家が、自分たちの領域こそが、諸分野の結節点・中核に位置するものであり、その中核が周縁を照らし統べているとの信念が根強くあるからだろう。だからいくら革新されても、政治史は権力の諸効果の歴史、権力を手にすることになる者や集団の事実を伝える、累積的で線的な歴史になるのである。

女性や民衆、マルジノーにもしかるべき場所を提供するさらに新たな政治史が求められよう。それは歴史学の既存の範疇・概念を今一度疑って、農民・下層民・労働者・女性・マルジノーらの主体性を認識できる政治史を構想する「サバルタン研究」のような流儀の歴史学に一つのモデルがあるかもしれない。しかしもう一つは、政治の文化史、というより政治の社会史ないし心性史であり、日本の網野史学にその稀な成功例を見出せるように思う。とりわけ『蒙古襲来』や『異形の王権』では、政治の大転換の背後で社会と民族の根底からの変革が進行しているのを見逃さず、乞食・非人とその異形の衣裳や、飛礫などの民俗的事象を読み解いて、民衆の思想と闘争を深く理解しようとしているからである〔網野 1993, 2000〕。

おわりに　これからの歴史学

以上、『歴史学の作法』と題して、近代以降の歴史学の変貌と現在進行中の方法の進化や対象の拡大、さらには私が考えている歴史学のあるべき姿について記してきた。

こうした史学概論、歴史学方法論というものの試み自体は、日本でも珍しいものではなく、古くから数多く書かれてきた。それらの目的は、もともと実証的な研究方法の伝授であり、もっぱら技術的なものであった。こうした基本的なマニュアルは、より平易な形で、大学の教科書・参考書として、欧米でも日本でも量産されている。

一方それとはまったく別に、やはり古くから哲学者たちの歴史についての考察（歴史哲学）があり、歴史の意味・本質、歴史認識の方法などが論じられてきた。この哲学的な歴史理論には、ドイツを別にすれば、欧米でも日本でも、実践的な歴史研究者はあまり深入りせずに遠ざけてきた。ホイジンガの影響を受けて歴史哲学にも近づいた堀米庸三などは少数派だった。

ところが、フランスでアナール派が台頭するや、世界各国で歴史学についての方法的思索が活発になり、史学史的・史学方法論的な業績が欧米各国の歴史家たちの間で積み重ねられ、やがて日本にも「新しい歴史学」の方法論が紹介されて反省を促し議論百出した。

さらに、いわゆる「言語論的転回」の衝撃が無視できなくなり、哲学・思想・文学畑の学者だけでなく、歴史家の中にも方法論・史学史への関心を強め、研究を進める者たちが増加してきた。とりわけ一九九〇年代以降、今日にいたるまで、かつてないほど「歴史方法論」「史学史」の議論が盛況を迎えているのである。本書もそうした流れに位置づけられると言われても否定できない。屋上屋を架す必要はないのかもしれないが、グローバル・ヒストリーをはじめとする近年の鬱勃たる動向に多少違和感も感じるので、自分なりの方針を書き留めておこうとした次第である。

本書執筆に当たって、私は従来の主要な歴史理論・史学史研究やとりわけ近年多数登場している史学方法論の議論から大いに学んだ。とくに、フランスにおけるアナール派とその流れを汲む論者たちによる論考の数々は裨益するところ大であった。理論的には、学生時代から肌が合ったドイツ歴史主義のほかに、日本の哲学者野家啓一の歴史叙述の捉え方は納得できる点が多かった。

最近、グローバル化やITネットワークの席巻と切り離せない「グローバル・ヒストリー」「ビッグ・ヒストリー」「デジタル・ヒストリー」といった、新分野・方法が、歴史学の中に勢い込んで広まっているが、どうしても虫が好かない。西洋中心主義や国民国家枠至上主義を、こうした最近流行の潮流が批判し、乗り越えられるとすれば、それはそれでけっこうなことだろう。だが、より大事なものが失われていくようにも思われるのである。人間とその心模様が見えてこない歴史学は、歴史学と言えないのではないか、とさえ思う。もちろん最新の研究の潮流・方法を全否定するものではなく、それを分析道具として、あるいは視野の拡大のために、部分的に活用するのは大変良いことだと思う。

行論の途中で何度も強調したが、私がこれからの歴史学のあるべき姿だと考えているのは、〈刷新された）社会史・心性史を中心としたものである。社会史・心性史が衰退したのは、それらが駄目だったからではなく、十分可能性を展開できなかったからではないのか、方法を練磨していけば再生できるのではないか、と私は考えた。

本書では、歴史は全体史として捉えないとならないと主張しながら、便宜上、歴史（学）を多くの分野・領域に分けて、その守備範囲や方法、そして歴史学の発展にとっての意義を語ってきた。政治・経済・文化・宗教などは、いずれを取っても、歴史的現実においては他の領域と重なり、また結び合って相互に影響し合っている。だがそれぞれはまた、他から独立した自律性を得ようともし、そこに緊張・相克が起き、統一的まとまりが崩れて時代は移り変わっていくのだろう。ではそれら歴史（学）の諸分野の相互の関係や役割は、どのように考えることができるだろうか。

歴史学の世界とは、いわば各面いずれも三角形で構成される四面体に喩えられよう。社会史、心性史、文化史が側面の三角形を構成し、底辺は（人文科学的な）自然史である。社会史、心性史、文化史はいずれも「全体」の解明を目指しており「全体」を相手にできる、という意味では総合的なアプローチであって、他の専門研究分野、たとえば美術史とか音楽史とか技術史、あるいは制度史、政治史、法政史、経済史、経営史などの分野とは、次元を異にしている。

社会史と心性史は、文化史とともに「全体史」を別の角度から観察し、捉えることになる。心性史は集合的な人々の諸信念・諸傾向が習慣や伝承、教育などにより伝播していき、それらにより錬成されて社会的事実となり、他方から見ると、心性に呼応した社会的色調が人間関係を組織化し、社会集団や社会集団同士の関係・構造を作っていくと考える。

また社会史は、ある時代の人々の習俗やさまざまなレベルの人と人との関係を対象とするが、その意味と価値は同時代の文脈、社会の全体構造の中で解釈・評価される。その対象の生命は時代が移り変わると途絶するケースもあるが、先行する、また後続する社会との間に布置の変更がありつつも、ともに日常として関連・継続していくケースもある。

一方、文化史は、具体的な作品やモノや風俗習慣に結実した心性の現れをその時代・地域の歴史的なコンテクストに嵌めて理解しつつ、その価値は、時代を超え次の時代へと形を変えて受け継がれると考える。つまり文化には日常に根ざしつつ、日常を超える聖なる側面、永遠に通ずる面を持つと捉える。

しかしながら、文化史が稔り豊かになるには、社会史との適切な協力関係がなければなるまい。その点では、民衆文化史、そして表象の歴史学やインテレクチュアル・ヒストリーが継手となって活躍できる場面があろう。また民衆史や女性史は、社会史および文化史の中の、復権させるべき巨大な領域である。

環境史や身体史、地理的な歴史は、歴史的世界の「土台」を明らかにする課題を負っている。歴史はこの世に生を享けた人間が作るものであってみれば、大地や身体といった、人間存在の基盤をなす実体に最終的な保証を見出す。しかしこれは、社会、心性、文化との間に物理的な関係を有するだけではなく、重層的な地域という諸単位でも関係しており、さらに習俗の次元を介して、感性領域や知的領域と修辞的な関係をも有していることを見落とすべきではない。風土論が重要な理由はそこにある。

経済史ないし社会経済史の歴史学全体の中での位置づけについて述べれば、これらは数量的データとともに質的な史料をも用いて、ある時代・社会を支える物質的生産方法とその変容を捉え、生産力および生産関係の両者に注目することで構造化しようとする。それによって、今述べた「土台としての自然と身体」を文化や社会関係へと仲介する研究領域とも位置づけられよう。

政治史・制度史については、先ほど三角錐ないし四面体に喩えた歴史学の世界という構築物を支える柱や梁と捉えてよいかもしれない。だがそれらの柱や梁は固定して動かないのではなく、「新しい政治史」「新しい制度史」として、文化史や社会史と共通の手法を駆使し、いわば大きな壁面にして窓たる文化史や社会史と融合したしなやかな建築材であるべきだ。

国際情勢における民族問題やナショナリズムの回帰、グローバル化社会の中で、世界経済にまで大きな影響を与えうる政策決定・介入、また利害行動などを目にすると、政治事象の重要性と自律性を、現代人があらためて感じるようになるだろうし、戦争が勃発すれば報道はそれ一色になり政治の力と恐ろしさを思い知らされる。しかしそれでも、歴史学の中心・背骨として政治史を据えたり、政治史こそ全体史の鍵とする立場には、私は賛成できない。それは先に述べたように、政治からは「全体」が見通せないからである。

歴史学を遂行するに当たっては、対象とするテーマに応じて史料の適切な扱い、因果関係の確定、スケールの選択など諸手続きが必要になるが、その際は、もろもろの歴史補助学、数量史、史料論、プロソポグラフィー、ミクロストリア、グローバル・ヒストリー、その他の手法の出番である。しかしそれらはあくまでも手段であり、視野転換の方途であって、それを自己目的としてはならないだろう。

以上が、私が夢想する「これからの歴史学」のあるべき姿である。

＊

本書の最後に、歴史教育の問題を考えてみたい。学校での歴史教育においては、専門の歴史家が最先端の歴史学を教えるわけではない。だから学問としての「歴史学の作法」を論じてきた本書では、大学はともあれ、小学校から高校までの歴史教育は無視してよいのかもしれない。だがすでに何度か触れてきたように、歴史学には「読者」がいてはじめて完遂できるという特殊性があるし、また歴史家は、学者仲間だけでなく、民衆の間に漲る感覚・思いを体得しなければならない。そして一般市民に歴史学の成果を伝える媒体としては、その一つは出版だろうが、他の一つは学校教育、歴史教育の現場であろうから、その意味では歴史教育の問題も無視できず、「これからの歴史学」と密接に絡んでいるといえるだろう。

日本でも、またヨーロッパ諸国でも、小学校から高校まで、たいていは「歴史」の学習は暗記すべき項目の列挙となり、主要な出来事、重要人物、年代などを覚えつつ、国民としての参照枠組みを学ぶという慣行がずっとつづいてきた。日本人なら日本史はそうした国民としての参照枠になろうが、世界史はより一層よそよそしく、暗記項目が多く感じられるだろう。また世界史は、本格的に学ぶのは高校になってからなので、ますます敬遠されがちである。

さらに二〇二二年度から、高校では「歴史総合」が必修科目として設置された。そこには日本史と世界史が合体する効果はあるかもしれないが、前近代の長大な歴史が、必修からはずれ、すっぽり抜け落ちる し――「世界史探求」の選択科目では残るが――、中学社会歴史分野で学ぶごく僅かの知識以外、前近代史をまったく知らない学生が大量に大学に入学してくる、という大きな問題が生まれてしまう〔津田／フレンツェル 2021〕。

より根本的な欠陥は、世界史の「教科書」が歴史の生命力を吸い取られたような客観性へと整えられていることだろう。文科省が定める「学習指導要領」に準拠する、しかも公正で偏りのないものという原則のもと、解釈はもとより、用語など小さな点までがんじがらめに規制されている。こうした教科書に付き合わされ、それに準拠した入学試験を唯一の学習目標として覚え込む生徒たちは、いくら「考える力を養え」と言われても、世界史に興味など持てないだろう。だから二〇〇六年秋に発覚した世界史未履修問題などが発生するのである。

この教科書の「つまらなさ」の根源を、今野日出晴『歴史学と歴史教育の構図』は、的確に剔抉している〔今野 2008〕。すなわち今野は、蒸留水のように書かないと検定に合格しない教科書というのは、物語構造を一応備えていても、発話主体・著者が匿名性の下に隠蔽され透明になってその存在感を消去し、主観と客観の対話で歴史が描かれうることを無視している。たしかに「わかる」し「つじつまが合う歴史」となっているが、そこにはそれ以外の解釈の余地がないようなディスクールが埋め込まれている。歴史の潜在的偶然性が理解されず、無作為の必然の因果が浸透している。どんな教師にも扱える有効な教材としてお墨付きがついているが、それが普及すればするほど、批判的視座は失われ、授業の技術はレシピへと転落して、教師は調整役に徹し無能化していく。生徒は歴史の消費者たることを学ぶのみで、考える力は落ちていく。事件の記述も、主体性が消去され、誰が何を何のためにいかに行ったかを説明せず、出来事の責任の所在を明示せずに自然発生・価値中立のように見せる。もろもろの歴史事象が、是非とも覚えておくべき基本事項として設定されても、なぜこれで、あれではないのか、著者の判断理由が示されることはない。事件の発生、制度の制定などが描かれても、その下で人々がどう生きたかは描かれず、公的なことばかりで私的な人間の実感がそこにはない……。

まさに言い得て妙である。客観的な「正しさ」だけが教科書の取り柄かもしれないが、「正しさ」もさほどではないようだ。長谷川修一・小澤実編『歴史学者と読む高校世界史』によると、専門家の眼から見ると、不適切な記述が高校教科書にかなり残っているという〔長谷川／小澤編 2018: 25-44〕。その理由は、高校教員たちが、教科書内容の大幅な変更を嫌うということ、また採択率が下がると困る教科書会社は、記述変更を最小限にとどめるということ、さらにかならずしも専門家が執筆しているわけではないこと……などであるようだ。

もちろん政府としても学校の現場としても、改善に努めていないわけではない。小中学校の「調べ学習」の増加や教師が提示する資料をめぐる「討論授業」の重視、高校では史料の批判的読み方や文脈を理解しつつ因果的に歴史的変化を説明できるようにする訓練など、いろいろ工夫されているし、大学入試でも歴史の分析力を問う論述問題が推奨されているが、効果は限定的なようだ。

どの出版社でも教科書を自由に発行できて、学校ごとの自由な採択が認められればはるかに事態は改善するだろうに、と私などは思ってしまう。誤りが多かったり偏りが激しくて、程度の低い教科書が登場したとしても、（良識ある）マスコミ、教育関係者、学者、学術諸団体などのチェックとその公表が繰り返されれば淘汰されていくことだろう。

その点、一九四九、五〇年の二年で二七種四五冊発行されたという「世界史」準教科書は、ごく短期の過渡期的存在であったが、きわめて啓発的だ。個人名で出されたもの、教員の団体によるもの、諸分野の研究者の共著、大学・学会・研究会による執筆、カトリックやプロテスタントを背景にしたものなどがあり、内容面でも重心のおき方やテーマの取り上げ方はさまざまだったが、現在の教科書よりもずっと歴史

（世界史）を学ぶ意義を真剣に問い掛け、提示し、学習の意味・方法・内容が探求されているという〔長谷川／小澤編 2018: 153-178〕。

歴史は教訓を得るために学ぶわけではないだろう。しかし現在の自分の行動、世界についての考えは、過去の人々の行動やその世界についての考えを知れば相対化され、違った考え方もありうる、とわかってくる。その結果、自分やその属する大小の集団を批判的に考え、他者とその文化を寛容に見られるようになる。歴史学は倫理学ではないし、またイデオロギーからは離れるべきだが、倫理性をはらんでいる特殊な学問であるのもたしかであり、それが明瞭に見えるのが学校現場ではあるまいか。

学校現場が抱える歴史教育問題への、即効の処方箋などはないだろうが、少しずつでも改善していくことが望ましい。そして歴史学者の研究・教育の場は、主に大学だとしても、中高と連携して歴史教育をより良くしていくことはできよう。初等・中等教育を通じての歴史家の知識と判断の還元は、著書による一般読者への還元とともに、「理想の読者」を育てることに繋がろう。本書で述べたように、「理想の読者」との対話なしに歴史学は完成しないのだから。

あとがき

このところグローバル・ヒストリーや感情史、そして歴史叙述の問題をめぐって議論がかしましいし、歴史教育も大いに話題になっている。また大学でのテクスト用の著作もずいぶん出ている。とはいえ、歴史学が抱える多くの問題のすべてをまとめ、全体を関連づけた書物がないので、その穴を埋めよう、というのが本書執筆の動機である。

しかし、たんなる研究案内とか史学概論として総花的におとなしくまとまった書物——そうしたものが多いように見受けられるのだが——ではなく、全体史を射程に収めたこれからの歴史学のあるべき姿、という自分の主張を本書には思い切り込めたつもりである。「言語論的転回」「物語論的転回」「文化論的転回」「批判的転回」「空間論的転回」「時間論的転回」「感情論的転回」「パフォーマティブ・ターン」など、目が回るような回転ジャンプの連続を傍目に、地に足をつけてあるべき歴史学を構想してみたかった。

もう一つ、良く生きるには、なぜ歴史を学ぶことが重要なのか、ということを伝えたいという思いもあった。伝えたいというより、それを自分でもあらためて考え直したかった。自分を知るためには他者を、日本を知るためには世界を、現代を知るためには過去を、しかも中世や古代まで遡って知ることが不可欠であり、そうしてこそ、晴朗な意識を持って未来に歩みを進めることができるようになる。というのも、私たちの生きている時代そして社会は、長い歴史によって規定されていて、またその時代・社会によって誰もが規定されているのだから。

近年、「歴史認識」の問題が、国と国との政治問題化しているのに、そして学校教育においても、「英語」をグローバル言語と位置づけて小学校から教えようとしているのに、その傍ら、「歴史」は高校で「世界史」が必修からはずれて「世界史探究」という選択教科になるなど、とくに前近代史が軽視されるのはどうしてか。

もちろん、短慮な政府のみに責任があるわけではなかろう。今は「現在主義」が蔓延し、歴史的感覚をもって文化や社会を捉える気運がなく、誰もが歴史と切り離された「記憶」に覆われた「現在」にあたふたと感情的に反応するのが精一杯になっているからだ。そんな時代に歴史の重要性を説くのは荒野で叫ぶ預言者のようだが、一歴史家としてできるだけのことはしたかった。

各分野の動向や課題を示そうと私が取り上げ紹介した文献は、出版当初話題をさらったもの、私の専門に近くてもともと親しんでいたもの、たまたま目に止まったものなどさまざまだが、日本史や東洋史への目配りが手薄になり、例示する文献がほぼ西洋史とくにフランス史——中でも中世史——に偏ってしまった。またそれらの文献は、古典としてすでに万人に認められている名著を除けば、すぐにも乗り越えられ古びてしまうものも多いかもしれないし、より本格的な研究がやがて現れるかもしれない。しかしたとえ古びるとしても、これから歴史学を研究しようと考えている人への羅針盤の役は、なんとか果たしつづけてくれるのではないかと期待している。

大学を退職して、最先端の研究へのアクセスが不自由になってしまい、ごく最近の研究動向には十分目配りできなかった。図書館、とくにデータベース、電子ジャーナルが利用できないのが辛かった。それでも、そもそも近年の動向に異議あり、との昭和な立場に立った主張が基本なので、本筋に影響はないだろう。本書が「すべての学問の中でもっとも難しい」と何人もの学者が嘆息した歴史学を学ぼうという読者諸氏の導きの糸となればよいのだが。

本書は、東京大学出版会のＰＲ誌『ＵＰ』に二〇一五年一月―二〇一六年十一月の間連載したものに、大幅な加筆修正を加えて成ったものである。書籍化を勧めて下さった編集部の斉藤美潮さんには、言い訳もできないほど遅れて申し訳なく思っているが、やっと負債を返せた気分で、安堵している。折々の励まし、内容および文章表現改善のためのつぶさな助言に深謝したい。

池上俊一

二〇二二年晩秋　六甲山の麓にて

人名索引

あ 行

か 行

さ 行

た 行

な 行

は 行

ま 行

や 行

ら 行

わ 行

参考文献

本書執筆にあたって参照した文献のうち，本文中の注で引証したもののみを以下に列挙する．注では，原則として著者名――姓のみ．同姓者がいるときには名前のイニシャルも――と出版年，および必要におうじて頁数を指示した．

[欧文]

Agulhon, M., *La sociabilité méridionale: Confréries et Associations dans la vie collective en Provence orientale à la fin du XVIIIe siècle*, 2 vols., Aix-en-Provence, 1966.

Agulhon, M., "La sociabilité, la sociologie et l'histoire," *L'Arc*, 65 (1976), pp. 76-84.

Alexandre, P., *Le climat en Europe au Moyen Âge*, Paris, 1987.

Alexandre-Bidon, D. & Lett, D., *Les Enfants au Moyen Âge, V^e-XVe siècles,* Paris, 1997.

Alphandéry, P. & Dupront, A., *La Chrétienté et l'idée de Croisade*, 2 vols., Paris, 1954-59.

Althoff, G., *Die Macht der Rituale: Symbolik und Herrschaft im Mittelalter*, Darmstadt, 2003.

Althoff G., *Spielregeln der Politik im Mittelalter: Kommunikation in Frieden und Fehde*, 2nd ed., Darmstadt, 2014.

Anderson, B. S. & Zinsser, J. P., *A History of Their Own: Women in Europe from Prehistory to the Present*, 2 vols., New York, 1988.

Ankersmit, F. R., *Narrative Logic: A Semantic Analysis of the Historian's Language*, The Hague-Boston-London, 1983.

Arnold, K., *Kind und Gesellschaft in Mittelalter und Renaissance: Beiträge und Texte zur Geschichte der Kindheit*, Paderborn- München, 1980.

Aron, J.-P., Dumont, P. & Le Roy Ladurie, E., *Anthropologie du conscrit français*, Paris- La Haye, 1972.

Auslander, L., *Taste and Power: Furnishing Modern France*, Berkeley- Los Angeles- London, 1996.

Baschet, J., *Les justices de l'au-delà: Les représentations de l'enfer en France et en Italie* (*XIIe-XVe siècle*), Rome, 1993.

Baschet, J. & Dittmar, P.-O. (eds.), *Les images dans l'Occident médiéval* [L'Atelier du médiéviste 14], Turnhout, 2015.

Becchi, E. & Julia, D. (eds.), *Histoire de l'enfance en Occident*, 2 vols., Paris, 1998.

Beckert, S., *Empire of Cotton: A Global History*, New York, 2014.

Bergler, Th. E., *Youth, Christianity, and the Crisis of Civilization, 1930-1945*, Cambridge, 2014.

Berlioz, J., *Catastrophes naturelles et calamités au Moyen Âge* [Micrologus' Library I], Firenze, 1998.

Bernheim, E., *Lehrbuch der historischen Methode*, Leipzig, 1889.

Berr, H., *La synthèse en histoire: Son rapport avec la synthèse générale*, new ed., Paris, 1953.

Bertrand, R., "Rencontres impériales: L'histoire connectée et les relations euro-asiatiques," *Revue d'histoire moderne et contemporaine*, 54-4bis, Supplément: *Bulletin de la Société d'Histoire Moderne et Contemporaine: Histoire globale, histoires connectées: Un changement d'échelle historiographique?* (2007), pp. 69-89.

Besançon, A., *Histoire et expérience du moi*, Paris, 1971.

Binion, R., *Introduction à la psychohistoire*, Paris, 1982.

Bluche, F., *Les Magistrats du Parlement de Paris au XVIIIe siècle (1715-1771)*, Besançon, 1960.

Boglioni, P. (ed.), *La culture populaire au Moyen Age: Études présentées au quatrième colloque de l'Institut d'études médiévales de l'Université de Montréal, 2-3 avril 1977*, Montréal, 1979.

Bollème, G., *Les Almanachs populaires aux XVIIe et XVIIIe siècles: Essai d'histoire sociale*, Paris- La Haye, 1969.

Boltanski, L., *Les cadres: La formation d'un groupe social*, Paris, 1982.

Boltanski, L., "Institutions et critique sociale: Une approche pragmatique de la domination," *Tracés. Revue de Sciences humaines*, 8 (2008) Hors-série, pp. 17-43.

Boquet, D. & Nagy, P., *Sensible Moyen Âge: Une histoire des émotions dans l'Occident médiéval*, Paris, 2015.

Borst, A., "Das Erdbeben von 1348: Ein historischer Beitrag zur Katastrophenforschung," *Historische Zeitschrift*, 233 (1981), pp. 529-569.

Bosl, K., *Frühformen der Gesellschaft im mittelalterlichen Europa: Ausgewählte Beiträge zu einer Strukturanalyse der mittelalterlichen Welt*, München- Wien, 1964.

Boswell, J., *The Kindness of Strangers: The Abandonment of Children in Western Europe from Late Antiquity to the Renaissance*, Chicago (IL), 1988.

Boucher, D., *Texts in Context: Revisionist Methods for Studying the History of Ideas*, Dordrecht- Boston- Lancaster, 1985.

Bougard, F., Iogna-Prat, D. & Le Jan, R. (eds.), *Hiérarchie et stratification sociale dans l'Occident médiéval (400-1100)* [Coll. Haut Moyen Âge 6], Turnhout, 2008.

Boureau, A., *Le simple corps du roi: L'impossible sacralité des souverains français, XVe-XVIIIe siècle*, Paris, 1988.

Boureau, A., "Propositions pour une histoire restreinte des mentalités," *Annales*

ESC, 44 (1989), pp. 1491–1504.

Bouvier, J., *Le krach de l'Union Générale (1878–1885)*, Paris, 1960.

Bouvier, J., *Le Crédit lyonnais de 1863 à 1882: Les années de formation d'une banque de dépôts*, 2 vols., Paris, 1961.

Brunner, O., Conze, W. & Koselleck, R. (eds.), *Geschichtliche Grundbegriffe: Historisches Lexikon zur politisch- sozialen Sprache in Deutschland*, 8 vols., Stuttgart, 1972–97.

Bulhof, I. N., *Wilhelm Dilthey: A Hermeneutic Approach to the Study of History and Culture*, The Hague- Boston- London, 1980.

Burguière, A., "La notion de « mentalités » chez Marc Bloch et Lucien Febvre: Deux conceptions, deux filiations," *Revue de synthèse*, série 3, 111–112 (1983), pp. 333–348.

Bynum, C. W., *Holy Feast and Holy Fast: The Religious Significance of Food to Medieval Women*, Berkeley- Los Angels, 1986.

Bynum, C. W., *The Resurrection of the Body in Western Christianity, 200–1336*, New York, 1995.

Bynum, C. W., *Wonderful Blood: Theology and Practice in Late Medieval Northern Germany and Beyond*, Philadelphia (PA), 2007.

Calvi, G. *Storie di un anno di Peste: Comportamenti sociali e immaginario nella Firenze barocca*, Milano, 1984.

Campbell, B. M. S., *The Great Transition: Climate, Disease and Society in the Late- Medieval World*, Cambridge, 2016.

Camporesi, P., *Il paese della fame*, Bologna, 1978.

Camporesi, P., *La carne impassibile: Salvezza e salute tra Medioevo e Controriforma*, Milano, 1983.

Camporesi, P., *Le officine dei sensi*, Milano, 1985.

Cantillo, G., *Ernst Trœltsch*, Napoli, 1979.

Castan, Y., *Honnêteté et relations sociales en Languedoc 1715–1780*, Paris, 1974.

Castelli Gattinara, E., *Les inquiétudes de la raison: Épistémologie et histoire en France dans l'entre-deux-guerres*, Paris, 1998.

Les catastrophes naturelles dans l'Europe médiévale et moderne [Flaran], Toulouse, 1996.

Cerquiglini, B., *Éloge de la variante: Histoire critique de la philologie*, Paris, 1989.

Charle, Ch., *Homo Historicus: Réflexions sur l'histoire, les historiens et les sciences sociales*, Paris, 2013.

Chartier, R., *Lectures et lecteurs dans la France d'Ancien Régime*, Paris, 1987.

Chartier, R., *Au bord de la falaise: L'histoire entre certitudes et inquiétude*, Paris, 1998.

Chastang, P., "Cartulaires, cartularisation et scripturalité médiévale: La structuration d'un nouveau champ de recherche," *Cahiers de civilisation médiévale*, 49

(2006), pp. 21–32.

Chastang, P., "L'archéologie du texte médiéval: Autour de travaux récents sur l'écrit au Moyen Âge," *Annales HSS*, 63 (2008), pp. 245–269.

Chastang, P., "Des archives au codex: Les cartulaires comme collections (XIe–XIVe siècle)," in B. Grévin & A. Mairey (eds.), *Le Moyen Âge dans le texte*, Paris, 2016, pp. 25–43.

Chaunu, H. & Chaunu, P., *Séville et l'Atlantique (1504–1650)*, 12 vols., Paris, 1955–60.

Chaunu, P., *La mort à Paris, XVIe, XVIIe et XVIIIe siècles*, Paris, 1978a.

Chaunu, P., *Histoire quantitative, histoire sérielle*, Paris, 1978b.

Chauveau, A. & Tétart, Ph. (eds.), *Questions à l'Histoire des Temps présents*, Bruxelles, 1992.

Chesneaux, J., *Du passé faisons table rase?*, Paris, 1976.

Chiffoleau, J., *La comptabilité de l'au-delà: Les hommes, la mort et la religion dans la région d'Avignon à la fin du Moyen Âge*, Rome, 1980.

Clanchy, M., "Law and Love in the Middle Ages," in J. Bossy (ed.), *Disputes and Settlements: Law and Human Relations in the West*, Cambridge, 1983, pp. 47–67.

Clark, S., "French Historians and Early Modern Popular Culture," *Past & Present*, 100 (1983), pp. 62–99.

Cohn, Jr., S. K., *Death and Property in Siena, 1205–1800: Strategies for the After-life*, Baltimore- London, 1988.

Cohn, Jr., S. K., *The Cult of Remembrance and the Black Death: Six Renaissance Cities in Central Italy*, Baltimore- London, 1992.

Cohn, Jr., S. K., "Renaissance Attachment to Things: Material Culture in Last Wills and Testaments," *Economic History Review*, 65 (2012), pp. 984–1004.

Crosby Jr., A. W. *The Columbian Exchange: Biological and Cultural Consequences of 1492*, Westport (CT), 1972.

Daumard, A., "Structures sociales et classement socio-professionnel : L'apport des archives notariales au XVIIIe et au XIXe siècle," *Revue historique*, 227 (1962), pp. 139–154.

Daumard, A., "Une référence pour l'étude des sociétés urbaines en France aux XVIIIe et XIXe siècles : Projet de code socio-professionnel," *Revue d'histoire moderne et contemporaine*, 10 (1963a), pp. 185–210.

Daumard, A., *La bourgeoisie parisienne de 1815 à 1848*, Paris, 1963b.

Daumard, A. & Furet, F., *Structures et relations sociales à Paris au milieu du XVIIIe siècle*, Paris, 1961.

Davidson, C., *A Woman's Work Is Never Done: A History of Housework in the British Isles, 1650–1950*, London, 1982.

Delacroix, Ch., "L'histoire du temps présent, une histoire (vraiment) comme les

autres?," *Revista Tempo e Argumento*, 10 (2018), pp. 5-38.

Delacroix, Ch., Dosse, F., Garcia, P. & Offenstadt, N. (eds.), *Historiographies: Concepts et débats*, 2 vols., Paris, 2010.

Delort, R., *Le commerce des fourrures en Occident à la fin du Moyen Âge (vers 1300-vers 1450)*, 2 vols., Rome, 1978.

Delumeau, J., *L'alun de Rome, XVe- XIXe siècle*, Paris, 1962.

Delumeau, J., *Rassurer et protéger: Le sentiment de sécurité dans l'Occident d'autrefois*, Paris, 1989.

Delumeau, J. & Lequin, Y. (eds.), *Les Malheurs des temps: Histoire des fléaux et des calamités en France*, Paris, 1987.

De Michelis, F. P., "Alle origini della <histoire totale>: Jules Michelet," *Studi storici*, 21 (1980), pp. 835-854.

Didier, S., "La prosopographie, une méthode historique multiscalaire entre individuel et collectif," *Cahiers d'histoire*, 35 (2017), pp. 59-84.

Domingues, I., *Le fil et la trame: Réflexions sur le temps et l'histoire*, Paris, 2000.

Dosse, F., *L'histoire*, Paris, 2000.

Dosse, F., *La marche des idées: Histoire des intellectuels, histoire intellectuelle*, Paris, 2003.

Dosse, F., *Renaissance de l'événement: Un défi pour l'historien: entre Sphinx et Phénix*, Paris, 2010.

Droysen, J. G., *Historik*, t.I, Stuttgart- Bad Cannstatt, 1977.

Duby, G., "Histoire des mentalités," in Ch. Samaran (ed.), *L'Histoire et ses méthodes*, Paris, 1961, pp. 937-966.

Duby, G., *Les trois ordres ou l'imaginaire du féodalisme*, Paris, 1978.

Duby, G., "Problèmes et méthodes en histoire culturelle," in J. Le Goff & B. Köpeczi (eds.), *Objet et méthodes de l'histoire de la culture*, Paris- Budapest, 1982, pp. 13-17.

Duby, G., *Mâle Moyen Âge: De l'amour et autres essais*, Paris, 2014.

Duby, G. & Perrot, M. (eds.), *Histoire des femmes en Occident*, 5 vols., Paris, 1991-92.

Dupront, A., *Le Mythe de Croisade*, 4 vols., Paris, 1997.

Dupront, A., *L'image de religion dans l'Occident chrétien: D'une iconologie historique*. Paris, 2015.

Eley, G., *A Crooked Line: From Cultural History to the History of Society*, Ann Arbor, 2005.

Farge, A., *Vivre dans la rue à Paris au XVIIIe siècle*, Paris, 1979.

Farge, A., *La vie fragile: Violence, pouvoirs et solidarités à Paris au XVIIIe siècle*, Paris, 1986.

Farge, A., *Le cours ordinaire des choses dans la cité du XVIIIe siècle*, Paris, 1994.

Farge, A., *Le bracelet de parchemin: L'écrit sur soi, XVIIIe siècle*, Paris, 2003.

Fauré, Ch. (ed.), *Encyclopédie politique et historique des femmes.* Paris, 1997.

Fauré, Ch. (ed.), *Nouvelle encyclopédie politique et historique des femmes*, Paris, 2010.

Febvre, L., *Amour sacré, amour profane: Autour de l'Heptaméron*, Paris, 1944.

Febvre, L., *Pour une Histoire à part entière*, Paris, 1962.

Febvre, L., *Combats pour l'histoire*, Paris, 1992.

Feher, M., Naddaff, R. & Tazi, N., *Fragments for a History of the Human Body*, 3 vols., 1989.

Ferrarotti, F., *Storia e storie di vita*, Roma- Bari, 1981.

Ferrarotti, F., *Il ricordo e la temporalità*, Roma- Bari, 1987.

Findlen, P., "Possessing the Past: The Material World of the Italian Renaissance," *American Historical Review*, 103 (1998), pp. 83-114.

Fleischman, S., "Philology, Linguistics, and the Discourse of the Medieval Text," *Speculum*, 65 (1990), pp. 19-37.

Fontaine, L., *L'économie morale: Pauvreté, crédit et confiance dans l'Europe préindustrielle*, Paris, 2008.

Franklin, A., *La vie privée d'autrefois: Arts et métiers, modes, mœurs, usages des Parisiens du XIIe au XVIIIe siècle d'après des documents originaux ou inédits*, 27 vols., Paris, 1887-1902.

Friedländer, S., *Histoire et psychanalyse: Essai sur les possibilités et les limites de la psychohistoire*, Paris, 1975.

Frykman, J. & Löfgren, O., *Culture Builders: A Historical Anthropology of Middle-Class Life*, New Brunswick- London, 1987.

Furet, F. & Ozouf, J. (eds.), *Lire et écrire: L'alphabétisation des Français de Calvin à Jules Ferry*, 2 vols., Paris, 1977.

Gauchet, M., "Changement de paradigmes en sciences sociales?," *Le Débat*, 50 (1988), pp. 165-170.

Gautier, É. & Henry, L., *La population de Crulai, paroisse normande: Étude historique*, Paris, 1958.

Gay, P., *The Bourgeois Experience: Victoria to Freud*, 5 vols., New York, 1984-98.

Gentilcore, D., *Medical Charlatanism in Early Modern Italy*, Oxford, 2006.

Geremek, B., *Les marginaux parisiens aux XIVe et XVe siècles*, Paris, 1976.

Gil, Th., *Kritik der Geschichtsphilosophie: L. von Rankes, J. Burckhardts und H. Freyers Problematisierung der klassischen Geschichtsphilosophie*, Stuttgart, 1993.

Giry, A., *Manuel de Diplomatique*, 2 vols., Paris, 1894.

Goldthwaite, R. A., *The Building of Renaissance Florence: An Economic and Social History*, Baltimore (MD), 1980.

Goldthwaite, R. A., *Wealth and the Demand for Art in Italy, 1300-1600*, Baltimore (MD), 1993.

Gonthier, N., *Lyon et ses pauvres au Moyen Âge (1350-1500)*, Lyon, 1978.

Granger, Ch. (ed.), *À quoi pensent les historiens?: Faire de l'histoire au XXIe siècle*, Paris, 2013.

Graus, F., "Randgruppen der städtischen Gesellschaft im Spätmittelalter," *Zeitschrift für historische Forschung*, 8 (1981), pp. 385-437.

Grendi, E., *Il Cervo e la repubblica: Il modello ligure di antico regime*, Torino, 1993.

Gribaudi, M., *Itinéraires ouvriers: Espaces et groupes sociaux à Turin au début du XXe siècle*, Paris, 1987.

Guenée, B., *Histoire et culture historique dans l'Occident médiéval*, Paris, 1980.

Guizot, F., *Histoire de la civilisation en France*, 4 vols., Paris, 1830.

Gurevich, A. Я., "Popular and Scholarly Medieval Cultural Traditions: Notes in the Margin of Jacques Le Goff's Book," *Journal of Medieval History*, 9 (1983), pp. 71-90.

Gurvitch, G., *La multiplicité de temps sociaux* [Les cours de Sorbonne], Paris, 1958.

Gutton, J.-P., *La société et les pauvres en Europe, XVIe-XVIIIe siècles*, Paris 1974.

Gutton, J.-P., *La sociabilité villageoise dans l'ancienne France: Solidarités et voisinages du XVIe au XVIIIe siècle*, Paris, 1979.

Guyotjeannin, O., Morelle, L. & Parisse, M. (eds.), *Les cartulaires, actes de la table ronde organisée par l'École nationale des chartes et le GDR 121 du CNRS*, Paris, 1993.

Halkin, L.-E., *Initiation à la critique historique*, Paris, 1982.

Hanawalt, B. A., *The Ties That Bound: Peasant Families in Medieval England*, New York- Oxford, 1986.

Harlan, D., "Intellectual History and the Return of Literature," *American Historical Review*, 94 (1989), pp. 581-609.

Harper, K., *The Fate of Rome: Climate, Disease and the End of an Empire*, Princeton- Oxford, 2017.

Hartog, F., *Évidence de l'histoire: Ce que voient les historiens*, Paris, 2005.

Hartog, F., *Croire en l'histoire*, Paris, 2013.

Hauser, H., *Les origines historiques des problèmes économiques actuels*, Paris, 1930.

Herlihy, D. & Klapisch-Zuber, Ch., *Les Toscans et leurs familles: Une étude du catasto florentin de 1427*, Paris, 1978.

Hexter, J. H., "Fernand Braudel and the Monde Braudellien...," *Journal of Modern History*, 44 (1972), pp. 480-539.

Heyberger, L., *La révolution des corps: Décroissance et croissance staturale des habitants des villes et des campagnes en France, 1780-1940*, Strasbourg, 2005.

Heyne, M., *Fünf Bücher deutscher Hausaltertümer von den ältesten geschichtlichen Zeiten bis zum 16. Jahrhundert: Ein Lehrbuch*, 3 vols., Leipzig, 1899-1903.

Hitchcock, T., *Down and Out in Eighteenth-Century London*, London, 2004.

Hitchcock, T., King, P. & Sharpe, P. (eds.), *Chronicling Poverty: The Voices and Strategies of the English Poor, 1640–1840,* London- New York, 1997.

Hobsbawm, E. J. "From Social History to the History of Society," *Daedalus*, 100 (1971), pp. 20–45.

Hocquet, J.-C., *Le sel et la fortune de Venise*, 2 vols., Lille, 1978–79.

Hoffmann, R. C., *An Environmental History of Medieval Europe*, Cambridge, 2014.

Hufton, O. H., *The Poor of Eighteenth-Century France, 1750–1789*, Oxford, 1974.

Hulak, F., *Sociétés et mentalités: La science historique de Marc Bloch*, Paris, 2012.

Iogna-Prat, D., "Alphonse Dupront ou la poétisation de l'Histoire," *Revue Historique*, 608 (1998), pp. 887–910.

Jacquemet, G., *Belleville au XIXe siècle: Du faubourg à la ville*, Paris, 1984.

Jardine, L., *Worldly Goods: A New History of the Renaissance*, London- Basingstoke, 1996.

Joutard, Ph., *La légende des Camisards: Une sensibilité au passé*, Paris, 1977.

Joutard, Ph., *Ces voix qui nous viennent du passé*, Paris, 1983.

Joutard, Ph., *Histoire et mémoires, conflits et alliance*, Paris, 2013.

Kawahara, A., "The Marginal Groups in the Late Medieval Urban Society: A Case Study of Lepers and Prostitutes," in *Proceedings of the Second Japanese- Korean Symposium on Medieval History of Europe*, 1 May–5 May 1991, pp. 1–26.

Klapisch- Zuber, Ch., *La maison et le nom: Stratégies et rituels dans l'Italie de la Renaissance,* Paris, 1990.

Koposov, N., *De l'imagination historique*, Paris, 2009.

Koselleck, R., *Le futur passé: Contribution à la sémantique des temps historiques*, Paris, 1990.

Koselleck, R., *L'expérience de l'histoire*, Paris, 1997.

Labbé, Th., *Les catastrophes naturelles au Moyen Âge: XIIe– XVe siècle*, Paris, 2017.

Labrousse, E., *Esquisse du mouvement des prix et des revenus en France au XVIIIe siècle*, 2 vols., Paris, 1933.

Labrousse, E., *La crise de l'économie française à la fin de l'ancien régime et au début de la Révolution*, Paris, 1944.

LaCapra, D., "Intellectual History and Its Ways," *American Historical Review*, 97 (1992), pp. 425–439.

Laslett, P., "Size and Structure of the Household in England over Three Centuries," *Population Studies*, 23 (1969), pp. 199–223.

Le Bihan, J. & Mazel, F., "La périodisation canonique de l'histoire: Une exception française?," *Revue historique*, 680 (2016), pp. 785–812.

Lebrun, F., *Les Hommes et la mort en Anjou aux 17e et 18e siècles: Essai de démographie et de psychologie historiques*, Paris- La Haye, 1971.

Lefebvre, G., *La Grande Peur de 1789*, Paris, 1932.

Le Goff, J., *L'imaginaire médiéval*, Paris, 1985.

Le Goff, J. (ed.), *La Nouvelle Histoire*, new ed., Paris, 1988.

Le Goff, J. & Nora, P. (eds.), *Faire de l'histoire*, 3 vols., Paris, 1974.

Le Goff, J. & Schmitt, J.-C. (eds.), *Le Charivari*, Paris- La Haye-New York, 1981.

Leonardi, L., "L'art d'éditer les anciens textes (1872–1928): Les stratégies d'un débat aux origines de la philologie romane," *Romania*, 127 (2009), pp. 273–302.

Lepetit, B. (ed.), *Les formes de l'expérience: Une autre histoire sociale*, Paris, 1995.

Le Roy Ladurie, E., *Les paysans de Languedoc*, 2 vols., Paris, 1966.

Levi, G., *L'eredità immateriale: Carriera di un esorcista nel Piemonte del Seicento*, Torino, 1985.

Levi, G. & Schmitt, J.-C. (eds.), *Storia dei giovani*, 2 vols., Roma- Bari, 1994.

Leyser, K., "Ritual, Zeremonie und Gestik: Das ottonische Reich," *Frühmittelalterliche Studien*, 27 (1993), pp. 1–26.

Lloyd, G. E. R., *Demystifying Mentalities*, Cambridge, 1990.

Lowenthal, D., *Possessed by the Past: The Heritage Crusade and the Spoils of History*, New York, 1996.

Lüdtke, A., "Alltagsgeschichte: Ein Bericht von unterwegs," *Historische Anthropologie*, 11 (2003), pp. 278–295.

Maclean, M. J., "Johann Gustav Droysen and the Development of Historical Hermeneutics," *History and Theory*, 21 (1982), pp. 347–365.

Magnússon, S. G. & Szijártó, I. M., *What is Microhistory?: Theory and Practice*, Abingdon- New York, 2013.

Mandrou, R., *Introduction à la France moderne: Essai de psychologie historique 1500–1640*, Paris, 1974.

Marañón, G., *El Conde-Duque de Olivares: La pasión de mandar*, Madrid, 1936.

Marrou, H.-I., *Décadence romaine ou Antiquité tardive? IIIe–VIe siècle*, Paris, 1977.

Maschke, E. & Sydow, J. (eds.), *Gesellschaftliche Unterschichten in südwestdeutschen Städten*, Stuttgart, 1967.

Matt, S. J., & Stearns, P. N. (eds.), *Doing Emotions History*, Urbana- Chicago- Springfield, 2013.

McBride, Th. M., *The Domestic Revolution: The Modernization of Household Service in England and France 1820–1920*, London, 1976.

Medick, H., "« Missionaries in the Row Boat »?: Ethnological Ways of Knowing as a Challenge to Social History," *Comparative Studies in Society and History*, 29 (1987), pp. 76–98.

Medick, H., *Weben und Überleben in Laichingen 1650–1900: Lokalgeschichte als Allgemeine Geschichte*, Göttingen 1996.

Medick, H., *Der Dreißigjährige Krieg: Zeugnisse vom Leben mit Gewalt*, Göttingen, 2018.

Megill, A., "Recounting the Past: 'Description,' Explanation, and Narrative in Histo-

riography," *American Historical Review*, 94 (1989), pp. 627-653.
Michelet, J., *Écrits de jeunesse*, ed. P. Viallaneix, Paris, 1959.
Minard, Ph., "Globale, connectée ou transnationale: Les échelles de l'histoire," *Esprit*, 400 (Décembre 2013), pp. 20-32.
Mink, L. O., *Historical Understanding*, Ithaca- London, 1987.
Mitterauer, M., "Probleme der Stratifikation in mittelalterlichen Gesellschaftssystemen," in J. Kocka (ed.), *Theorien in der Praxis des Historikers: Forschungsbeispiele und ihre Diskussion*, Göttingen, 1977, pp. 13-43.
Mitterauer, M., *Sozialgeschichte der Jugend*, Frankfurt am Main, 1986.
Mollat, M. (ed.), *Études sur l'histoire de la pauvreté*, 2 vols., Paris, 1974.
Mollat, M., *Les pauvres au Moyen Âge*, Paris, 1978.
Mousnier, R., "Le Concept de classe sociale et l'histoire," *Revue d'histoire économique et sociale*, 48 (1970), pp. 449-459.
Mousnier, R., *Les institutions de la France sous la monarchie absolue 1598-1789*, 2 vols., Paris, 1974-80.
Mousnier, R., Labatut, J.-P. & Durand, Y., *Problèmes de stratification sociale: Deux cahiers de la noblesse pour les États généraux de 1649-1651*, Paris, 1965.
Munz, P., *The Shapes of Time: A New Look at the Philosophy of History*, Middletown (CT), 1977.
Muzzarelli, M. G., *Guardaroba medievale: Vesti e società dal XIII al XVI secolo*, Bologna, 1999.
Nagy, P., "Religious Weeping as Ritual in the Medieval West," *Social Analysis: The International Journal of Anthropology*, 48 (2004), pp. 119-137.
Namier, L., *The Structure of Politics at the Accession of George III*, London, 1929.
Nicolet, C., *L'ordre équestre à l'époque républicaine (312-43 av. J.-C.): Définitions juridiques et structures sociales*, Paris, 1966.
Niveaux de culture et groupes sociaux, actes du colloque réuni du 7 au 9 mai 1966 à l'École normale supérieure [Congrès et Colloques XI], Paris- La Haye, 1967.
Noiriel, G., "Pour une approche subjectiviste du social," *Annales ESC*, 44 (1989), pp. 1435-1459.
Noiriel, G., *Introduction à la socio-histoire*, Paris, 2006.
Nora, P. (ed.), *Les Lieux de mémoire*, 7 vols., Paris, 1984-1992.
Oexle, O. G., *L'historisme en débat: De Nietzsche à Kantorowicz*, Paris, 2001.
Oexle, O. G. (ed.), *Armut im Mittelalter*, Ostfildern, 2004.
Ophir, A., "Des ordres dans l'Archive," *Annales ESC*, 45 (1990), pp. 735-754.
Orme, N., *Medieval Children*, New Haven- London, 2001.
Oschema, K., *Freundschaft und Nähe im spätmittelalterlichen Burgund: Studien zum Spannungsfeld von Emotion und Institution*, Köln, 2006.
Ozouf, J., *Nous les maîtres d'école: Autobiographies d'instituteurs de la Belle Époque*, Paris, 1967.

Paravicini Bagliani, A., *Il corpo del papa*, Torino, 1997.

Périodes: La construction du temps historique, actes du Vᵉ colloque d'Histoire au présent, Paris, 1991.

Petitier, P., *La géographie de Michelet: Territoire et modèles naturels dans les premières œuvres de Michelet*, Paris, 1997.

Poirrier, Ph., *Les enjeux de l'histoire culturelle*, Paris, 2004.

Power, E., *Medieval English Nunneries, c.1275 to 1535*, Cambridge, 1922.

Preiser Kapeller, J., *Der Lange Sommer und die Kleine Eiszeit: Klima, Pandemien und der Wandel der Alten Welt, 500–1500 n. Chr.*, Wien, 2021.

Quenet, G., *Qu'est-ce que l'histoire environnementale?*, Seyssel, 2014.

Quéniart, J., *Culture et société urbaines dans la France de l'Ouest au XVIIIᵉ siècle*, Paris, 1978.

Quéniart, J., *Les Français et l'écrit, XIIIᵉ–XIXᵉ siècle*, Paris, 1998.

Raggio, O., *Faide e parentele: Lo stato genovese visto dalla Fontanabuona*, Torino, 1990.

Reddy, W. M., *The Navigation of Feeling: A Framework for the History of Emotions*, Cambridge, 2001.

Rémond R. (ed.), *Pour une histoire politique*, Paris, 1988.

Richards, J. F., *The Unending Frontier: The Environmental History of the Early Modern World*, Berkeley- Los Angeles- London, 2003.

Riché, P., *Être enfant au Moyen Âge: Anthologie de textes consacrés à la vie de l'enfant du Vᵉ au XVᵉ siècle*, Paris, 2010.

Riello, G., *Cotton: The Fabric That Made the Modern World*, Cambridge, 2013.

Riot-Sarcey, M., "De l'histoire politique et des pouvoirs," in *Futur Antérieur, Supplément « Féminismes au Présent »*, Paris, 1993, pp. 9–36.

Riot-Sarcey, M., *La démocratie à l'épreuve des femmes: Trois figures critiques du pouvoir, 1830–1848*, Paris, 1994.

Rioux, J.-P. & Sirinelli, J.-F. (eds.), *Pour une histoire culturelle*, Paris, 1997.

Roche, D., *Le siècle des Lumières en province: Académies et académiciens provinciaux, 1680–1789*, 2 vols., Paris- La Haye, 1978.

Roche, D., *La culture des apparences: Une histoire du vêtement (XVIIᵉ–XVIIIᵉ siècle)*, Paris, 1989.

Roche, D., *Le peuple de Paris: Essai sur la culture populaire au XVIIIᵉ siècle*, Paris, 1998.

Rosenwein, B. H., *Emotional Communities in the Early Middle Ages*, Ithaca (NY), 2006.

Rosenwein, B. H., *Generations of Feeling: A History of Emotions, 600–1700*, Cambridge, 2016.

Rossiaud, J., "Fraternités de jeunesse et niveaux de culture dans les villes du Sud-Est à la fin du Moyen Âge," *Cahiers d'histoire*, 21 (1976), pp. 67–102.

Rothermund, D., *Geschichte als Prozeß und Aussage: Ein Einführung in Theorien des historischen Wandels und der Geschichtsschreibung*, München, 1994.

Roupnel, G., *Histoire de la campagne française*, Paris, 1932.

Rüsen, J., *Historik: Theorie der Geschichtswissenschaft*, Köln- Weimar- Wien, 2013.

Salmon, L. M., *Domestic Service*, New York- London, 1897.

Salmon, L. M., *History in a Back Yard*, New York, 1913.

Salmon, P., *Histoire et Critique*, 2nd ed., Bruxelles, 1976.

Samaran, Ch. (ed.), *L'Histoire et ses méthodes*, Paris, 1961.

Schenk, G. J., *Zeremoniell und Politik: Herrschereinzüge im spätmittelalterlichen Reich*, Köln-Weimar-Wien, 2003.

Schlumbohm, J. (ed.), *Mikrogeschichte, Makrogeschichte: Komplementär oder inkommensurabel?*, Göttingen, 1998.

Schnell, R., *Haben Gefühle eine Geschichte?: Aporien einer History of Emotions*, 2 vols., Göttingen, 2015.

Schramm, P. E., *Sphaira, Globus, Reichsapfel: Wanderung und Wandlung eines Herrschaftszeichens von Caesar bis zu Elisabeth II*, Stuttgart, 1958.

Sereni, E., *Storia del paesaggio agrario italiano*, Bari, 1961.

Simiand, F., “Méthode historique et science sociale: Étude critique à propos des ouvrages récents de M. Lacombe et de M. Seignobos,” *Revue de synthèse historique*, 6 (1903), pp. 1-22, 122-157.

Simiand, F., *Le salaire des ouvriers des mines de charbon en France*, Paris, 1907.

Simiand, F., *Statistique et expérience: Remarques de méthode*, Paris, 1922.

Simiand, F., *Recherches anciennes et nouvelles sur le mouvement général des prix du XVIe au XIXe siècle*, Paris, 1932a.

Simiand, F., *Les fluctuations économiques à longue période et la crise mondiale*, Paris, 1932b.

Simiand, F., *Le salaire, l'évolution sociale et la monnaie: Essai de théorie expérimentale du salaire*, 3 vols., Paris, 1932c.

Simmons, I. G., *Environmental History: A Concise Introduction*, Oxford, 1993.

Skinner, Q., *The Foundations of Modern Political Thought*, 2 vols., Cambridge, 1978.

Skinner, Q., *Reason and Rhetoric in the Philosophy of Hobbes*, Cambridge, 1996.

Skinner, Q., *Visions of Politics*, 3 vols., Cambridge, 2002.

Smail, D. L., “Hatred as a Social Institution in Late-Medieval Society,” *Speculum*, 76 (2001), pp. 90-126.

Sohn, A.-M. & Thélamon, F. (eds.), *L'Histoire sans les femmes est-elle possible?*, Paris, 1998.

Soriano, M., *Les Contes de Perrault: Culture savante et traditions populaires*, Paris, 1968.

Stearns, C. Z. & Stearns, P. N., *Anger: The Struggle for Emotional Control in*

America's History, Chicago (IL)- London, 1986.
Stearns, P. N., *American Fear: The Causes and Consequences of High Anxiety*, London, 2006.
Stearns, P. N. & Stearns, C. Z., "Emotionology: Clarifying the History of Emotions and Emotional Standards," *American Historical Review*, 90 (1985), pp. 813-836.
Steedman, C. K., *Landscape for a Good Woman: A Story of Two Lives*, New Brunswick (NJ), 1987.
Stock, Ph., *Better than Rubies: A History of Women's Education*, New York, 1978.
Tellenbach, G., *Königtum und Stämme in der Werdezeit des Deutschen Reiches*, Weimar, 1939.
Le texte à l'épreuve du numérique [Médiévales 73], Saint-Denis, 2017.
Thébaud, F., *Écrire l'histoire des femmes et du genre*, Lyon, 2007.
Thompson, P., *The Edwardians: The Remaking of British Society*, London, 1975.
Thuillier, G., *L'histoire entre le rêve et la raison: Introduction au métier de l'historien*, Paris, 1998.
Tilly, L. A. & Scott, J. W., *Women, Work, and Family*, New York- London, 1978.
Todeschini, G., *Visibilmente crudeli: Malviventi, persone sospette e gente qualunque dal Medioevo all'età moderna*, Bologna, 2007.
Treitschke, H. von, *Politik. Vorlesungen. 1897-1898*, 2 vols., Leipzig, 1911-13.
Vidal de La Blache, P., *Tableau de la géographie de la France*, Paris, 1903.
Vieillesse et vieillissement au Moyen Âge [Senefiance 19], Aix-en-Provence, 1987.
Vigarello, G., *Le sain et le malsain: Santé et mieux-être depuis le Moyen Âge*, Paris, 1993.
Vilar, P., *La Catalogne dans l'Espagne moderne: Recherches sur les fondements économiques des structures nationales*, 3 vols., Paris, 1962.
Vilá Valentí, J. & Capel, H., *Campo y ciudad en la geografia española*, Madrid, 1970.
Voltaire, *Essai sur les mœurs et l'esprit des nations et sur les principaux faits de l'histoire depuis Charlemagne jusqu'à Louis XIII*, 4 vols., Paris, 1775.
Vovelle, M., *Piété baroque et déchristianisation en Provence au XVIIIe siècle: Les attitudes devant la mort d'après les clauses des testaments*, Paris, 1973.
Vovelle, M., *Idéologies et mentalités*, édition revue et augmentée, Paris, 1982.
Willmes, P., *Der Herrscher-'Adventus' im Kloster des Frühmittelalters*, München, 1976.
Winter, M., *Kindheit und Jugend im Mittelalter*, Freiburg (Breisgau), 1984.
Wohl, R., *The Generation of 1914*, London, 1980.
Worster, D. (ed.), *The Ends of the Earth: Perspectives on Modern Environmental History*, Cambridge, 1988.
Wrightson, K. (ed.), *A Social History of England, 1500-1750*, Cambridge, 2017.
Wrigley, E. A. & Schofield, R. S., *The Population History of England, 1541-1871:*

A Reconstruction, Cambridge (MA), 1981.
Zeldin, Th., *History of French Passions*, 5 vols., Oxford, 1973-77.

[邦語・邦訳]

アギュロン，M（阿河雄二郎他訳）『フランス共和国の肖像――闘うマリアンヌ 1789～1880』ミネルヴァ書房，1989年
朝尾直弘編『日本の近世1　世界史のなかの近世』中央公論社，1991年
阿部謹也『刑吏の社会史――中世ヨーロッパの庶民生活』中公新書，1978年
阿部謹也『中世賤民の宇宙――ヨーロッパ 原点への旅』筑摩書房，1987年
阿部謹也『ハーメルンの笛吹き男――伝説とその世界』ちくま文庫，1988年
阿部謹也『社会史とは何か』筑摩書房，1989年
阿部謹也『中世の窓から』ちくま学芸文庫，2017年
阿部恒久／大日方純夫／天野正子編『男性史』(1-3) 日本経済評論社，2006年
網野善彦『異形の王権』平凡社ライブラリー，1993年
網野善彦『無縁・公界・楽――日本中世の自由と平和 増補』平凡社ライブラリー，1996年
網野善彦『蒙古襲来――転換する社会』小学館文庫，2000年
アリエス，Ph（杉山光信／杉山恵美子訳）『〈子供〉の誕生――アンシァン・レジーム期の子供と家族生活』みすず書房，1980年
アリエス，Ph（伊藤晃／成瀬駒男訳）『死と歴史――西欧中世から現代』みすず書房，1983年
アリエス，Ph（成瀬駒男訳）『死を前にした人間』みすず書房，1990年
アルヴァックス，M.（小関藤一郎訳）『集合的記憶』行路社，1989年
アルトーグ，F（伊藤綾訳）『「歴史」の体制――現在主義と時間経験』藤原書店，2008年
アントーニ，C（新井慎一訳）『歴史主義』創文社，1973年
伊木壽一『日本古文書学（第三版）』雄山閣出版，1990年
池上俊一『儀礼と象徴の中世』（ヨーロッパの中世8）岩波書店，2008年
池上俊一『ヨーロッパ中世の想像界』名古屋大学出版会，2020年
石弘之『歴史を変えた火山噴火――自然災害の環境史』刀水書房，2012年
石田一良『文化史学――理論と方法』ぺりかん社，1990年
石橋克彦「歴史地震史料の全文データベース化」，『地震』61（2009年），509-517頁
イッガース，G・G（中村幹雄他訳）『ヨーロッパ歴史学の新潮流』晃洋書房，1986年
今村仁司『ベンヤミン「歴史哲学テーゼ」精読』岩波現代文庫，2000年
イルジーグラー，F／ラゾッタ，A（藤代幸一訳）『中世のアウトサイダーたち』白水社，1992年
色川大吉『民衆史――その一〇〇年』講談社学術文庫，1991年
『岩波講座 日本歴史 第21巻　史料論〈テーマ巻2〉』岩波書店，2015年

ヴィガレロ，G（見市雅俊監訳）『清潔になる〈私〉――身体管理の文化誌』同文館，1994年
ヴィダル・ドゥ・ラ・ブラーシュ，P（飯塚浩二訳）『人文地理学原理』（上・下）岩波文庫，1940年
ヴェーヌ，P（大津真作訳）『差異の目録――新しい歴史のために』法政大学出版局，1983年
ヴェーバー，M（祇園寺信彦／祇園寺則夫訳）『社会科学の方法』講談社学術文庫，1994年
上原専禄『歴史學序説』大明堂，1958年
ヴォヴェル，M（立川孝一他訳）『フランス革命の心性』岩波書店，1992年
ウォーコウィッツ，J・R（永富友海訳）『売春とヴィクトリア朝社会――女性，階級，国家』上智大学出版，2009年
ウォーラーステイン，I（川北稔訳）『近代世界システム』（全4巻）名古屋大学出版会，2013年
宇佐美龍夫他『日本被害地震総覧 599-2012』東京大学出版会，2013年
エヴァンズ，R・J（佐々木龍馬／與田純訳）『歴史学の擁護――ポストモダニズムとの対話』晃洋書房，1999年
江川溫「長い中世について――ル・ゴフの問題提起とその後の転回」，『思想』1149（2020年1月），36-50頁
惠多谷雅弘他「多衛星データを用いた秦帝国の空間的考察」，『学習院大学国際研究教育機構研究年報』3（2017年），89-112頁
エリクソン，E・H（西平直訳）『青年ルター』（1・2）みすず書房，2002-03年
近江俊秀『入門　歴史時代の考古学』同成社，2018年
大門正克『語る歴史，聞く歴史――オーラル・ヒストリーの現場から』岩波新書，2017年
大黒俊二「説教の「声」と「聞き手」――15世紀トスカーナの俗人筆録説教」，『歴史学研究』729（1999年），199-205頁
大黒俊二「文字のかなたに――15世紀フィレンツェの俗人筆録説教」，前川和也編著『コミュニケーションの社会史』ミネルヴァ書房，2001年，139-168頁
大黒俊二「文字のかなたに声を聴く――声からの／声に向けての史料論」，『歴史学研究』924（2014年），2-10頁
大野一道『「民衆」の発見――ミシュレからペギーへ』藤原書店，2011年
大濱徹也『アーカイブズへの眼――記録の管理と保存の哲学』刀水書房，2007年
岡崎敦「フランスにおける中世古文書学の現在――カルチュレール研究集会（一九九一年十二月五―七日，於パリ）に出席して」，『史学雑誌』102（1993年），89-110頁
岡崎敦「中世史料学の日本と西欧――第17回国際歴史学会円卓会議会議録刊行を機会として」，『歴史学研究』706（1998年），36-44，63頁
岡崎敦「西欧中世史料論と現代歴史学」，『九州歴史科学』31（2003年），1-20頁
岡崎敦「西洋中世史料論と日本学界――いまなにが問題か」，『西洋史学』223（2006

年），43-56頁
岡崎敦「アーカイブズ，アーカイブズ学とは何か」，『九州大学附属図書館研究開発室年報』2011/2012（2012年8月），1-10頁
オズーフ，M（立川孝一訳）『革命祭典――フランス革命における祭りと祭典行列』岩波書店，1988年
小田中直樹編訳『歴史学の最前線――〈批判的転回〉後のアナール学派とフランス歴史学』法政大学出版局，2017年
小野正敏／五味文彦／萩原三雄編『モノとココロの資料学――中世史料論の新段階』高志書院，2005年
カー，E・H（清水幾太郎訳）『歴史とは何か』岩波新書，1962年
カー，E・H（近藤和彦訳）『歴史とは何か 新版』岩波書店，2022年
鹿島徹『可能性としての歴史――越境する物語り理論』岩波書店，2006年
カッシーラー，E（生松敬三／木田元／村岡晋一訳）『シンボル形式の哲学』（全4冊）岩波文庫，1989-97年
カッシーラー，E（熊野純彦訳）『国家と神話』（上・下）岩波文庫，2021年
加納靖之他『歴史のなかの地震・噴火――過去がしめす未来』東京大学出版会，2021年
樺山紘一『「地域」からの発想』日本経済新聞社，1979年
神川正彦『歴史における言葉と論理』（I・II）勁草書房，1970-71年
ガラン，B（大沼太兵衛訳）『アーカイヴズ――記録の保存・管理の歴史と実践』（文庫クセジュ）白水社，2021年
川北稔「経済史と社会史のはざま――イギリスにおける「社会史」の成立」，『社会経済史』59（1993年），49-70頁
カントーロヴィチ，E・H（小林公訳）『王の二つの身体――中世政治神学研究』平凡社，1992年
カンポレージ，P（中山悦子訳）『生命の汁――血液のシンボリズムと魔術』太陽出版，1991年
ギアツ，C（小泉潤二訳）『ヌガラ――19世紀バリの劇場国家』みすず書房，1990年
菊池信彦「デジタルヒューマニティーズ／デジタルヒストリーの情報源――デジタル時代の歴史学を考えるために」，『現代史研究』59（2013年），55-68頁
岸本美緒「総論　時代区分論の現在」，歴史学研究会編『歴史学における方法的転回――現代歴史学の成果と課題：1980-2000年』I，青木書店，2002年，74-90頁
岸本美緒「グローバル・ヒストリー論と「カリフォルニア学派」」，『思想』1127（2018年3月），80-100頁
ギゾー，F（安士正夫訳）『ヨーロッパ文明史――ローマ帝国の崩壊よりフランス革命にいたる』みすず書房，2014年
北原糸子編『日本災害史』吉川弘文館，2006年
木村和男『毛皮交易が創る世界――ハドソン湾からユーラシアへ』岩波書店，2004

年
ギリス，J・R（北本正章訳）『〈若者〉の社会史——ヨーロッパにおける家族と年齢集団の変貌』新曜社，1985年
ギンズブルグ，C（杉山光信訳）『チーズとうじ虫——16世紀の一粉挽屋の世界像』みすず書房，1995年
ギンズブルグ，C（上村忠男訳）『歴史・レトリック・立証』みすず書房，2001年
ギンズブルグ，C（上村忠男訳）『歴史を逆なでに読む』みすず書房，2003年
ギンズブルグ，C（上村忠男訳）『ミクロストリアと世界史——歴史家の仕事について』みすず書房，2016年
グハ，P／バーンデー，G／チャタジー，P／スピヴァック，G（竹中千春訳）『サバルタンの歴史——インド史の脱構築』岩波書店，1998年
グベール，P（遅塚忠躬／藤田苑子訳）『歴史人口学序説——17・18世紀ボーヴェ地方の人口動態構造』岩波書店，1992年
グラフトン，A（福西亮輔訳）『テクストの擁護者たち——近代ヨーロッパにおける人文学の誕生』勁草書房，2015年
グリーンブラット，S（高田茂樹訳）『ルネサンスの自己成型——モアからシェイクスピアまで』みすず書房，1992年
グルディ，J／アーミテイジ，D（平田雅博／細川道久訳）『これが歴史だ！——21世紀の歴史学宣言』刀水書房，2017年
グレーヴィチ，A・Я（中沢敦夫訳）『同時代人の見た中世ヨーロッパ——十三世紀の例話』平凡社，1995年
クロスリー，P・K（佐藤彰一訳）『グローバル・ヒストリーとは何か』岩波書店，2012年
黒田日出男『姿としぐさの中世史——絵図と絵巻の風景から 増補』平凡社ライブラリー，2002年
黒田日出男『絵画史料で歴史を読む』筑摩書房，2004年
黒田日出男『江戸図屛風の謎を解く』角川学芸出版，2010年
黒田日出男『国宝神護寺三像とは何か』角川学芸出版，2012年
クロノン，W（佐野敏行／藤田真理子訳）『変貌する大地——インディアンと植民者の環境史』勁草書房，1995年
ゲイ，P（鈴木利章訳）『歴史の文体』ミネルヴァ書房，1977年
ゲイ，P（成田篤彦／森泉弘次訳）『歴史学と精神分析——フロイトの方法的有効性』岩波書店，1995年
小池聖一『アーカイブズと歴史学——日本における公文書管理』刀水書房，2020年
高坂正顕（高坂史朗編・解説）『歴史の意味とその行方』こぶし書房，2002a年
高坂正顕『歴史的世界』［京都哲学撰書 第二十五巻］燈影舎，2002b年
高山岩男『世界史の哲学』こぶし書房，2001年
コッカ，J（早島瑛訳）「社会史の概念と方法」，『思想』663（1979年9月），61-89頁

コッカ，J（仲内英三／土井美徳訳）『社会史とは何か――その方法と軌跡』日本経済評論社，2000 年
小林秀雄『ドストエフスキイの生活』新潮文庫，1964 年
小林秀雄『対談集　歴史について――小林秀雄対談集』文藝春秋，1972 年
コリングウッド，R・G（峠尚武／篠木芳夫訳）『歴史哲学の本質と目的』未來社，1986 年
コルバン，A（山田登世子／鹿島茂訳）『においの歴史――嗅覚と社会的想像力』藤原書店，1988 年
コルバン，A（福井和美訳）『浜辺の誕生――海と人間の系譜学』藤原書店，1992 年
コルバン，A（小倉孝誠訳）『音の風景』藤原書店，1997 年
コルバン，A（小倉孝誠訳）『空と海』藤原書店，2007 年
コルバン，A／クルティーヌ，J-J／ヴィガレロ，G 監修（鷲見洋一／小倉孝誠監訳）『身体の歴史』（全 3 巻），藤原書店，2010 年
コルバン，A／クルティーヌ，J-J／ヴィガレロ，G 監修（鷲見洋一／小倉孝誠／岑村傑監訳）『男らしさの歴史』（全 3 巻），藤原書店，2016-17 年
コルバン，A／クルティーヌ，J-J／ヴィガレロ，G 監修（小倉孝誠／片木智年監訳）『感情の歴史』（全 3 巻），藤原書店，2020-21 年
ゴンティエ，N（藤田朋久／藤田なち子訳）『中世都市と暴力』白水社，1999 年
近藤和彦「構造と展開　近世ヨーロッパ」，『岩波講座世界歴史 第 16 巻　主権国家と啓蒙』岩波書店，1999 年，3-80 頁
近藤和彦『近世ヨーロッパ』（世界史リブレット 114），山川出版社，2018 年
今野日出晴『歴史学と歴史教育の構図』東京大学出版会，2008 年
コンラート，S（小田原琳訳）『グローバル・ヒストリー――批判的歴史叙述のために』岩波書店，2021 年
斉藤研一『子どもの中世史』吉川弘文館，2003 年
佐々木潤之介『民衆史を学ぶということ』吉川弘文館，2006 年
佐藤進一『古文書学入門 新版』法政大学出版局，1997 年
佐藤大悟「明治太政官期の修史部局における記録管理――「修史局・修史館史料」の分析から」，『国文学研究資料館紀要　アーカイブズ研究篇』15（2019 年），53-70 頁
ジェンキンズ，K（岡本充弘訳）『歴史を考えなおす』法政大学出版局，2005 年
篠田勝英・海老根龍介・辻川慶子編『引用の文学史――フランス中世から二〇世紀文学におけるリライトの歴史』水声社，2019 年
芝井敬司「ロバート・フォーゲルとクリオメトリクス――数量的歴史学に関する一考察」，『人文學報』（京都大学人文科学研究所）54（1983 年 2 月），71-92 頁
清水光明編『「近世化」論と日本――「東アジア」の捉え方をめぐって』勉誠出版，2015 年
下山晃『毛皮と皮革の文明史――世界フロンティアと掠奪のシステム』ミネルヴァ書房，2005 年

シャフ，A（森岡弘通／木戸三良訳）『歴史と真理』紀伊國屋書店，1973 年
ジャブロンカ，I（真野倫平訳）『歴史は現代文学である――社会科学のためのマニフェスト』名古屋大学出版会，2018 年
シャルチエ，R（藤田朋久訳）「今日の歴史学――疑問・挑戦・提案」，『思想』843（1994 年 9 月），4-21 頁
シャルティエ，R／カヴァッロ，G 編（田村毅他訳）『読むことの歴史――ヨーロッパ読書史』大修館書店，2000 年
シュミット，J-C（松村剛訳）『中世の身ぶり』みすず書房，1996 年
シュミット，J-C（渡邉昌美訳）『中世歴史人類学試論――身体・祭儀・夢幻・時間』刀水書房，2008 年
シュミット，J-C（小林宜子訳）『中世の幽霊――西欧社会における生者と死者』みすず書房，2010 年
シュミット，J-C（小池寿子訳）『中世の聖なるイメージと身体――キリスト教における信仰と実践』刀水書房，2015 年
シュルツ，K（小倉欣一訳）「中世下層民研究の諸問題」，『史学雑誌』78（1969 年），1715-1733 頁
ショースキー，C・E（安井琢磨訳）『世紀末ウィーン――政治と文化』岩波書店，1983 年
スキナー，Q（半澤孝麿／加藤節訳）『思想史とはなにか――意味とコンテクスト』岩波書店，1990 年
スコット，J・W（荻野美穂訳）『ジェンダーと歴史学　増補新版』平凡社ライブラリー，2004 年
スタナード，D・E（南博訳）『歴史を精神分析する――フロイトと心理歴史学の失敗』岩波書店，1986 年
スブラフマニヤム，S（三田昌彦／太田信宏訳）『接続された歴史――インドとヨーロッパ』名古屋大学出版会，2009 年
セイン，P（木下康仁訳）『老人の歴史』東洋書林，2009 年
関雅美『歴史主義の擁護』勁草書房，1983 年
セニョボス／ラングロア（八本木浄訳）『歴史学研究入門』校倉書房，1989 年
ダイアモンド，J（倉骨彰訳）『銃・病原菌・鉄―― 一万三〇〇〇年にわたる人類史の謎』（上・下）草思社文庫，2012 年
高橋友子『捨児たちのルネッサンス――15 世紀イタリアの捨児養育院と都市・農村』名古屋大学出版会，2000 年
高山博／池上俊一編『西洋中世学入門』東京大学出版会，2005 年
高山博／亀長洋子編『中世ヨーロッパの政治的結合体――統治の諸相と比較』東京大学出版会，2022 年
多木浩二『比喩としての世界――意味のかたち』青土社，1988 年
多木浩二『「もの」の詩学――家具，建築，都市のレトリック』岩波現代文庫，2006 年
多木浩二『眼の隠喩――視線の現象学』ちくま学芸文庫，2008 年

竹岡敬温『「アナール」学派と社会史——「新しい歴史」へ向かって』同文舘，1990年
竹岡敬温「『アナール』学派の方法について——「事件」概念の再検討と政治史の復権」，『社会経済史学』59（1993年），71-87，200頁
ダント，A・C（河本英夫訳）『物語としての歴史——歴史の分析哲学』国文社，1989年
ダーントン，R（関根素子／二宮宏之訳）『革命前夜の地下出版』岩波書店，2015年
遅塚忠躬『史学概論』東京大学出版会，2010年
チャクラバルティ，D（臼田雅之訳）「マイノリティの歴史，サバルタンの過去」，『思想』891（1998年9月），31-48頁
津田拓郎／フレンツェル，K「日独の中等教育課程における歴史教育の現状と課題」，『史流』48（2021年），59-84頁
角山栄『茶の世界史——緑茶の文化と紅茶の社会』中公新書，1980年
ディルタイ，W（長井和雄／西谷敬／竹田純郎編）『ディルタイ全集〈第4巻〉世界観と歴史理論』法政大学出版局，2010年
デーヴィス，N・Z（成瀬駒男／宮下志朗／高橋由美子訳）『愚者の王国 異端の都市——近代初期フランスの民衆文化』平凡社，1987年
デュルケム，E（宮島喬訳）『社会学的方法の基準』岩波文庫，1978年
礪波護／岸本美緒／杉山正明編『中国歴史研究入門』名古屋大学出版会，2006年
冨谷至『木簡・竹簡の語る中国古代——書記の文化史 増補新版』岩波書店，2014年
トムスン，E・P（市橋秀夫／芳賀健一訳）『イングランド労働者階級の形成』青弓社，2003年
ドリュモー，J（永見文雄／西沢文昭訳）『恐怖心の歴史』新評論，1997年
ドリュモー，J（西澤文昭他訳）『楽園の歴史』（全3巻）新評論，2000-19年
ドリュモー，J（佐野泰雄他訳）『罪と恐れ——西欧における罪責意識の歴史　十三世紀から十八世紀』新評論，2004年
トレヴェリアン，G・M（藤原浩／松浦高嶺／今井宏訳）『イギリス社会史』（1・2）みすず書房，1971-83年
トレルチ，E（近藤勝彦訳）『トレルチ著作集4・5・6　歴史主義とその諸問題』（上・中・下）ヨルダン社，1980-88年
ドロール，R／ワルテール，F（桃木暁子／門脇仁訳）『環境の歴史——ヨーロッパ，原初から現代まで』みすず書房，2007年
トンプソン，P（酒井順子訳）『記憶から歴史へ——オーラル・ヒストリーの世界』青木書店，2002年
中井信彦『歴史学的方法の基準』塙書房，1973年
長井伸仁「プロソポグラフィとミクロの社会史——フランス近現代史研究の動向から」，『思想』1032（2010年4月），143-159頁
長野壮一「デジタル歴史学の最新動向——フランス語圏におけるアーカイブ構築お

よびコミュニティ形成の事例紹介」,『現代史研究』61（2015年）, 39-47頁
中村吉治『社会史への歩み』（全4巻）刀水書房, 1988年
夏目琢史「日本史学史における社会史研究（1）（2）」,『日本社会史研究』100（2012）, 3-20頁; 102（2013）, 1-9頁
西川祐子／荻野美穂編『共同研究　男性論』人文書院, 1999年
西村三郎『毛皮と人間の歴史』紀伊國屋書店, 2003年
二宮宏之「フランス絶対王政の統治構造」, 吉岡昭彦／成瀬治編『近代国家形成の諸問題』木鐸社, 1979年, 183-233頁
二宮宏之「参照系としてのからだとこころ——歴史人類学試論」,『社会史研究』8（1988年）, 21-51頁
二宮宏之『歴史学再考——生活世界から権力秩序へ』日本エディタースクール出版部, 1994年
二宮宏之編『結びあうかたち——ソシアビリテ論の射程』山川出版社, 1995年
二宮宏之『マルク・ブロックを読む』岩波書店, 2005年
貫成人『歴史の哲学——物語を超えて』勁草書房, 2010年
野家啓一『物語の哲学——柳田國男と歴史の発見』岩波書店, 1996年
野家啓一『歴史を哲学する（双書　哲学塾）』岩波書店, 2007年
ノラ, P編（谷川稔監訳）『記憶の場——フランス国民意識の文化＝社会史』（全3巻）岩波書店, 2002-03年
ノワリエル, G（小田中直樹訳）『歴史学の〈危機〉』木鐸社, 1997年
パウア, E（三好洋子訳）『中世に生きる人々』東京大学出版会, 1969年
芳賀登『民衆史の創造』日本放送出版協会, 1974年
バーク, P（中村賢二郎／谷泰訳）『ヨーロッパの民衆文化』人文書院, 1988年
バーク, P（大津真作訳）『フランス歴史学革命』岩波書店, 1992年
バーク, P（谷川稔他訳）『ニュー・ヒストリーの現在——歴史叙述の新しい展望』人文書院, 1996年
バーク, P（佐藤公彦訳）『歴史学と社会理論 第二版』慶應義塾大学出版会, 2009年
パストゥロー, M（松村恵理／松村剛訳）『青の歴史』筑摩書房, 2005年
パストゥロー, M（平野隆文訳）『熊の歴史——〈百獣の王〉にみる西洋精神史』筑摩書房, 2014年
パストゥロー, M（蔵持不三也／城谷民世訳）『赤の歴史文化図鑑』原書房, 2018年
長谷川修一／小澤実編『歴史学者と読む高校世界史——教科書記述の舞台裏』勁草書房, 2018年
長谷川貴彦編『エゴ・ドキュメントの歴史学』岩波書店, 2020年
長谷川まゆ帆「時間の中にある歴史叙述——「根をもつこと」と「闇の可視化」について」,『東洋大学人間科学総合研究所紀要』22別冊（2019年）, 77-114頁
服部良久『中世のコミュニケーションと秩序——紛争・平和・儀礼』京都大学学術出版会, 2020年

羽田正『新しい世界史へ——地球市民のための構想』岩波新書，2011年
羽田正編『グローバルヒストリーと東アジア史』東京大学出版会，2016年
バフチーン，M（川端香男里訳）『フランソワ・ラブレーの作品と中世・ルネッサンスの民衆文化』せりか書房，1995年
濱田耕作『通論考古学』岩波文庫，2016年
早島瑛「ドイツにおける社会史の形成」，『社会経済史学』59（1993年），4-48頁
速水融編『歴史人口学と家族史』藤原書店，2003年
速水融『歴史人口学研究——新しい近世日本像』藤原書店，2009年
バーリン，I（河合秀和訳）『ハリねずみと狐——『戦争と平和』の歴史哲学』中央公論社，1973年
バーリン，I（小池銈訳）『ヴィーコとヘルダー——理念の歴史・二つの試論』みすず書房，1981年
バルト，R（花輪光訳）『言語のざわめき』みすず書房，1987年
ハント，L（松浦義弘訳）『フランス革命の政治文化』平凡社，1989年
ハント，L編（筒井清忠訳）『文化の新しい歴史学』岩波書店，1993年
ハント，L（西川長夫／天野知恵子／平野千果子訳）『フランス革命と家族ロマンス』平凡社，1999年
ハント，L（長谷川貴彦訳）『なぜ歴史を学ぶのか』岩波書店，2019年
ピット，J-R（高橋伸夫／手塚章訳）『フランス文化と風景』（上・下）東洋書林，1998年
ビュルギエール，A（池上俊一訳）「アンシャン・レジーム期フランスにおけるシャリヴァリ慣行と宗教的抑圧」，『思想』740（1986年2月），205-226頁
フィンク，C（河原温訳）『マルク・ブロック——歴史のなかの生涯』平凡社，1994年
フィンドレン，P（伊藤博明／石井朗訳）『自然の占有——ミュージアム，蒐集，そして初期近代イタリアの科学文化』ありな書房，2005年
フェーヴル，L（飯塚浩二／田辺裕訳）『大地と人類の進化——歴史への地理学的序論』（上・下）岩波文庫，1971-72年
フェーヴル，L（濱崎史朗訳）『マルティン・ルター——ひとつの運命』キリスト新聞社，2001年
フェーヴル，L（高橋薫訳）『ラブレーの宗教——16世紀における不信仰の問題』法政大学出版局，2003年
フェーヴル，L／デュビィ，G／コルバン，A（大久保康明／小倉孝誠／坂口哲啓訳）『感性の歴史』藤原書店，1997年
フェーヴル，L／マルタン，H-J（関根素子他訳）『書物の出現』（上・下）筑摩書房，1985年
福井憲彦『歴史学入門』岩波書店，2006年
フーケー，G／ツァイリンガー，G（小沼明生訳）『災害と復興の中世史——ヨーロッパの人びとは惨禍をいかに生き延びたか』八坂書房，2015年
フーコー，M（田村俶訳）『監獄の誕生——監視と処罰』新潮社，1977年

フーコー，M（慎改康之訳）『知の考古学』河出文庫，2012 年
フュレ，F（大津真作訳）『フランス革命を考える』岩波書店，1989 年
フュレ，F（浜田道夫／木下誠訳）『歴史の仕事場《アトリエ》』藤原書店，2015 年
ブラウン，P（足立広明訳）『古代末期の形成』慶應義塾大学出版会，2006 年
プラノール，X・ド（手塚章／三木一彦訳）『フランス文化の歴史地理学』二宮書店，2005 年
プランパー，J（森田直子監訳）『感情史の始まり』みすず書房，2020 年
ブルクハルト，J（柴田治三郎訳）『イタリア・ルネサンスの文化』（上・下）中公文庫，1974 年
ブルクハルト，J（新井靖一訳）『ギリシア文化史』（全 8 巻）ちくま学芸文庫，1998-99 年
フレーフェルト，U（櫻井文子訳）『歴史の中の感情――失われた名誉／創られた共感』東京外国語大学出版会，2018 年
ブロック，M（河野健二／飯沼二郎訳）『フランス農村史の基本性格』創文社，1959 年
ブロック，M（堀米庸三監訳）『封建社会』岩波書店，1995 年
ブロック，M（井上泰男／渡邊昌美訳）『王の奇跡――王権の超自然的性格に関する研究／特にフランスとイギリスの場合』刀水書房，1998 年
ブロック，M（松村剛訳）『歴史のための弁明――歴史家の仕事 新版』岩波書店，2004 年
ブロック，M（高橋清德訳）『比較史の方法』講談社学術文庫，2017 年
ブローデル，F（村上光彦／山本淳一訳）『物質文明・経済・資本主義――15-18 世紀』（全 6 巻）みすず書房，1985-99 年
ブローデル，F（浜名優美訳）『地中海』（普及版・全 5 分冊）藤原書店，2004 年
ブローデル，F（浜名優美監訳）『歴史学の野心〈ブローデル歴史集成〉II』藤原書店，2005 年
ブローデル，F（桐村泰次訳）『フランスのアイデンティティ』（全 2 巻），論創社，2015 年
ベイリ，C・A（平田雅博／吉田正広／細川道久訳）『近代世界の誕生――グローバルな連関と比較 1780-1914』（上・下），名古屋大学出版会，2018 年
ベルク，A（中山元訳）『風土学序説――文化をふたたび自然に，自然をふたたび文化に』筑摩書房，2002 年
ベルセ，Y・M（井上幸治監訳）『祭りと叛乱――16 ～ 18 世紀の民衆意識』新評論，1980 年
ヘルダー，J・G（鼓常良訳）『人間史論』（全 4 巻）白水社，1948-49 年
ベルンハイム（坂口昂／小野鉄二訳）『歴史とは何ぞや 改版』岩波文庫，1966 年
ペロー，M（杉村和子／志賀亮一監訳）『女性史は可能か』藤原書店，1992 年
ペロー，M（持田明子訳）『歴史の沈黙――語られなかった女たちの記録』藤原書店，2003 年
ホイジンガ，J（里見元一郎訳）『文化史の課題』東海大学出版会，1965 年

ホイジンガ，J（堀越孝一訳）『中世の秋』（上・下）中公文庫，1976 年
ポーコック，J・G・A（田中秀夫訳）『徳・商業・歴史』みすず書房，1993 年
ポーコック，J・G・A（田中秀夫／奥田敬／森岡邦泰訳）『マキァヴェリアン・モーメント――フィレンツェの政治思想と大西洋圏の共和主義の伝統』名古屋大学出版会，2008 年
ホスキンズ，W・G（柴田忠作訳）『景観の歴史学』東海大学出版会，2008 年
保立道久「日本中世社会史研究の方法と展望」，『歴史評論』500（1991 年），155-171 頁
ボーヌ，C（阿川雄二郎他訳）『幻想のジャンヌ・ダルク――中世の想像力と社会』昭和堂，2014 年
ホブズボーム，E（鈴木幹久／永井義雄訳）『イギリス労働史研究』ミネルヴァ書房，1968 年
ポメランツ，K（川北稔監訳）『大分岐――中国，ヨーロッパ，そして近代世界経済の形成』名古屋大学出版会，2015 年
堀米庸三『歴史をみる眼』日本放送出版協会，1964 年
堀米庸三『歴史と人間』日本放送出版協会，1965 年
堀米庸三『歴史の意味』中央公論社，1970 年
ポルテッリ，A（朴沙羅訳）『オーラルヒストリーとは何か』水声社，2016 年
ポロク，L・A（中地克子訳）『忘れられた子どもたち―― 1500 ～ 1900 年の親子関係』勁草書房，1988 年
ボローニュ，J・C（大矢タカヤス訳）『羞恥の歴史――人はなぜ性器を隠すか』筑摩書房，1994 年
ホワイト，H（岩崎稔監訳）『メタヒストリー――一九世紀ヨーロッパにおける歴史的想像力』作品社，2017a 年
ホワイト，H（上村忠男監訳）『実用的な過去』岩波書店，2017b 年
ホワイト，H（上村忠男編訳）『歴史の喩法――ホワイト主要論文集成』作品社，2017c 年
ポンティング，C（石弘之訳）『緑の世界史』（上・下）朝日新聞社，1994 年
マイヤー，E／ウェーバー，M（森岡弘通訳）『歴史は科学か』みすず書房，1965 年
牧野雅彦「ヒンツェとウェーバー――西洋型国家の歴史的特質をめぐって」，『廣島法學』31（2008 年），219-269 頁
マクニール，J・R（海津正倫／溝口常俊監訳）『20 世紀環境史』名古屋大学出版会，2011 年
マクニール，W・H（佐々木昭夫訳）『疫病と世界史』（上・下）中公文庫，2007 年
松浦義弘「フランス革命史の復権にむけて――「アナール派」をめぐる新しい政治史」，『思想』769（1988 年 7 月），28-54 頁
マビヨン，J（宮松浩憲訳）『ヨーロッパ中世古文書学』九州大学出版会，2000 年
マンセッリ，R（大橋喜之訳）『西欧中世の民衆信仰――神秘の感受と異端』八坂書房，2002 年

マンドルー，R（二宮宏之／長谷川輝夫訳）『民衆本の世界――17・18 世紀フランスの民衆文化』人文書院，1988 年
マンハイム，K（森博訳）『歴史主義・保守主義』恒星社厚生閣，1969 年
水野章二『災害と生きる中世――旱魃・洪水・大風・害虫』吉川弘文館，2021 年
峰岸純夫『中世 災害・戦乱の社会史』吉川弘文館，2001 年
ミノワ，G（大野朗子／菅原恵美子訳）『老いの歴史――古代からルネサンスまで』筑摩書房，1996 年
宮島喬「フランス社会学派と集合意識論――歴史における「心性」の問題にふれて」，『思想』663（1979 年 9 月），169-187 頁
宮松浩憲「ダニエル・ファン・パーペンブルック　古文書学入門――古文書の真偽判別の方法 1 ～ 5」，『産業経済研究』（久留米大学産業経済研究会）第 49 巻第 2 号―第 50 巻第 3 号（2008-09 年）所収
ミュシャンブレッド，R（石井洋二郎訳）『近代人の誕生――フランス民衆社会と習俗の文明化』筑摩書房，1992 年
ミンツ，S・W（川北稔／和田光弘訳）『甘さと権力――砂糖が語る近代史』ちくま学芸文庫，2021 年
村井章介『中世史料との対話』吉川弘文館，2014 年
木簡学会編『木簡から古代がみえる』岩波新書，2010 年
本池立「「アナール」への道――フランスの伝統的歴史学批判」，『思想』702（1982 年 12 月），14-30 頁
森田直子「感情史を考える」，『史學雜誌』125（2016 年），375-393 頁
モンタナーリ，M／フランドラン，J-L 編（菊地祥子／末吉雄二／鶴田知佳子訳）『食の歴史』（1-3）藤原書店，2006 年
モンテスキュー（野田良之他訳）『法の精神』（上・中・下）岩波文庫，1989 年
山本紀夫『コロンブスの不平等交換――作物・奴隷・疫病の世界史』KADOKAWA，2017 年
山本有造編『帝国の研究――原理・類型・関係』名古屋大学出版会，2003 年
弓削尚子『はじめての西洋ジェンダー史――家族史からグローバル・ヒストリーまで』山川出版社，2021 年
ラヴジョイ，A・O（内藤健二訳）『存在の大いなる連鎖』晶文社，1975 年
ラカー，W（西村稔訳）『ドイツ青年運動――ワンダーフォーゲルからナチズムへ』人文書院，1985 年
ラカプラ，D（山本和平／内田正子／金井嘉彦訳）『思想史再考――テクスト，コンテクスト，言語』平凡社，1993 年
ラッツェル，F（由比濱省吾訳）『人類地理学』古今書院，2006 年
ラートカウ，J（海老根剛／森田直子訳）『自然と権力――環境の世界史』みすず書房，2012 年
リクール，P（久米博訳）『時間と物語』（全 3 巻）新曜社，1987-90 年
リクール，P（久米博訳）『記憶・歴史・忘却』（上・下）新曜社，2004-05 年
リッカート，H（佐伯守訳）『歴史哲学序説』ミネルヴァ書房，1976 年

リッター，G（岸田達也訳）『現代歴史叙述の問題性について』創文社，1968 年
リューデ，G（前川貞次郎／野口名隆／服部春彦訳）『フランス革命と群衆 新装版』ミネルヴァ書房，1996 年
リルティ，A（松村博史／井上櫻子／齋藤山人訳）『セレブの誕生──「著名人」の出現と近代社会』名古屋大学出版会，2019 年
ル・ゴッフ，J（渡辺香根夫／内田洋訳）『煉獄の誕生』法政大学出版局，1988 年
ルゴフ，J（二宮宏之訳・解説）「歴史学と民族学の現在──歴史学はどこへ行く」，『思想』630（1976 年 12 月），1-17 頁
ルゴフ，J（池上俊一訳）『中世の夢』名古屋大学出版会，1992 年
ルゴフ，J 他（二宮宏之編訳）『歴史・文化・表象──アナール派と歴史人類学』岩波書店，1992 年
ル・ゴフ，J（立川孝一訳）『歴史と記憶』法政大学出版局，1999 年
ル・ゴフ，J（加納修訳）『もうひとつの中世のために──西洋における時間，労働，そして文化』白水社，2006 年
ル＝ゴフ，J（福井憲彦訳）「新しい歴史学」，福井憲彦編『歴史のメトドロジー』（シリーズ　プラグを抜く 5）新評論，1984 年，49-129 頁
ル＝ゴフ，J（菅沼潤訳）『時代区分は本当に必要か？──連続性と不連続性を再考する』藤原書店，2016 年
ルフェーヴル，G（高橋幸八郎／柴田三千雄／遅塚忠躬訳）『1789 年──フランス革命序論』岩波文庫，1998 年
ルフェーヴル，G（二宮宏之訳）『革命的群衆』岩波文庫，2007 年
ル・ロワ・ラデュリ，E（樺山紘一他訳）『新しい歴史──歴史人類学への道』新評論，1980 年
ル・ロワ・ラデュリ，E（井上幸治／渡邊昌美／波木居純一訳）『モンタイユー──ピレネーの村 1294 ～ 1324』（上・下）刀水書房，1990-91 年
ル＝ロワ＝ラデュリ，E（稲垣文雄訳）『気候の歴史』藤原書店，2000 年
レーヴィット，K（西尾幹二／瀧内槇雄訳）『ブルクハルト──歴史の中に立つ人間』TBS ブリタニカ，1977 年
「歴史のなかの若者たち」（全 8 巻）三省堂，1986-87 年
ローズ，S・O（長谷川貴彦／兼子歩訳）『ジェンダー史とは何か』法政大学出版局，2016 年
ローゼンワイン，B・H／クリスティアーニ，R（伊東剛史／森田直子／小田原琳／舘葉月訳）『感情史とは何か』岩波書店，2021 年
渡辺和行『近代フランスの歴史学と歴史家──クリオとナショナリズム』ミネルヴァ書房，2009 年
和辻哲郎『風土──人間学的考察』岩波文庫，1979 年

著者略歴
1956 年　愛知県生まれ.
1983 年　東京大学大学院人文科学研究科（西洋史学専攻）博士課程中退.
1991 年　東京大学教養学部助教授，その後東京大学大学院総合文化研究科教授（～2021 年）．博士（文学）.
現　在　東京大学名誉教授.

主要著書
『動物裁判』（講談社現代新書，1990 年）
『狼男伝説』（朝日選書，1992 年）
『ロマネスク世界論』（名古屋大学出版会，1999 年）
『中世ヨーロッパを生きる』（分担執筆，東京大学出版会，2004 年）
『ヨーロッパ中世の宗教運動』（名古屋大学出版会，2007 年）
『パスタでたどるイタリア史』（岩波ジュニア新書，2011 年）
『公共善の彼方に』（名古屋大学出版会，2014 年）
『ヨーロッパ中近世の兄弟会』（共編，東京大学出版会，2014 年）
『ヨーロッパ中世の想像界』（名古屋大学出版会，2020 年）
『ヨーロッパ史入門』全 2 冊（岩波ジュニア新書，2021，22 年）

歴史学の作法

2022 年 12 月 22 日　初　版
2023 年 2 月 1 日　第 2 刷

［検印廃止］

著　者　池上 俊一

発行所　一般財団法人　東京大学出版会
代表者　吉見 俊哉
153-0041 東京都目黒区駒場 4-5-29
http://www.utp.or.jp/
電話 03-6407-1069　Fax 03-6407-1991
振替 00160-6-59964

組　版　有限会社プログレス
印刷所　株式会社ヒライ
製本所　誠製本株式会社

ISBN 978-4-13-023080-3　Printed in Japan